KB233147

실학사상과
服飾觀
조·선·후·기

실학사상과 服飾觀

조·선·후·기

이일지 지음

한국학술정보㈜

이 책은 조선후기 실학자들의 세계관과 복식제도와의 조응성(照應性)을 검토한 것이다. 이 테마의 구상은 '복식'이라는 단순한 개념에서 그 의미를 명료하게 해 나가는 과정에서 출발하였다. 복식이란 글자가 갖는 최초의 의미는 무엇인가 궁금했다. 글자를 풀기로 했다. '복(服)'이라는 글자는 오른손을 얹고 무릎을 꿇어 절하는 형상[卩＋又]을 본뜬 것과 태음(太陰)의 합성자로 제례(祭禮)를 의미한다. '식(飾)'이라는 글자는 제사음식(食)과 차림새[人＋巾]의 합성으로 제사의례에 정해진 복장(服章)을 뜻한다. 그러면 복식이라는 글자의 최초의 의미는 제례를 함축한다는 것이다. 왜 일까? 그것은 인류의 진화가 진행되면서 시작된 원시적인 주술과 토템신앙이 종족과 국가를 위한 거대한 의식으로 성장하였기 때문일 것이다. 그리하여 사람들은 제례복식을 정성껏 화려하며 웅장하게 준비하였던 것이다.

『주례(周禮)』에 의하면 제례에는 제왕과 백관들이 모두 예복을 입었다고 한다. 종법(宗法)사회에서 종묘와 사직에 제사를 올리는 제도는 매우 중대한 사안이었기에 제례복(祭禮服)은 관등에 따른 제복(制服)이었다. 제복은 규정이 엄격하고 재료와 옷 등속이 각기 달라 신분을 나타내는 표식이 되었다. 고대사회에서 제례 예복은 천자 이하 공후의 옷에 드리운 꾸밈새로 12가지 문장, 옥으로 장식된 장속을 의미한 것이었다. 그러므로 복식이란 규정(規定)의 장속(裝束)에 입혀진 표상(表象)인 것이다.

제복(制服)의 표상은 무언가 함축하고 있었다. 우연성의 산물이 아니었다. 유교사회에서 복식형상은 윤리 철학의 정신을 해독하는 것이나 다름없었다. 모든 구체적인 사물의 의미는 사상과 분리될 수 없다는 것과 사물이나 현상에 대한 인식과 실천이 사상에 규정된다는 것이다. 이렇게 논제를 잡아나가자 한 시대의 복식문화를 읽어 내려가는데 총체적으로 성립시키고 지탱할 수 있는 하나의 개념을 전제로 한 이론적 구성이 용의해 졌다. 서론에서 인용한 정일균의 '문화체'론은 이를 검토하기에 적합한 잠정적인 개념이었다.

그러나 이 개념이 복식문화의 정당한 인식의 틀이 될 수 있는지는 더 연구해야 했다. 고대에 인간은 거대하고 웅장한 제례복식을 가장 으뜸으로 쳤으나 현대에는 인간의 생활리듬을 중시하는 간편한 복장을 선호한다. 이러한 변화는 간단하게 설명할 수 없었다. 광범위한 복식과 그 현상을 해석하기 위해서는 정당한 인식의 틀이 필요했다. 매 시기 역사적·사회적인 조건을 반영한 세계관은 사물이나 현상에 대한 인식과 실천으로 나타나기에 이 관계를 조선

후기 복식제도 및 제도론을 통해 검토하기로 한 것이다.

조선 유학자들은 심의제도(深衣制度)에 대한 주장도 크게 두 파로 나뉘었다. 세계관이 어떠한가에 따라 심의관은 달랐다. 사상이 진보냐 보수냐, 주자학의 모순을 비판한 것이냐 그것의 연장이냐를 가지고 따져야 했다. 종래의 복식문화 연구는 생활이기에 사상 문화적, 정치 사회적인 구도를 기초한 세계관을 검토하는 것은 무리일 수도 있었다. 그러나 18세기의 홍대용, 박지원은 의리론자들과는 다르게 새로운 심의관을 보여주었다. 19세기 전반기의 정약용은 심의제도의 구성원리를 재구성하여 새롭게 총체적인 체계를 완성하였다.

주희가 심의를 사대부의 연거복으로 정하면서 심의제도론은 조선 유학자들의 분파와 쟁점으로 나타났다. 심의제도에 대한 조선 유학자들의 주장은 논리적 사유를 운용하여 구상을 전개하고 동일한 방식에 따라 진행하는 철학적 담론이며 주자학 구현양식의 하나로 조선 유학자들의 전체적 통일을 이루어 내는 역할을 하였다. 고대 수(數)의 신비역을 음양5행과 결합하고 경학인 홍범9주를 구현하기 위해 유학자들은 심의의 치수[尺數]에 그 상징을 두었다. 조선 유학자들은 심의의 구상을 통해 세계관을 구현하고자 하였다.

결국 심의는 의미작용의 질서에 편입되어 기호로서의 사물, 상징으로서의 사물이 된 것이다.

복식관은 복식에 대한 인식과 이러한 인식을 현실에 실천하려고 노력하는 의식적인 활동 모두를 포함한다. 복식과 그 현상에 대한 견해를 규정하는 사고의 기본 출발점인 것이다. 조선 유학자들의 복식관은 직관이 아니었다. 논리였다. 예술가들의 형상사유와는 달랐다. 복식관에서 실학자들의 견해를 중심으로 구성한 것은 그들이 살던 시대의 복식제도를 통해 시대의 보수적인 질서를 개혁하고자 하는 구체상을 읽기 위해서였다. 홍대용을 비롯한 북학파는 실리(實利)를 주장한다. 재물의 효용과 이익이 조선사회를 구원할 것이라고 믿었다. 정약용은 주자학과 선을 긋고 사회를 대변할 새로운 구상을 찾아갔다. 실학자들이 개탄하는 것은 중국인들도 입고 있지 않은 명나라의 옷을 조선인들은 즐기고 청을 오랑캐라 하여 무시하면서도 조선의 여인들이 원대의 복식을 입는 것이었다. 이것은 사상적·문화적 모순일 수밖에 없었다. 명나라의 옷은 이제 중국 차[茶] 표지에나 등장하는 옛 그림인 것이다. 그들의 구체적 비판과 대안은 앞으로의 조선사회를 이끌고자 했으나 그들의 대안 또한 현대에는 낡은 것이 되었다. 그러나 그들이 살던 시대의 문화적인 폭과 깊이는 지금 이 시대를 살아가는 우리에게 던져진 문화적 과제를 해결하는 잣대가 될 것이다.

복식문화연구는 삶에 지난한 작업이다. 이제 부족한 것을 알았으니 스스로 돌아볼 수 있게 되었다. 마음이 처음으로 돌아가 다시 구슬을 꿰고자 한다.

2009년 8월
이 일 지

|목차|

I

문제의 구상

　광의의 복식문화 현상을 읽어 내려가는데 있어 구체적이고 물적인 제도만으로는 인식의 지평을 넓힐 수 없다. 복식은 해당 시기의 역사적 · 사회적 조건이 반영된 철학적 · 문화적 구조 속에 생성되기에 시대의 양식연구만으로는 복식문화의 의미를 총체적으로 이해하기 어려운 것이다. 매시기마다 복식은 우연적 산물이 아니라 광범위한 제반 영역과 관련되어 생산된 필연적 산물이기 때문이다. 그러므로 철학적 · 문화적 구조는 복식제도의 현실을 총체적으로 이해하기 위한 인식의 틀로 기능한다. 복식문화 이해를 위해 정당한 인식의 틀을 어떻게 설정할 것인가는 복식사 연구에 있어 매우 중요한 문제로 제기된다.

　이 책은 정당한 인식의 틀을 통해 시대의 복식문화를 읽어 내려갈 수 있도록 방법론을 제시하는데 있다. 복식인식 방법론의 체계화를 위해 한 시대의 근본적인 질서감각을 주조하고 있는 세계관에 대한 이해를 전제로 하여 이 세계를 형성하는 근본적인 질서감각이 무엇이고 복식제도에 반영된 철학적 · 문화적 구조는 어떻게 형성되었는지 다루고자 한다. 복식인식의 방법론에서 세계관을 필수적인 요소로 하는 것은 고대에서 현대에 이르기까지 복식은 세계관과 어떤 관련을 맺고 있기 때문이다. 즉 어떤 시대의 전환적 상황에 대해 해답을 주는 세계관에 의해 복식제도의 구체상(具體象)을 발견할 수 있다.

　조선 유학사에 있어 철학적 · 문화적 담론의 양식인 주자학과 실학을 필수적인 요소로 조선 후기 복식관을 검토한다. 조선 후기 복식관을 텍스트로 선정한 까닭은 조선 후기라는 전환기적 상황에서 복식제도 및 제도론에 대한 주자학자와 실학자의 두 시각적 차이를 분석하고 실학자들이 시도한 방법론적 인식의 전환이 복식현실에 어떠한 영향을 미쳤는지 검토하는 것이다.

조선후기는 복잡하고 불투명한 시대적 성격을 나타낸다. 이러한 시대적 성격은 실학자들의 사상 또한 복잡한 양상을 띨 수밖에 없다. 지금까지 실학 연구는 전반에 걸쳐 여러 분야에서 실학자들의 철학·사회·경제·과학에 관한 학문과 사상연구로 꾸준히 진행되었다. 오늘날까지 이 연구가 각 학계에서 진행되고 있는 것은 아직도 그 정체성이 충분히 해명되지 않았기 때문이다. 그러나 그 정체성의 논의를 떠나 18세기 후반 실학이 정착된 시기는 전통문화에 있어 매우 중요한 시기로, 실학자들이 조선의 전통을 변화하는 질서 속에서 어떻게 계승해 나갔는가는 지금에 와서도 중요한 문제다.

전통문화를 가장 잘 표현한 시기는 영·정조시기로 본다. 이 시대를 모든 분야에서 조선의 고유색을 표현한 시기라 하여 조선 고유의 문화를 진경문화라 보고 '진경시대'라 한다. 진경시대라고 하면 조선 주자학에 입각한 조선의 고유문화가 꽃을 피우는 시기라는 의미이다. 또 다른 입장은 '문예부흥기'라고도 한다. 문예부흥기라고 하면 주자학으로 침체되었던 문화가 실학으로 새롭게 부흥하는 시기라는 의미이다. 두 가지 입장 모두가 영·정조시기를 전통문화의 꽃을 피우는 시기라고 본 것이다. 두 가지 입장의 문화인식이 존재하는 것은 시대적 복잡성과 불투명성이 존재하기 때문일 것이다. 새로운 학문·사상의 한 경향을 지칭한 실학은 중세에서 근대로의 전환기에 형성된 것으로 이 시기에 전통을 확립하고 전수하는 과정에서 많은 곡절을 겪었다. 이러한 시대적 현실은 실학자들이 인식 전환을 형성하는 과정 속에서도 동일하게 나타난다.

각 학계는 실학을 근대 지향적인 성격으로 해석하는가 하면 전근대적인 영역에 머물러 있는 것으로 해석하기도 한다. 이러한 시각 차이로 인해 실학자들의 복식관을 검토하는 데 있어서도 인식의 방법론에 논란이 야기될 수밖에 없다. 이러한 논란의 원인은 조선 후기 실학의 구체상이 확립되지 못한 데 근본적인 원인이 있다. 즉, 실학연구가 학문과 사상뿐만이 아니라 전반적인 영역에 망라된 소재들을 밝히고 각 영역간의 연관성을 따지는 연구가 문제로 떠오른 것이다. 소재간의 연관성을 연구한 후에야 실학의 학문과 사상체계를 종래의 주자학과 비교하면서 양자의 차별화된 구체적인 양상을 거론할 수 있을 것이다.

또한 실학이 지닌 중세 비판적인 더 나아가 근대 지향적인 성격은 조선 후기 복식의 현저한 양식변화에 반영되어 현실 속에서 다층적으로 굴절되어 나타난다. 그것을 총체적으로 이해하기 위해 정당한 인식의 틀을 무엇으로 할 것인가가 복식 연구에 떠오른 문제이다.

따라서 이 책은 주자학이 가졌던 시대적 한계에서 정약용이 제시하고자 했던 대안적 세계관과 북학파에 의해 거론된 학문과 사상을 반영한 복식관을 총체적으로 파악하고자 한다. 다시 말해 실학자들의 복식관을 다른 영역과의 연관성 속에서 그 구체적인 특징을 파악하는 데 있으며 그 시대의 새로운 사고를 통해 복식인식의 틀을 어떻게 규정했는지 살펴보고 그것의 정당성 여부를 분석하는 데 있다.

실학을 근대 지향적인 성격으로 보고 그 당시 유파 중 가장 새로운 것에 적극적인 성격을 지니고 있었던 연암파-박지원·홍대용·이덕무·박제가-의 북학사상을 바탕으로 고찰한다. 사상적 연장선상에서 정약용을 중심으로 조선후기 문화구성원리와 구성요소들을 파악한다. 박지원의 『열하일기』, 홍대용의 『담헌서』, 이덕무의 『청장관전서』, 박제가의 『북학의』를 주요문헌으로 삼았다. 그런데 이 저서들은 모음집의 형태이므로 저작 연보가 기록되어 있지 않아 연대는 거의 확인할 수 없었으나 그들의 주변과의 관련성 속에서 복식관 연구는 차질 없이 진행할 수 있었다.

2장에서는 문화인식의 틀은 무엇이고 어떻게 규정해야 하는지를 밝히고 이를 전제로 하여 문화로써 복식 인식의 규정적 틀을 논한다. 문화 인식의 틀은 구체적인 물적 제도와 세계관 사이에 일정한 조응성(照應性)이 존재함을 설정하면서, 유교 문화적 맥락에서 세계관을 필수적인 요소로 보고 복식제도 및 제도론과의 조응관계를 '문화체(文化體)'라는 개념을 통해 설명한다. 조선 후기 문화구성원리와 구성요소에서 실학의 근대 지향적인 성격과 실학자들의 인식 전환을 밝히기 위해 주희의 세계관을 조선 전기로 하고 정약용의 세계관을 조선 후기로 하여 두 사상적 경향을 대비시켜 고찰한다. 특히 복식에 반영된 정약용의 5행론과 예악론 비판을 중심으로 검토할 것이다.

3장에서는 유가사상과 복식제도와의 관계를 검토한다. 유가사상이 풍미하던 한대(漢代)를 중심으로 형성된 복식관은 당대의 세계관과 복식제도와의 조응성을 검토한 것이다. 첫째, 윤리론을 중심으로 모든 사물의 구체적인 제도인 예악, 정형, 복식, 기용 등은 세계관과 역사적·사회적 조건에 상응하는 제도론인데, 이것은 그 구성원리와 구성요소가 서로 공통된다는 전제하에 출발한다. 둘째,

복식 인식의 구분에서 윤(倫)과 도(道) 또는 이(理)의 결합은 우주 관과 자연관을 바탕으로 그 질서 감각을 형성한다. 따라서 예의 제도를 바탕으로 한 복식 형상에 함축된 윤리 철학의 정신을 해석 한다. 셋째, 유가사상과 복식관에서 각종 표현수단과 장식수단의 의미구조를 음양론·3재론·5행론을 전제로 해독하고자 한다.

또한 세계관과 복식제도와의 관계를 검토하기 위해 조선 지식인 계층의 분화와 쟁점이 되었던 심의(深衣)논쟁을 중심으로 살펴본 다. 예학의 시대라 불리던 시대에서 출발하여 소론과 서인-노론계 의 일반적인 견해를 '의리(義理)'심의론이라 하고, 노론계의 일부인 북학파와 남인의 견해를 '실리(實利)' 심의론이라 구분한다. 그 당 시 풍미했던 상수학을 바탕으로 '의리'와 '실리'의 차이를 살펴보 고 5행론이 심의에 어떻게 구상되었는지, 정약용은 이를 어떻게 해체시켰는지 정약용의 홍범9주(洪範九疇) 해체를 통해 실학자들 의 심의관을 다룰 것이다. 조선 후기 복식인식의 두 시각적 차이 를 유학사의 학맥과 사승관계에 따라 명확히 구분하고 대비시켜 실학자들의 복식관의 정당성을 논증할 것이다.

4장에서는 복식 인식 방법론 연구를 위해 복식제도를 조선 전· 후기로 나누어 분석하고 종래의 성리학자와 실학자의 두 시각적 차이를 드러내고자 한다. 복식인식에 있어 전통적인 유가적 해석을 바탕으로 성리학적 해석의 모순을 지적하고 실학적 해석으로 방법 론의 전환을 시도하고자 하였다. 북학파의 복식관에서는 실학적 복 식관의 구조를 밝히고 사상적 측면에서 윤리 변화와 화이론(華夷 論) 해체에 따른 실학적 복식관을 전개한다. 사회·문화 변동으로 종래의 신분제에 대한 부정과 사대부의 사회적 참여의 진실을 획 득해나가는 과정을 그들이 어떻게 설정했고, 그러한 사(士)의식이 복식관에는 어떻게 영향을 주었는지 검토한다. 윤리 변화와 복식관에서는 연암파가 기존의 윤리 관념의 절대성을 부정하고 윤리 기준을 상대적으로 파악함으로써 실학적 복식관을 형성하는 데 도움을 주었다는 생각에서 출발한다. 화이론에서 북학파는 화와 이를 우열의 관점에서 보았던 종래의 중화주의적 세계관을 해체시키고 그들의 복식관은 어떻게 형성되었는지 고찰한다. 북학파는 조선사회를 지탱해 온 신분제를 부정하고 새로운 신분구조의 형성을 제기하였는데 이러한 측면이 복식관 형성에 어떻게 반영되었는지 살펴본다. 특히 새 시대를 이끌어갈 사(士)의 범위와 현실참여정신이 그들의 복식제도 개량안에 어떠한 영향을 미쳤는지 고찰할 것이다.

5장에서는 실학사상의 추이(推移)에 관한 내용으로 19세기 후반 조선 유학자들의 논의과정을 통해 실학자들의 복식관이 그들의 복식 인식과 실천에 가해진 작용에 대해 논할 것이다. 그리고 실학사상이 일반복식에 미친 영향에 대해 고찰할 것이다.

Ⅱ 논의의 전제

1. 문화체

문화를 읽어 내려가는 데 있어 구체적인 사물만으로는 문화현상을 제대로 이해할 수 없다. 그것들은 반드시 그 시대의 근본적인 질서감각을 주조하고 있는 세계관과의 조응성(照應性)하에서 비로소 그 모습을 제대로 이해할 수 있게 된다. 과거 제도에 대한 이해와 관련하여 당대의 세계관에 대한 이해 없이 현재 통용되고 있는 문화의 잣대를 그대로 적용시킨다면 문화현상을 해석하는 것은 위험한 일이 될 것이다. 따라서 문화를 읽어 내려가는 데 시대적 현실을 총체적으로 성립시키고 지탱할 수 있는 하나의 개념을 전제로 한 이론적 구성이 유용하다.

정일균은 문화현상을 조망·이해하는 데 유용하다고 생각하는 하나의 잠정적인 개념을 구성하였는데 이 개념이 '문화체(文化體)'이다. 이는 일반적으로 한 시대의 인간의 삶을 총체적으로 이루는 데 물적인 제도로는 불가능하다는 생각에서 소박하게 출발하고 있다. 거기에는 반드시 첫째, 이 세계를 바라보는 근본적인 질서감각을 형성시킴으로써 존재와 인식의 범주를 정립시키는 동시에 그것들을 어떤 하나의 일관된 방식으로 배치할 수 있도록 하고, 둘째, 세계 내 인간 주체(buman subject)를 호명 ─ 인간 자신의 자아 정체성에 대한 포괄적인 이데올로기적 해명 ─ 하며, 셋째, 총체적인 정당화 ─ 진리의 문제에서 윤리의 문제, 또는 존재의 문제에서 당위의 문제 ─ 에 이르기까지 궁극적인 원천·기반으로서 기능하는 세

계관의 요소를 필수적으로 본다.[1]

이러한 맥락에서 볼 때 문화체란 단편적이거나 평면적으로 보는 것이 아니라 입체적으로 파악하는 것이다. 그것은 세계관과 물적인 제도 및 제도론을 그 구성요소로 하며 그 요소들 간의 상호 규정적·정합적인 관계까지 포괄하고 있다. 즉 입체적이며 유동적인 구조로 되어 있다.

그는 문화체를 (그림 - 1)과 같이 설정하였다.[2]

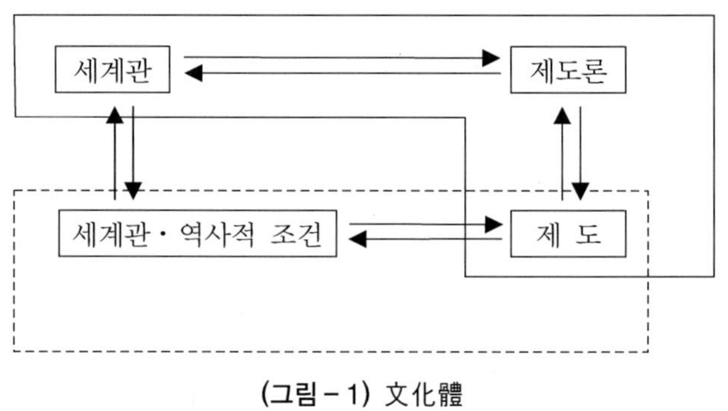

(그림 - 1) 文化體

이 그림은 제도 및 제도론과 세계관 사이에 일정한 조응성이 존재함을 함축하고 있다. 유교문화 맥락에서는 일반적으로 주희의 세계관을 구성하는 범주인 이(理, 形而上)와 기(氣, 形以下) 간의 정합성(整合性)으로 표현할 수 있다. 정일균은 유교문화 맥락에서 제도 및 제도론은 세계관과의 관계에서 '문화체'라는 개념을 통해 제대로 이해해야 한다고 지적하였다. 그는 '문화체'라는 개념을 설명하기 위해 (그림 - 2, 3)의 복식 형상에 함축된 사상성과 심의제도

---

1) 정일균, 「유교사회의 문화체 연구와 경학」, 『사회와 역사』 통권 제51집, 문학과지성사, 1997, pp.17 - 21 참조.

2) 윗글, p.18.

와의 관계를 검토하였다. 심의에 대한 『예기(禮記)』의 평가를 살펴보면 다음과 같다.

심의는 의부와 상부로 나누어 연결된 것은 우주의 근본이 건곤(乾坤)에 있다는 우주관을 반영·상징한 것이고 치마폭을 12폭으로 재단한 것은 12달에 응한 것으로 12지지를 나타낸다. 또 "소매가 둥근 것은 둥글쇠[規]에 응한 것"인데 이는 "거수읍양(擧袖揖讓)하여 예모를 차리기 위한 것"이며, "깃은 곱자[距]와 같이하여 모남에 응하게 한 것인데, 이는 의(義)를 모나게 하라는 것으로 『주역(周易)』에 곤괘(坤卦)의 육이(六二)는 그 움직임이 곧고 바르다고 하였다."는 뜻을 함축하고 있다. 부승(負繩)[3]은 곧음[直]에 응하니 이는 "정치를 바르게 하라."는 의미를 가지며 치마 아랫단은 저울[權衡]과 같게 하여 평평함에 응하게 하였는데 이는 "뜻을 편안하게 하고 마음을 공평하게 하라."는 뜻을 내포하고 있는 것이다. 또한 가장자리에 두르는 선도 그 색에 따라 효도나 슬픔을 상징하였다. 이와 같이 "오법(五法[규(規)·거(距)·승(繩)·권(權)·형(衡)])이 이미 베풀어져 있기에 성인(聖人)도 이를 입었으며……선의(善衣)의 다음가는 옷이다."라고 하였다.

---

3) 負繩: 심의 후부의 중심을 봉합한 선으로 등에서 복사뼈까지 미친다.

(그림 − 2) 이제현(1287∼1367) 초상, **(그림 − 3)** 황현(1855∼1910) 초상, 1991, 95×66㎝,
177.3×93㎝, 국립중앙박물관　　전라남도 구례군 광의면 수월리 매천사

　　이 평가를 통해 정일균은 심의라는 복식제도가 결코 우연성의
산물이 아니라 유가 일반(송대 이후에는)의 주자학적 세계관의 제
약 및 그것과의 조응성 속에서 나름대로의 체계성과 의도성을 가
지고 이루어진 것임을 우선 간취할 수 있다고 말한다. 그리고 심
의가 함축하고 있는 그러한 사상성은 또한 그것을 입는 행위의 의
미까지를 규정한다는 것이다. 즉 그것은 이 세계관에 대한 명시적
이고 흔쾌한 내면적 수용의 표현이며 또한 그것을 현실세계에 구
체적으로 구현하고자 하는 강고한 정신의 선언인 것이다. 이로써
우리는 (그림 − 2, 3)이라는 능기(signifier)가 전달하려고 하는 소기
(signified)의 내용을 비교적 제대로 이해할 수 있다.[4]

---

4) 기호론의 각종 개념에는 기호(Sign)·기표(Signified)·기의(Signified)·지시대상(Referent)
　 등이 있다(윌리암슨 J. 『광고기호론』, 조병량 옮김, 열린책들, p.7). 번역자는 이 책에서
　 'Signifier'를 '기호표현'으로, 'Signified'를 '기호내용'으로 번역하고 있다. 記票와 記意는
　 페르디낭 드 소쉬르가 정의한 기호(sign)의 근본을 이루는 두 성분이다. 기표는 기호의 지각

결국 '의미 작용의 질서'에 편입된 소비의 대상으로서 사물은 단순한 도구로서의 사물이 아니라 기호로서의 사물, 상징으로서의 사물이 된다.[5] 이런 의미에서 심의는 단순한 사물이 아니라 초사물이 된다.[6]

또한 문화체는 외재적이고 구체적인 역사적·사회적 조건과의 관련 속에서 상호 규정적·순환적인 관계를 유지한다. 외재적 조건에 대해서 만하임은 철학이 문화체에서의 작용 형태와 범주가 무엇인지 설명하고 있다. 그는 이제 철학이란, 삶(生)의 총체적인 연관성과 동떨어진 제 나름의 특수한 분야의 것이 아니라고 하였다. 그것은 오히려 한 시대의 우주적 총체성 속에서 생기는 전환적 상황에 대한 궁극적이고 투철한 해답을 주는 집단적인 사상이나 또는 그때마다 제각기 특수한 의미를 띠는 구조적 변화와의 관계에서 감당해 나가야만 할 극히 세분화된 다각적 대결 형식을 띠는 것임에 틀림없다[7]고 하였다.

우실하는 만하임이 주장한 문화체 내에서의 철학의 작용 형태와 범주를 강조하기 위해 '문화철학'이라는 개념을 썼다. 그는 문화철학의 정립을 위한 급선무는 우리 문화의 산물이 형성되고 변형되어 온 세계관과 우주관의 맥락에서 우리 문화를 올바로 읽어 내려가는 인식전환이 필요하다고 하였다.[8]

가능하고 전달 가능한 물질적 부분이다. 기의는 대조적으로 독자나 청자의 내부에서 형성되는 기호의 개념적 부분이다. 소쉬르에 의하면 기표와 기의의 관계는 기호 속에 표상되어 있는 외부 현실에 좌우되지 않는다. 그것은 오히려 자의적이고 관습적인 것이다(조셉 칠더스·게리 헨치, 황종연 옮김, 『현대 문학·문화비평 용어사전』, 문학동네, 1999, pp. 389-90).

5) 우실하, 『오리엔탈리즘과 우리 문화 바로 읽기』, 소나무, 1947, p. 35.

6) 장 보드리야르, 이상률 역, 『소비의 사회: 그 신화와 구조』, 문예, 1991, p. 99.

7) K. Mamhein, Ideologieund Utopie, 임석진 역, 『이데올로기와 유토피아』, 청아, 1991, pp. 12-4.

8) John Srory, 박모 역, 「문화 연구와 문화 이론」, 『현실문화 연구』, 1994, pp. 108-10 참조.

　인식전환의 문제를 놓고 정일균은 사회질서의 합법칙성을 주장했다. 그는 외재적 조건에서 심각한 질적 변화가 발생할 경우, 기존의 문화체는 새로운 조건과 결정적으로 괴리 상태에 빠지게 되는데, 이러한 상태를 '시대적 전환기'라고 하였다. 이런 상황에서 일부의 전환기적 지식인들은 새로운 조건 속에서 그때까지 지탱해 왔던 기존의 근본적인 질서감각－기존의 세계관－에 대한 진지하고도 근본적인 재검토 작업에 착수하기에 이른다. 그리고 이러한 지적 작업은 달라진 조건에 조응하고 포용할 수 있는 새로운 '대안적 세계관'에 대한 의미 있는 지적 탐색의 노력으로 연결된다. 그것은 대개 과거와의 과격한 단절과 비연속성－과학사에 있어서는 '인식론적 단절'이라 부른다－의 형태를 취한 것으로 보인다.[9] 정일균은 '대안적 세계관의 구성'에 대해 이렇게 이어 갔다. 결국 이와 같은 '대안적 세계관의 구성'이란, 기존의 세계관을 가장 근본적인 수준부터 철저하게 해체·재구성하는 일련의 지적 노력을 전제하는 것이다. 그리고 이를 통하여 기존의 세계관이 보유하고 있던 긍정적인 문화적 폭과 심도(계몽성)를 포섭한다. 동시에 그것이 노정시켰던 시대적 한계성을 철저히 해부하고 이해한 토대 위에서 하나의 신화로서 조용히, 그러나 미련 없이 떠나보내는 작업이다. 또한 새로운 역사적·사회적 조건과도 의미 있게 조응할 수 있는 또 다른 하나의 근본적인 질서감각을 새롭게 모색해 나가는 지난한 과정인 것이다.[10]

　'재구성'이란, "지식의 재생산에 작용하는 선택과 배제의 차원 및 규칙들을 엄밀하게 분석함으로써 자연적 태도 안에서 우리가

---

9) 정일균, 앞의 책, pp.19－20.
10) 윗글.

쉽게 지나쳐 버릴 수도 있는 왜곡을 인지 가능한 대상으로 재구성시킴"을 의미한다. 그리고 '해체'란 이런 왜곡과 이념적 성격이 "더 이상 자연스럽게 반복되지 못하도록 이것의 인식론적 근거를 파괴시키는 것"을 의미한다.[11]

정약용은 자기가 처해 있는 시대적 현실 속에서 푸코의 '재구성적 해체'[12]의 전략이나 기든스의[13] '탈일상화'라는 비슷한 논의를 어렴풋이 그 실학적 경학이라는 맥락에서 시도하였다.

정약용은 주희의 세계관을 전면적으로 해체, 재구성하였다. 조선 사회는 사회 내부의 변화와 동요-양란에서의 인명손실, 전결감소, 각종 시설의 훼손 등-와 명·청의 교체에 나타난 국제질서의 중요한 변화, 이로 인한 기존 권력체제의 동요 등 역사적·사회적 조건에 있어 심각한 질적 변화가 있었다. 당시 이런 위기 상황을 극복해 나가려 했던 과정이 조선 유학의 분화와 쟁점이다. 정약용이 살던 시기는 두 철학체계가 논쟁의 시대를 거쳤으며, 더 이상 인간의 삶을 지탱할 수 없다는 판단하에 이기의 형이상학적 구조를 철저히 해체시켰던 것이다. 인문적 세계의 지평 위에 독립된 위상을 구축하고 그에 합당한 질서감각을 구축하기 위해 그 나름의 대안적 세계관을 제시하였다.

정약용이 주희의 패러다임 자체를 정면으로 비판하며 나름의 체계를 정통적 방식에 의해 재구축한 것은 또 다른 하나의 근본적인 질서감각을 모색해 나가는 과정이다. 그리고 이러한 작업은 나아가 이와 조응성을 유지하는 새롭고도 구체적인 문물제도의 구상과 실

---

11) 한상진, 「미셸푸코의 후기 구조주의와 담화적 분석」, 『민중의 사회과학적 인식』, 문학과지성사, 1987, p. 220.

12) 윗글, pp. 217-8.

13) A. Giadens, 『사회이론의 주요쟁점』, p. 295.

천으로 연결된다. 따라서 구체적인 제도 및 제도론을 문화체라는 개념에서 사물의 내포·외연의 의미를 이해하는 것이 다양한 문화연구의 필수적 과제이다.

2. 조선 전·후기 문화구성원리

(1) 조선 전기 문화구성원리

조선시대 사상계의 흐름은 주자학이다. 조선 초기 유학은 사상계의 두 축인 이황과 이이에 의해 조선사회에 주자학이 확고히 뿌리내리게 되었다. 16세기 후반 이래 진전되고 있었던 사회 내부의 변화와 동요, 임란과 호란에서의 인명과 손실, 경제적 타격 등으로 인한 기존 정치체제의 동요 등 역사적·사회적 조건에 의해 사회과학적 관심이 증폭되었다. 그리고 당시의 위기상황을 극복하기 위해서 이황과 이이로 갈라진 두 철학적 체계는 고전해석, 즉 경학연구에 몰두한다. 이러한 시대적 현실에 의해 형성된 두 방향은 조선 지식인계를 당파적 편견에 얽매이게 하면서 논쟁에 휩쓸리게 했다. 이러한 과정이 조선 유학의 분화와 쟁점이며 이것은 주희의 철학에서 전개되었다. 따라서 조선 유교문화의 맥락에서 주자학은 조선의 철학적·문화적 담론의 보편적 양식이다.

문화체 내에서 세계관은 필수적 요소로서 기능하기 때문에 조선사회의 철학적·문화적 구도는 단편적이거나 평면적인 구조가 아니라 세계관과 복식제도 및 제도론의 조응성의 측면에서 입체적인 구조로 융합되어 있다. 따라서 주자학은 조선 유학자들이 복식제도의 구상과 실천을 구현하는 과정에서 궁극적인 원천과 기반으로 작용한다.

이 장에서 조선시대 복식이란 사물의 총체적인 이해를 위해 문화체 내의 필수적인 요소인 세계관을 조선 전·후기 문화구성원리로 하였다. 주자학과 실학을 조선 전·후기 문화구성원리로 나누어 전개한 것은 실학의 주자학 비판을 염두에 두고 실학자들의 인식과정을 검토하기 위함이다.

1) 주희의 세계관

가. 태극

유학의 우주론의 시작은 태극(太極)에서 비롯된다. 태극이 유학에서 중요한 철학적 범주에 포함되기 시작한 것은 주돈이의 「태극도」와 「태극도설」이다. 주돈이는 『주역』에 나타난 태극을 우주만물 생성의 시원으로 규정하고 태극이 동하고 정하여 양과 음이라는 기를 설정한다고 하였다. 주희(朱熹)는 주돈이의 태극의 개념을 그의 세계관에 도입하였다. 주희의 이기론에서 태극은 하나의 자연원리나 법칙으로 상정한다.

> 極이 없으면서 동시에 궁극의 극이다. 태극이 움직여 양을 낳고 움직임이 고요해지면 음을 낳는다.[14)

주돈이의 '무극이태극'이라는 구절에 대해 주희는 부정하지 않았다. 무극(無極)은 도가에서 채택한 경구로 세계의 중심이 너무 많

---

14) "無極而太極 動而生陽 靜而生陰陰." 『朱子語類』 참조

아 어디에도 중심을 두지 않는 것이다. 주희의 이기론은 도가에서 말하는 무극과는 다르다. 주희는 태극이 물적인 존재로 보지 못하도록 무극을 상정하였다. 주희의 입장에서 태극은 궁극적인 근원이면서도 무극을 태극의 무한성으로 상정한다. 따라서 주희는 중심이 없으면서 태극이 가장 큰 중심이라는 의미로 형태가 없는 무극의 신비적·초월적 특성을 드러낸 것이다.

우주의 중심을 가리키는 태극에 대해 주희는 여러 가지 비유를 사용하여 구상적 이미지를 표현하였다. ①지붕의 중심을 잡고 있는 용마루(屋極) 혹은 마룻대, ②마루종-문중에서 가장 높이 선 중심-宗家, ③지도리(樞)-문설주와 문짝을 연결시키는 붙박이, ④매듭(紐)-부챗살이 모이는 자리에 묶는 매듭, ⑤紐-주머니의 아가리를 오므리는 끈 ⑥근저(根底)-뿌리, 기반을 들어 설명하였다.[15] 여기에 복식과 관련하여 몇 가지를 더 들자면, ⑦머리를 모아 묶어 세우는 상투, ⑧몸의 중심이 되는 배꼽 위에 놓인 허리띠, ⑨의(衣)와 상(裳)을 통섭할 수 있는 중심축인 부승(負繩)을 구상 이미지로 채택할 수 있다. 부승은 심의 후부의 중심을 봉합한 선으로 등에서 복사뼈까지 미치는데 직(直)·공평(公平)의 경구로 함축할 수 있다.

마루종은 종법(宗法) 중심의 농촌사회에서 생성된다. 종법 위주의 사회에서는 조상을 숭배하고 나아가 하늘을 숭상한다. 태극이란 제(祭)·천(天)을 뜻하며 인간사회에서는 제상·천자를 의미한다. 추(樞)는 문짝의 행동반경을 설정하고 그 움직임을 지탱해 주므로 비유를 이끌어 내었다. 옥극(屋極), 부승(負繩)은 중심, 축을 말하며 구성원리에서 균형(均衡)을 말한다. 균형은 중심축의 좌, 우에

---

15) 한형조, 『주희에서 정약용까지』, 세계사, 1996 참조.

힘이나 무게를 동일하게 함으로써 이루어진다. 활동이 있는 인체를 관찰한다면 머리는 항상 중력의 중심에서 균형을 이루고 있다.[16]

주희는 태극이 지니고 있는 초월성을 설명하면서 자연물을 표상으로 비유한 것이다. 이러한 방법론에서 관념은 유물론적이면서 현실은 유심론적이라고 말할 수 있다.

太極은 理라는 한 글자로 표현할 수 있다.[17]

주희는 이(理)가 태극의 다른 이름이라고 자주 말하고 있지만 완전히 동일한 의미와 뉘앙스를 담고 있는 것은 아니다.[18] 주희는 이를 ①실오라기에서처럼 가닥(條理), ②대바구니의 짠 조직, ③대나무의 결, ④옥의 결[19] 등으로 묘사하였다.

또한 이(理)의 구상적 이미지는 인체에서 수많은 혈관과 신경의 통로, 수많은 유기체적 맥락과 결로 표현했다. 화학적·기계적인 결합이 아니라 그저 있는 그대로의 자연 상태에서 찾을 수 있는 조직의 결이다. 이(理)의 구상 이미지를 직물에 표현하자면 맥락과 결은 직물의 올을 말하며, 올의 방향에 따라 옷의 부분을 통합하는 것을 말한다. 여기서도 주희는 관념 자체를 유물론적으로, 이(理)를 생리학적 유기체로서 바라본다.

니이담은 이(理)에 대해 생물·무생물의 조직 혹은 그런 조직의 원리라 하였고 굳이 옮겨야 한다면 패턴(patten)이 가장 적절하다고 주장하였다.[20] 패턴은 의상디자인에서 의복제작을 위한 옷본을

---

16) 『문화의 패턴』, p. 355.
17) "太極只是理字"『朱子語類』참조.
18) 『朱子語類』 참조.
19) 윗글.

말한다. 옷에서의 패턴은 각 부분이 중심축에 따라 결합하여 하나로 묶인 단순한 형태의 통합성(configuration)을 나타낸다. 즉 조직의 통합은 유기체적 맥락과 결로 가능한 것이다.

따라서 주희의 형이상학(理－太極)은 도가의 자연주의적 유기체론이 불가의 형이상학과 결합하여 나타난 것으로 몇 가지 함의를 집약하여 (그림－4)로 나타내었다.

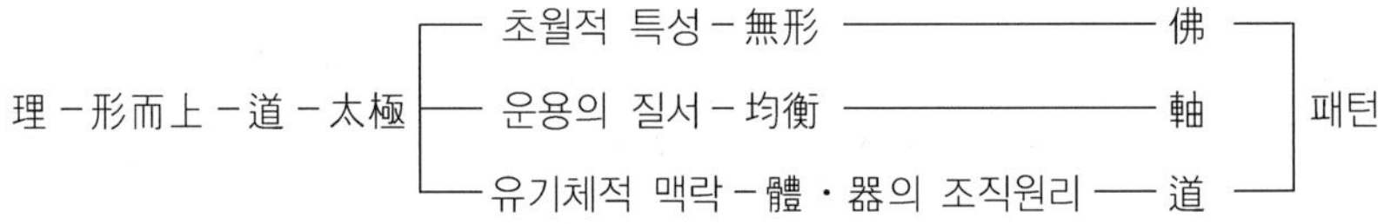


```
                      ┌── 초월적 특성 － 無形 ──────────── 佛 ─┐
理 － 形而上 － 道 － 太極 ├── 운용의 질서 － 均衡 ──────────── 軸 ─┤ 패턴
                      └── 유기체적 맥락 － 體·器의 조직원리 ── 道 ─┘
```

(그림－4) 理圖

나. 음양과 5행

태극은 스스로 움직이지 않지만 자체 내에서 동(動)의 이(理)와 정(靜)의 이(理)에 따라 한 번 동하고 한 번 정함으로써 음양을 발생시킨다. 음양은 5행을 발생시켜 만물을 생성시킴으로써 기의 주재자이자 우주의 본원이 된다.[21] 음양은 처음부터 신유학에서 말하는 함의를 갖고 있지 않았다. 음양의 관념은 변화와 발전을 거듭하였는데 표로 요약하면 다음과 같다.[22]

---

20) Needham, SCC, v. 2 참고.

21) 정일균, 「유교사회의 문화체 연구와 경학」, 『사회와 역사』 제51집, 문학과지성사 1997, p. 28.

22) 徐復觀에 의하면 음양은 춘추전국시대 이전에는 아주 드물게 나타나다가 춘추전국시대에 이르러서는 음양이 우주적·철학적 개념으로 진화하기 시작했다는 것이다. 徐復觀, 「陰陽五行及氣有關文獻的硏究」, 『중국인성론사』先秦篇, 북경: 상무인서관, pp. 509－85.

〈표-1〉 음양관념의 변화

『시경』	『설문』	『역전』	주희
陰은 陰雨의 형태 陽은 해가 비치는 곳으로 방위와 관련.	음은 구름이 해가 가리는 것, 양은 햇살이 뻗어오는 것.	고대의 자연학을 통합시키면서 음양론이 우주적 관념으로 변화.	순환적으로 동일한 패턴(理) 내에서 氣의 두 측면.

음양관념의 우주적 관념으로의 진화는 고대의 자연학을 『역전(易傳)』이라는 작품을 통해 유가정신을 통합시키면서 새로운 국면이 마련되었다. 그리고 도가에 힘입어 동양사상이 풍미하던 한대에 세력을 크게 떨치게 되었다. 한대의 발전을 거쳐 주희의 이기론은 『역전』의 틀을 확장시킨 것이다.[23]

주희의 사유는 자연 안의 양극적 힘이 편재되어 있다는 전제하에 그것의 추이와 교호(交互)가 역동적 균형을 이루고 있다는 것에서 출발한다. 이 양극점이 바로 음양에 해당된다.

> 음양은 동일한 기이다. 양의 물러남이 곧 음의 생겨남이다. 양이 물러나고 난 다음에 음이란 것이 따로 생겨나는 것이다.[24]

> 음양은 하나로 보아도 좋고 둘로 보아도 좋다.[25]

음양은 고정되어 있지 않고 순환한다는 것이고, 자연계의 생성과 변화로 표현, 양극적 분화가 이루어지나 동시에 힘의 역동적 균형에 의해 통섭된다. 이의 순환적 운동으로 기의 두 측면인 음양은 변형물 5행을 발생시킨다. 기는 특정한 장소에서 자체의 부정에 의해 자신과는 다른 이질적 요소를 산출하며 그 이질적인 요

---

23) 徐復觀, 「음양관념적 개입-易傳中的 性命思想」, 윗글, pp.199-201.

24) "陰陽只是一氣, 陽之退, 便是陰之生, 不是陽之退了, 又別有箇陰生"『朱子語類』, 65:1.

25) "陰陽, 徹一箇看亦得, 徹兩箇看亦得"『朱子語類』65:2.

소와의 상호 영향으로 기는 상대와 함께 자신을 변형시킨다. 이 두 측면을 음양이라 했고 그들의 상호 영향에 의한 일차적 변형물을 5행이라 불렀다. 음양이 순환적 측면이라면 5행은 질료적 측면이다.

5행 관념을 최초로 체계화한 문헌은 『상서(尙書)』의 「홍범(洪範)」이다. 「홍범」에서의 오행26)은 철학적 우주론적 의미가 아니라, 인간의 생활에 필요한 물질이었다.27) 말하자면 종법 위주의 농촌사회에 필요한 쓰임새(器)에 관한 것이다. 춘추시대에 나타난 5행론에는 신비성이 보이지 않는다.

전국시대의 추연(鄒衍)은 홍범과는 전혀 다른 맥락에서 새로운 5행론을 제창하였다. 그의 5행론28)은 왕조의 흥망을 숙명론으로 받아들였다. 그에 의하면, 왕조의 변혁은 상극을 통한 순환적 정복으로 이어진다. 중원을 통일한 진(秦)이 수(水)의 덕을 입어 모든 의례를 여섯에 맞추고 모든 복색을 검은색으로 통일한 것 그리고 진을 정복한 한(漢)이 토(土)의 덕을 입어 모든 수를 다섯으로 하고 - 경전의 수도 오경(五經) - 모든 복색을 흙의 색인 황토색으로 제정한 것은 물적인 복식제도가 근본적인 질서감각을 주조하고 있는 세계관과의 조응성하에서 그 모습을 드러낸 것이다. 또한 객관적

---

26) 오행에 관하여: 첫째는 물, 둘째는 불, 셋째는 나무, 넷째는 쇠, 다섯째는 흙이다.
물은 젖어 내려가는 것이고, 불은 타서 올라가는 것이다. 나무는 둥글게 혹은 곧게(다듬을 수) 있다는 것이며, 쇠는 주물을 통해 (형태를 창조할 수) 있다는 것이며 흙은 씨 뿌려 경작할 수 있도록 해 준다는 것이다. 젖어 내려가는 것은 짠맛을 내며, 타오르는 것은 쓴맛을 낸다. 곧게 둥글게 다듬을 수 있는 것은 신맛을 내며, 주물을 통해 (형태를 창조하는) 것은 매운맛을 낸다. 씨 뿌려 경작할 수 있는 것은 단맛을 낸다(한형조, 『주희에서 정약용까지』, 세계사, p.46).; "五行. 一曰水, 二曰火, 三曰木, 四曰金, 五曰土. 水曰潤下, 火曰炎上, 木曰曲直, 金曰從革, 土爰稼穡, 潤下作鹹, 炎上作苦, 曲直作酸, 從革作辛, 稼穡作甘." 「洪範」『尙書』.

27) 한형조, 『주희에서 정약용까지』, 세계사, 1996, p. 46.

28) 흙이 나무에 의해 정복되고 나무는 쇠에 의해 정복되며 쇠는 불에 의해, 불은 물에 의해, 물은 다시 흙에 의해 정복된다.

실재를 5행 관념으로 바꾸어 놓은 인식행위에 의해 매개되는 객관적 실재의 5행론 반영은 현실에서 상징적 도구로 탄생되었음을 말해준다.

음양가들은 오행을 상생(相生)·상승(相勝)의 순서로 나타내었다.[29]

<표-2> 오행관념의 변화

『洪範』	鄒衍	陰陽家
宗法사회의 器物	왕조의 흥망 → 정치체제→ 제도론으로 상징화	오행의 相生의 순서-나무, 불, 흙, 쇠, 물 오행의 相勝의 순서-나무, 흙, 물, 불, 쇠

주희는 음양과 오행[質]의 관계에서 기의 일차적 변형물을 '물·불'로 정식화시켰다. 다시 말하면, 음과 양의 간섭에서 양이 주도적 위치에 점하면 불이 되고 음이 주도적 위치에 오면 물이 된다. 이차적 변형물로 양-나무, 음-쇠로 하고 둘이 힘의 균형을 이룬 것이 흙이다.[30]

5행의 상생과 상극은 음양의 교호작용과 동시에 일어난다. 5행은 생리학적 유기체의 원형적 모델을 제시하고 있다. 예를 들어 한의학에서 채택한 인체 내부의 균형도 오행으로부터 출발하였다.

---

29) "오행의 相生의 순서는 기원전 2세기 漢代 董仲舒의 『春秋繁露』, 『管子』, 『論衡』에 나타난다. 이 상생의 순서는 봄-나무-동, 여름-불-남, 가을-쇠-서, 겨울-물-북이고, 나머지 흙은 중앙에 자리잡고 있다. 주희는 이 도식을 그대로 받아들였다. 李滉의 「天命圖」에도 그 골격이 유지되고 있다"李滉, 『退溪集』. 오행의 상생과 상극은 음양의 교호작용에 의해 균형을 이루고 있다는 것이다. 말하자면, 불은 물에 의해 정복당하면서 동시에 물에 의해 생성된 나무에 의해 불은 생겨난다. 이 두 측면은 상호 작용에 의해 균형을 이루고 있다는 것이다.

30) "陰變陽合, 初生水火, 水火氣也. 流動閃鑠, 氣體尙虛, 基成形猶未定. 次生木金, 則確然有定形矣. 水火初是自生, 木金則資於土. 五金之屬, 皆從土中施生出來"『朱子語類』, 94:57.

시대가 내려오면서 5행론은 보다 추상화되고 상징화되면서 우주를 구성하는 별자리, 날씨, 간지, 맛, 방위 등 자연계의 범주와 인간의 신체의 여러 장기와 감각기관 나아가 제도 및 제도론 - 가족관계, 사회조직 - 에까지 그들을 구성하는 조직원리로 점점 정교화·체계화되었다.

니이담은 5행설이 처음에는 중국과학에 유익했다고 주장한다. 그것이 상징적 상관관계가 더욱 정교화 공상적으로 되면서 그 전 체계는 자연의 관찰로부터 점점 멀어지게 되었다고 하였다. 송대에 와서 5행론은 과학운동에 유해한 영향을 끼쳤다고 말한다.[31] 그의 이러한 주장은 5행론이 조선 유학사에 끼친 영향을 생각해 보면 옳은 지적이다.

다. 이기론(理氣論)의 방법론적 특징

지금까지 논의한 결과를 바탕으로 이(극이 없는 원리)와 음양·5행(氣)이 상호 결합하여 모든 변이와 변형을 일으킨다는 주희의 세계관을 이기도로 정리할 수 있다.

〈표-3〉 理氣圖[32]

理	形而上	道	太極	性	四德	本·體
氣	形理下	氣	陰陽	情	四端	本·用

이기도에 나타난 방법론적 특징을 살펴보면 다음과 같다.

첫째, 관점이 자연론적이다. 하늘 - 남자 - 양기, 땅 - 여자 - 음기를 형성하고 이 두 기는 반응과 영향을 미쳐 사물을 변화·탄생시

---

31) Needham, SCC, v. 2, p. 266.
32) 정일균, 앞의 책, p. 30.

킨다. 종의 분화를 음양이라는 대극점에 의해 파생된 것으로 본다. 기의 변형을 화학적 기계론적으로 본 것이 아니라 생물학의 범주에서 본다. 그래서 주희는 이(理)를 패턴 — 근육의 섬유조직, 꼰 실가닥, 옥의 결 — 으로 본다.

둘째, 무생물 조직까지 생명의 영역 안으로 끌어들였다. 상생·상극의 변화가 5행론에서 인체 생리학의 기본 구상에 상응한다. 다시 말해 정신과 육체, 영혼과 물질은 서로 다르나 언제든지 특수한 상황에 따라 서로 전환 가능한 것으로 물질과 비물질의 단절을 인정하지 않는다. 따라서 5행론은 오방기와의 의미관계, 계절의 변화와 방위와 관련되어 있으며 오행색과 관련되어 상징의 형상으로 나타난다.

셋째, 인간사회를 위계적 질서감각에 편입시켰다. 이(理)의 존재론적 특성은 형이상이므로 현실적으로는 존립이 가능하지 않고 관념적으로는 실재성[本體]을 인정한다. 그러므로 이의 우위와 선재성을 확보하지 않고는 윤리적 세계의 모형을 확보할 수 없게 된다.

여기서 주희가 이의 선재성과 우월성을 주장한 이유를 니이담은 사회학적인 것으로 돌렸다.[33] 실제 주희는 사회의 위계적 질서에서 사대부층이 중심적 역할을 담당해야 된다고 주장했다. 그의 인간학은 평등이 아닌 차등에서 정의되고 있다. 그는 전 자연을 선험적 비대칭의 질서 속에서 읽었다. 모든 균형도 이질성을 전제로 하고 있고 모든 역동성은 위상의 차등을 바탕으로 하고 있다. 그것이 자연의 현실이라면 인간의 세계 역시 선험적이다. 따라서 주희에 의해 불교 화엄의 평등과 도가의 비위계적 질서에서 차등적 위계질서로 편입되었다.[34]

---

33) Needham, SCC, v. 2, pp. 481 – 2.

2) 주희의 인간관

자연과 인간세계에는 각각 중심이 있고 이 중심은 거대한 중심의 통합적 질서 속의 일부분이다. 주희가 태극을 강조한 것은 전 자연을 유가적 윤리의 관점에서 위계화시켜 버렸기 때문이다.[35) 주희에 의하면 우주는 선험적으로 주어진 규범을 실현하는 마당인데 인간뿐만이 아니라 자연 안의 모든 조직은 이른바 인의예지라는 규범을 보편적으로 구현하도록 예비되어 있다. 이것이 성즉리(性則理)이다.

> 性은 곧 理이다. 天이 陰陽五行으로 만물을 형성할 때 理가 동시에 여기에 부여된다. 理는 명령과 같다.[36) 이렇게 하여 인간과 동물을 탄생과 함께 각자 부여받은 理를 健順五常의 德으로 삼게 되는데 이것이 곧 본성이다.[37)

위에서 오상은 인의예지신에 있다. 인-사랑, 의-정의, 예-예절·사회적 질서, 지-이성, 신-신뢰를 말하며, 이것은 인간관계에 필요한 덕목이다. 주희는 이 덕목을 인간뿐만이 아니라 전 우주가 실현할 이념으로 본다.

또한 이 이념이 선험적으로 부여받는다는 점에서 존재 일반의 본질이 성즉리인 것이다. 주희의 구상은 이 전제 위에 구축되었다. 주희는 이 이념을 한마디로 인(仁)이라 했다. 주희는 인간의 윤리적 가치를 형이상학적 전제 안에서 자연론적으로 확보한 것이다.[38)

---

34) 한형조, 앞의 책 참조.

35) Needham, SCC, v.2, pp. 481 - 2.

36) "性則理也. 天以陰陽五行化生萬物, 氣以成形而理亦賦焉, 猶命令也."朱熹, 『中庸長句』, 1:5.

37) "於是人物之性, 人各得所賦之理, 以爲健順五相之德, 所爲性也"윗글.

38) 한형조, 앞의 책, p. 85.

그러므로 복식[器]에도 윤리적 이념이 전제한다는 것이다. 이로써 물질과 비물질의 상호 관계는 단절을 의미하는 것이 아니라 상호 연관되어 있다.

주희는 理-性-仁으로 봄으로써 사회성과 윤리성을 인간·생물·무생물을 포괄하는 전 우주의 보편적 본질로 파악함으로써 경험적 자연학으로부터 일탈해 버린다. 제자들은 끊임없이 주희에게 무생물에도 이가 있느냐, 인의예지가 있느냐를 반복해서 물었다.[39] 제자들의 질문은 무생물에도 인간의 덕목이 있다는 주희의 말을 그들이 이해하지 못한 데서 비롯된다.[40] 왜냐하면 자연학에서 이를 조직원리-패턴-로 해석하고 그것을 자연의 규범적 이념으로 승격시킴으로써 윤리적 이념과 물질적 조직 사이의 예매함이 형성되었기 때문이다. 이로써 우리는 조선조 유학의 전개가 왜 과학보다는 윤리학에 모든 초점을 두고 있는지 알 수 있다.[41]

조선조 윤리관념의 폐해에 대해 강재언[42]은 고대의 과학에 탁월했던 동양이 근세에 들어서 서양보다 낙후된 이유로 설명하였다. 도리(道理)와 물리를 분리시키지 못하고 도리에 물리를 종속시킴으로써 물리의 자립적 발전을 저해시켰다고 진단했다.

주희는 인의예지라는 규범적 이념을 생명의 보편적 본질로 이해(性卽理)하고 생명의 위계를 나타내었다.[43] 이(理)를 규범적 이념

---

39) "선생님의 「余方叔에게 보낸 편지」에 보니 (생명이 없는) 말라빠진 물에도 理가 있다 하셨는데 말라빠진 나무나 기왓장 자갈 따위에 무슨 理가 있는지 모르겠습니다. 가령 大黃이나 附子는 말라빠진 物이다. 하나 대황은 부자가 될 수 없고 부자는 대황이 될 수 없지 않느냐. 問, 曾見答余方叔書, 以爲枯稿有理, 不知枯稿瓦礫, 如何有理, 且如大黃附子, 亦是枯稿, 然大黃不可爲附子, 附子不可爲大黃."『朱子語類』, 4:28; 『朱子語類』, 4:27과 4:29 참조.

40) 『朱文公文集』, 67:21〜22.; 『朱子語類』 4:27, 4:28, 4:29.

41) 한형조, 앞의 책 참조.

42) 강재언, 하우봉역, 『선비의 나라 한국유학 2천년』, 한길사, 2003 참조.

(idea)으로 읽을 때, 생명의 위계를 문제 삼게 되는데 조직 구성보다 규범, 가치로서의 이가 부각될 때, 이기의 결합인 생명은 육신[氣]을 통해(빌려서) 이념적 가치[理]를 확인하는 것이다. 따라서 자연학의 구도에서 이기는 조화로웠으나 인간학에서는 이와 기는 갈등을 일으키는 인자로 대립되기 시작한다.

생명의 가치는 자연 안에서의 여러 생물학적 조직[氣]의 수준과 이념의 구현 가능성에 따라 등급이 정해진다. 기에 순도가 있다는 생각에서 만물의 짜임새에 대한 정밀성을 강조했다. 이로써 윤리의 근거를 확보한 것이다. 인간의 대사슬에서 하층의 기조직은 상층의 것보다 짜임새에서 엉성하고 순도가 떨어진다. 가장 정련된 조직은 바르고(正), 뚫려(通) 있다. 조악한 조직은 치우치고(偏) 막혀 있다(塞). 여기서 바르고 치우침은 기의 조직에 관한 발언이고, 뚫리고 막힘은 기의 조직으로 인한 이의 구현 능력과 연관된 발언이다. 치우쳤다는 것은 '도덕적 지각(知)'의 정도에서 판단한 것이다. 동물의 세계에도 '도덕적 지각(知)'이 있으며 오히려 인간보다 한가지로 본다면 뛰어난 경우도 있다고 하였다. 그렇다면 주희가 읽은 인간의 모습은 무엇인가? 인간에게 있어 그 패턴─우주의 중심적 균형─은 인의예지를 구현하는 방향으로 떠오른다. 선천적으로 정해진 인의예지는 측은(惻隱), 수오(羞惡), 사양(辭讓), 시비(是非)의 사단(四端)으로 구체화되어 나타난다. 이것이 '정이란 성의 발현(性發爲情)'이다.[44] 주희가 인간의 감정을 분류하는 전통적 방식인 칠

---

43) "무릇 인간이 말하고 움직이고 생각하고 영위하는 것은 모두 氣인데 理가 깃들어져 있다. 하여 孝弟忠信仁義禮智로 氣가 표출되는 것은 理 때문이다." "그런데 인간에게 부여된 氣를 놓고 따져보면 거기에도 어둡고 밝음, 맑고 흐림의 차이가 있다. 뛰어난 지혜, 생래적 지혜는 淸明 순수해서 한 점 흐림도 없는 氣를 타고났다. 그래서 배워 익히지 않아도 堯舜처럼 타고난 앎을 자연스럽게 실천해 나간다.……통렬한 노력을 기울인 다음에야 비로소 타고난 앎에 버금가는 경지에 다다른다."『朱子語類』, 4:41.

정 역시 사단의 범주 안으로 포섭시키거나 조정 통합된 것이다. 불균형의 기질지성(氣質之性)은 본연지성(本然之性)의 본질적 상태로 교정되어야 한다. 이렇게 해서 윤리와 수양이 전면에 떠오른 것이다.

인간은 기질의 개성과 한계에 의해 온전히(通) 전체적인 수준(正)을 발휘할 수 없었다. 식욕과 성욕으로 대표되는 생리조직의 기질 경향성이 인의예지-선험적 이념-의 발현에 강력하고 지속적으로 간섭하는 요소가 되었다. '악(惡)'이란 이 간섭이 극단적으로 심화되어 균형의 장을 변형시킨 것(過不及)을 일컫는다.[45] 균형의 구체적 방법과 양식은 격물(格物)이다. 격물을 통해서야 기질을 바르게 하고 그 위에서야 이념과 육체의 표현을 기대할 수 있었다.

> ……韓愈의 三品設은, 꼭 집어 氣質之性이라 말하지 않을 뿐, 사실상 氣質之性을 논한 것인데 설명이 아주 좋다. 그렇지만 性을 논할 때는 그렇게 해서는 안 된다. 세 등급은 더 갈라지는 것이니, 어찌 세 등급에 그치겠는가 백 가지 천 가지로 나눌 수 있다.[46]

주희는 본원적 측면-이념-에서만 인간이 선하지 현실에서는 그렇지 않다고 하였다. 인간의 본질은 윤리적 등급이라는 수직적 지평 위에서 차등화되어 너무도 다양하게 나타난다. 주희는 절대적 선은 인간 '밖에' 이념적으로 설정한 것으로 인간의 이념은 안에 있지만 그것은 인식론적 반성을 통해서 다다를 수 있는 것으로 엄밀히 말하면 '밖'에 있다는 것이다.

---

44) 한형조, 앞의 책. p.108.

45) 중국에서는 근본악의 발상이 미약하다. 둘의 구분은 상대적인 것이지 절대적인 것이 아니다.

46) "……如退之設三品等, 皆是論氣質之性, 設得儘好. 只是不合不設破箇氣質之性, 却只是做性說時, 便不可. 如三品之設, 便分將來, 何止三品, 雖千百可也." 『朱子語類』 4:40.

주희는 이념적 가치 구현을 방해하는 요소가 기품(禀)이라고 말한다. 기품은 사람의 경우에 개인의 지적관심과 능력은 태어날 때부터 차이가 있어 등급이 결정된다는 것이다. 수명, 능력, 운수도 선천적으로 타고난다. 인간의 등급은 기품에 따라 이념의 실현 가능성이 선천적으로 결정된다. 그래서 주희는 영탁한 조직을 타고난 불운한 사람보다 더한 장애를 가지고 태어난 사람을 중국 문명의 변방에 있는 인의예지에 교화되지 못한 야만인들이라 했다.[47] 주희는 중국 문명과는 다른 문화적 습속의 독자성을 인정하지 않았다. 태어날 때부터 인간성의 등급이 결정된다는 숙명론적 운명관과 중국 문명 이외의 문명은 인정하지 않는 비관론적 운명관을 나타낸다.

결국 주희는 인간의 본질도 이기도에 따라 그 영역을 구분하였다.

〈표-4〉 理氣圖 2

초월적 영역 - 본연지성 - 형이상 - 사덕 - 이념적 본질				
존재론적 영역 - 기질지성 - 형이하 - 사단 - 현실적 본질				

주희는 "기질지성이란 성(本然)이 기질 가운데 떨어졌다."[48]고 한다. 이 말은 이와 기는 구분이 되면서도 현실에서는 구분하기 어려운 것이다. 즉 이기는 물위에 뜬 달처럼 구분되면서도 서로 갈등을 일으킨다. 오직 인간만이 갇힌 육신에서 그 한계를 타파하고 순수 이념의 세계로 나아갈 수 있는 능력을 받았다. 그래서 주희는 우주 안에서 인간이 가장 높다고 말한다.

---

47) "夷狄은 사람과 짐승 사이에 놓인다. 그래서 종시 교화시키기가 힘들다. 到得夷狄, 便在人與禽獸之間, 所以終難改."『朱子語類』, 4:11.

48) "氣質之性, 只是此性, 墜在氣質之中, 故隨氣質而自爲一性."答徐子融, 『朱文公文集』, 58:15.

(2) 조선 후기 문화구성원리

1) 실학의 정착과정

조선사회에서 주자학은 중심적인 세계관이다. 실학이 발흥하는 시기에도 주자학은 여전히 조선사회에서 필수적인 요소로 기능하고 있었다. 그러나 양란 이후 조선 후기 사회는 전기와는 달리 급속히 변화 과정을 겪었으며 당시 역사적·사회적 조건에 의해 파생된 사회적 현안을 기존의 세계관으로는 해결할 수 없다는 인식이 조선 지식인계의 일부에서 발흥하게 되었다. 이러한 사상적 경향의 일부가 실학이다.

전통적으로 실학이란 용어는 고려 때 이미 불교의 공사상(空思想)에 대한 유학의 실사상(實思想)을 주장하기 위하여 사용되었다. 그렇지만 조선 후기에 접어들면서 대두된 경세학적 실학은 오히려 신유학(Neo-confucianism)으로서의 송대 정주학(程朱學)의 비현실적 공리공론에 대한 비판의 소산이었다.[49]

이 장에서 말하는 실학은 18세기 후반에 발흥하여 풍미한 '후기 실학'을 의미한다. 실학의 개념 정립의 문제는 신유학이라는 표현처럼 주자학의 의미로 인식되어 사상사에 있어 독자적인 영역을 처음부터 확보하지 못했다.

그러나 이러한 인식은 실학개념 정립을 위한 논쟁을 통하여 실학이 당시 주자학의 공리공론성에 대한 부정으로 일어난 것으로 이해하기에 이른다. 현상윤은 경세학파의 학풍은 한유(漢儒)의 그것을 본뜬 것으로 "이용후생(利用厚生)의 도(道)와 경국제민(經國

---

49) 이을호, 『조선 후기 문화』, 단국대학교 부설 동양학 연구소, 1986, p. 5.

濟民)의 술(術)에 힘썼고, 향토조선을 만들기 위해 조선의 실정을 연구했으며, 당시 서양 여러 나라의 신문명을 비교적 많이 수입한 청조의 문화를 배우자는 북학론을 주장했으며, 청의 고증학의 영향을 받았다."50)는 것이다. 결국 실학은 주자학이 지닌 공리공론을 특히 경세제민의 학풍에 의하여 시정하려는 의지가 내포된 것으로 간주함으로써 실학을 주자학에서 구분하여 독자적인 학풍으로 인식한 것이다.

과학기술에 대한 실학자들의 새로운 인식은 이용후생 이외에도 경세치용, 실사구시 등의 구호를 내세우면서 현실의 개혁, 개량을 추구하였다. 그러므로 실학에는 우선 현실생활을 직시하는 사회과학의 성격이 주자학 보다 두드러짐은 부인할 수 없다. 다시 말해 주자학과 실학은 유학의 지표인 수기치인(修己治人), 정덕후생(正德厚生)의 기준으로 비교한다면 주자학이 보다 수기, 정덕에 치중하는 경향이 두드러지고, 실학은 치인, 후생에 치중하는 경향이 크다.51) 이렇게 양자의 특징은 서로의 분별을 가능하게 한다.

주자학과 실학을 구별하기 위해서는 실학의 유파적 파악이 이루어져야 한다. 18세기를 전후로 하여 대두된 경세치용, 이용후생, 실사구시는 실학자들의 단순한 구호로써 그치는 것이 아니라 그것은 동시에 유파를 상징하는 낱말이기도 하다. 경세치용(經世致用)은 성호 이익을 주축으로 하면서 토지제도나 행정기구와 같은 제도상의 개혁에 치중한 학파이다. 반계·성호학파가 조선 후기 실학의 제 1기를 형성한 것은 오로지 경세치용의 학을 주창한 데 있다. 조선왕조 이래 양란은 왕권의 정치적·경제적 기반을 흔들어

---

50) 현상윤, 『조선 유학사』참조.

51) 윤사순, 『한국의 성리학과 실학』, 열음사, 1994, pp. 31 - 2.

놓은 치명적인 외세 침략이 아닐 수 없다. 그러한 온갖 상처는 지식인의 정치적 불안뿐만 아니라 민생의 참상은 이루 말할 수 없었다. 정치적으로 영·정조 시대는 이미 민란의 직전에 놓였음을 정약용은 이미 예견한 것으로도 미루어 짐작할 수 있다. 이러한 역사적 시대상에 민감한 학자는 이에 대한 정치적 대응책을 모색했음은 너무도 당연한 일이 아닐 수 없다. 남인들의 정치적 불우가 이러한 시대감각을 더욱 민감하게 만들었는지도 모른다.[52]

이 시기에 있어서 연행사(燕行使)들에 의한 북학(北學)은 국내 경제정책에 중요한 의미를 갖는다. 『북학의』란 본시 맹자에게 진량(陳良)이 북학어 중국이라 한 데에서 얻어진 자로서 남만인(南蠻人)에게 북학문화란 의미를 갖는다. 중국의 정치제도 즉 예악, 문물, 전장제도를 배운다는 뜻이다. 당시 청조의 연경(燕京)은 새로운 서역의 문물을 도입하여 눈부신 발전을 하고 있었다. 당시에 우리 연행사들이 배운 것은 중국의 예악이 아니라 연경을 매개로 한 서양의 과학지식과 농공기예(農工技藝)였던 것이다. 박제가(朴齊家)의 『북학의(北學議)』나 박지원(朴趾源)의 『열하일기(熱河日記)』가 지니는 시대적 의의는 이용후생의 학이라는 것이다.[53] 이용후생은 박지원을 중심으로 도시적 분위기에서 자라난 이른바 노론낙론계열로서 주로 상품의 유통이나 생산 기구의 발전 등 기술면의 혁신을 지표로 한다. 이용후생파들은 한국실학의 정치·경제의 양면에 걸친 개혁을 담당하였다.

이제 경세치용이니 이용후생이니 하는 개혁과 발전을 시도하던 실학파들은 다시금 그들의 정신적 원천에 관심을 기울이게 되었다.

---

52) 이을호 외, 「한국의 실학사상에 대하여」『한국의 실학사상』, 삼성출판사, 1993, pp.11 - 2.
53) 이을호, 윗글, pp.14 - 5.

외적으로는 천주교가 있고 내적으로는 유학의 경전이 있었다. 연경을 거쳐 들어온 천주교리는 주로 지식인들의 일부와 불우한 백성의 벗으로 받아들여졌고, 유학의 경전은 청조 고증학의 영향 하에 다시 원시유교로서의 복귀가 시도되었다. 따라서 조선후기 실학자들에 의한 경전 연구가 시도된 계기는 이 때문이다. 실사구시(實事求是)는 김정희(金正喜)에 이르러 일가를 이루게 된 학파로서 경서 및 금석과 전고(典故)의 고증을 위주로 한 것이 특이한 점이다.[54]

실학은 유파적 파악만 가능한 것이 아니라 분과별 구조의 관점에서도 파악되는 것이다. 즉 17세기 이후의 유학자 중 현실치중 내지 현실 비판 정신이 드높은 학자들이 당시 주자학을 고증학, 사장학, 의리지학, 경세학 등의 측면에서 보다 더 자유성, 과학성, 현실성의 성격을 지닌 새로운 유학으로 해체시킨 것이 곧 실학이다. 그러므로 실학은 부분적인 학문이 아니라 고증학, 사장학, 의리지학, 경세학 등의 분야를 포괄하는 학문체계이다.[55]

포괄적 학문체계로 형성된 실학은 특히 그 현실치중 내지 현실 비판 정신이 강한 것으로 해서 마침내 근대 지향, 민족 지향의 성격까지 띄게 된 것이다. 다시 말해 실학이 경험적 현실에 치중하고 민족적 주체적 자아 발견, 현실비판의식이 두드러지게 되자 주자학적 통치이념에 기초한 전근대적 요소를 해체하는 결과를 초래하였다고 볼 수 있다. 우리가 여기서 주목할 점은 실학이 더 이상 주자학의 연장이 아니라는 사실이다. 탈주자학적 성향을 지니면서 형성된 것이다.

따라서 실학의 발흥은 역사적으로 볼 때 주자학적 통치이념을

---

54) 이우성, 「실학연구서설」, 『문화비평』 2-3.4, 야한학회, 1970, pp. 493-506 참조.
55) 천관우, 『한국 실학 사상사』, 고려대학교 민족문화연구소, 1970, pp. 961-1051 참조.

바탕으로 한 조선시대의 체계가 여러 가지 모순을 드러냄에 따라 그 모순들의 개선 개혁을 꾀하는 의지에서 18세기 이후에 이루어졌다. 임진왜란과 두 차례에 걸친 호란을 계기로 조선왕조의 전근대적 모순이 정치·경제·사회 등 각 방면으로 급격히 노정되므로 그 대응책의 각성 속에서 이루어진 주자학에 대한 재구성적 해체가 실학이라고 정의한다.

박지원을 비롯한 북학파는 경세의 혁신과 실용의 개량을 축으로 전개되었고 기저 인간학에 있어 소극적 회피 아니면 적당한 절충으로 만족하고 있었다. 그들이 경학 연구에 소극적이었던 성향은 인물성 동이 문제, 호락(湖洛)논쟁 등으로 조선 지식인계가 당파적 편견에 얽매어 있던 당시 사정과 관련이 있다. 정약용은 이러한 논쟁이 어느 정도 정리된 시점에서 출발하여 새로운 위상을 정립시키는 것이 가능하였던 것이다.

정약용의 세계관 구상은 당시 시대적 요구에서 형성되었다. 그는 복잡하고 불투명한 조선후기 사회에서 발생하는 부정적 요소들-토지 독점화, 삼정의 문란, 정치집단의 부패, 사치풍조 등-을 개혁하려면 종래 주자학자들의 방법론으로는 해결할 수 없다고 판단했다. 또한 이러한 방법론의 원천은 기존의 세계관인 주자학이며 방법론의 인식전환을 위해서는 주자학의 구성요소를 근본적으로 해체시켜야 한다고 생각했다. 당시의 전환기적 상황에서 투철한 해답을 줄 수 있는 대안적 세계관을 재구성함으로써 또 다른 하나의 근본적인 질서감각을 새롭게 모색하려 한 것이다. 따라서 그는 주희의 철학적 세계관이 정통유학의 발상에 서 있지 않다는 생각에서 출발하여 문화체의 재구성을 위해 주희 철학을 총체적으로 비판·재구성하였다.

이 글에서 다루고자 하는 것은 주자학에 대한 인식론적 전환에 있다. 정약용이 대안적 세계관의 재구성을 위해 주자학을 어떻게 해체시켰는가이다. 이러한 탐구가 필요한 것은 그의 문화적 철학적 구도가 실학자들의 복식제도 구상과 실천에 어떻게 구현되었는지 검토하기 위함이다.

2) 실학자들의 세계관

태극에 대한 이해는 조선 후기 실학자들에 의해 크게 변화한다. 이(理)의 초월적 본체를 탈각시켜 태극을 이해하고 있다. 태극을 기(氣)로 이해하면서 주자학에서 본체로서의 이(理)를 부정한다. 태극을 본원으로서의 기로 이해하고 있어 주자학과는 다르다.

홍대용의 경우 우주만물의 기를 태허의 기로 설명하고 기일원으로 이해하고 있다. 그는 "태허에 텅 빈 듯 하면서 해와 별이 이것이다."[56] 라고 하였다. 그는 크게 비어있는 태허의 공간에 기의 실재만을 말하면서 기의 운행과 활동을 통해 만물이 형성된다고 하였다.

정약용의 태극에 대한 이해도 홍대용과 같다. "태극이라는 것은 음양이 아직 나누어지지 않은 채 혼동하여 있는 물질이다. 태극이 나뉘어 하나의 양과 음이 생긴다고 할 수 있다."[57]라고 하였다. 이 태극은 결코 관념적 형태나 원리로서의 이(理)개념이 아니다. 그는 만물의 시원적 존재로서의 기로만 이해했다. 후기 실학자들은 대체로 경험적 현실세계에 기반한 기학을 중심으로 형성되어 있었다. 태극에 대한 철학적 논쟁은 이들에게 크게 문제가 되지 않았으며

---

56) 홍대용, 『담헌서』내집 권4 보유 「의산문답」.

57) 『與猶堂全書』易學緖言 卷二 ,「邵子先天論」

오히려 주자학적 이해방식의 태극을 비판하면서 태극의 실재성을 단순히 관념의 소산으로 말하고 있다.[58]

조선후기 기학자 중에서 가장 분명하게 기학적 입장을 보였던 사람은 홍대용과 최한기이다. 홍대용은 감각기관에 인식되는 것이 없다면 이(理)는 드러남[形]이 없다는 것인데, 형이 없이는 만물의 근원이 될 수 없다는 것이다. 감각기관의 인식능력을 기준으로 제시함으로써 종래 주자학자들의 이(理) 편향을 극복하려 한 것이다.

홍대용은 음양이 교접하여 봄과 여름이 생기고 교접이 끊겨 가을과 겨울이 생긴다는 종래의 교폐설을 부정하는 대신에 태양의 원근과 햇볕의 사직에 의해 사계절이 생긴다고 하였다. 여기에는 중국에서 들어 온 서양의 과학기술이 영향을 주었다. 그의 음양설은 철학이 아닌 과학의 영역인 것이다. 5행설에서는 "화는 해, 수와 토는 땅, 금과 목은 해와 땅이 생성한 것이므로 화·수·토 세 가지는 병립할 수 없다"[59]고 하였다. 5행은 추상적 개념이 아니라 구체적인 사물을 가리킨다.

정약용은 주자학을 정면으로 해체하여 새로운 체계를 형성하였다. "지금 음양이라는 명칭을 생각해 보면 그것은 햇빛이 비치고 가림에 기원하니 해가 지면 음이요 해가 비치면 양인 것이다. 그것은 본래 체질이 없고 명암만 있을 뿐이어서 원래부터 만물의 부모가 될 수 없을 것이다."[60]라고 했다. 그는 「홍범」속의 5행은 본래 정해진 순서가 없었으므로 결국 상생·상극의 이치는 근거가 없다고 본다. 정약용은 『주역』「계사전」으로 되돌아가 말한다. 자

---

58) 김문용, 「홍대용의 실학사상에 대한 연구」 고려대 박사학위 논문, 1995.
59) 홍대용, 앞의 책.
60) 『與猶堂全書』卷四「中庸講義報」.

세한 것은 정약용의 심의관에서 검토할 것이다.

3) 정약용의 인간관

가. 인간의 본성(선악론)에 대한 대비: '본연(本然)'

맹자는 인간은 차등적 질서에 영향을 받지 않고 평등하게 타고 난다는 보편적 휴머니티(현실에서 자연에 나타난 두 경향성을 대 비)를 강조하였다. 인간이 선한 본성을 타고나지만 환경적, 경험적 요인에 의해 후천적으로 변질된다는 것이다. 이에 대해 주희는 본 원적으로는 선하나 육신을 얻게 되면 악을 갖고 태어나는바, 개인 의 노력에 의해 후천적으로 정화될 수도 있고 그렇지 않을 수도 있다고 했다. 즉 인간의 성(性)이 육신과 교섭하기 이전의 이념적 차원 본연지성에서만 절대적으로 순수하다고 했으며, 기질지성은 결코 순수할 수 없다고 한다.

정약용은 주희가 말하는 선험적인 이념을 받아들일 수 없었다. 그는 순수한 선은 경험적 현실에 있다고 생각했다. 경험의 척도가 아니면 모든 변혁은 불가능하다고 하였다.

생각건대 본연기질의 설은 마음의 본체를 곧바로 일러 가리키고 은미한 것을 밝혀 우리들로 하여금 자신을 바로 인식하게 하였으니 그 공이 지대 합니다. 그렇지만 그것을 일러 본연이라고 하는 것은 실제와 어긋난 듯 하 와 감히 분변치 않을 수 없습니다. 그윽히 생각건대 하늘이 속내를 내려주 심은 반드시 신체가 배태한 이후이니 어찌 본연이라 할 수 있겠습니까.……
本然이란 본래 스스로 그러하다(本來自然)는 말입니다. 그렇지만 육신은 부모에게서 받으니 시작이 없다할 수 없고 인간정신의 초월적 순수성은 하늘로부터 받으니 또한 시작이 없다 할 수 없는 것입니다. 시작이 없다 할 수 없는 즉 본연이라고는 못합니다.61)

____

61) "案, 本然氣質之說, 直指心體, 發明隱微, 使吾人得以認己, 其功大矣. 然其命之日本然,

맹자가 인간의 평등을 강조했듯이 어린아이의 측은지심(惻隱之心)
처럼 모든 인간은 본능적으로 선하다고 했다. 정약용은 본연을 육신
의 구체성 속으로 끌어내린 이단아인 이황의 구상에서 읽었던 것이다.

> ……본연이란 두 글자는 六經四書와 諸子百家의 글에 한번도 비친
> 적이 없고 오직 (불교경전인)『首楞嚴經』만이 중언부언하고 있다. 그러니
> 어떻게 그 본연의 설이 옛 성인이 말한 바와 어김없이 맞아떨어지기를 기
> 대할 수 있으리오.[62]

정약용은 본연에 대해서도 시간과 공간의 밖에 있는 영원의 영
역을 가리키는 불교적 언어라고 비판하였다. 이렇게 본연에 대한
그들의 대비는 기질의 인식에서도 다르다.

> 생리적 욕구는 기질의 필요에 의해서 발현된 것이고 도덕적 정서는 초월
> 적 윤리가 발현된 것입니다. 사람은 두 마음을 가질 수 있으나 짐승은 본래
> 받은 것이 기질지성뿐입니다. 이 한 性(기질지성) 외에 다시 어디 초월적
> 본성이 그 몸에 깃들여 있겠습니까. 기질지성은 짐승들의 본연입니다.[63]

정약용은 짐승에게는 기질지성뿐이라고 하였다. 사람도 이 두
가지를 가질 수 있다고 하더라도 인간과 동물을 동일한 차원으로
보지 않았다. 그는 존재론적 단절 위에선 인간을 해명하지 않고,
체용론의 전 구도를 거부하고 해체하여 성즉리를 부정하였다. 본연
지성은 인간과 동물에게 동일한 것이며 기질지성은 동일하지 않다

恐與實理有差, 不敢不辨. 竊嘗思之, 天地降衷, 必在身形胚脫之後, 何得謂之本然乎.……
故名之曰本然, 謂本然自然也. 然形軀受之父母, 不可曰無始也. 性靈受之天命, 不可曰
無始也. 不可曰無始, 則不可曰本然."『論語古今註』, 9:11.

62) "本然二字, 旣於六經四書, 諸子百家之書, 都無出處, 唯首楞嚴經, 重言復言. 安望其與
　　古聖人所言沕然相合也."「心經密驗」『大學講義』, 2:28.

63) 윗글.

는 주희의 주장과 대비를 이룬다.

정약용은 이기론을 해체시켜 체(體)로서의 성(性)을 부정하고[64] 성(性)이란 심(心)이 가진 특정한 능력이나 경향성일 뿐 실체의 지위를 부여할 수 없는 이차적 개념으로 본 것이다.

나. 기질(temperament)의 윤리적 의미

정약용은 기질과 도덕의 질연성 연관을 부정하였다.

> 程子: 맑게 품부받은 자는 현인이 되고 탁하게 품부받은 자는 어리석은 사람이 된다.
> 정약용: 사람의 선악은 氣稟의 淸濁에 관계되는 것이 아니다.⋯⋯지금 여염집의 한미한 백성들이 어리석고 우둔함이 소와 같으나 능히 효자의 행실을 이룩한 사람이 부지기수다. 또 노래와 춤에 능하고 변설이 능할 만한 여인네 가운데 淫하지 않은 사람이 드물고, 누렇게 뜨고 시커먼 얼굴로 어리석고 우둔한 사람들 가운데 오히려 열녀의 정절을 힘쓰는 여인네들이 많으니 선악이 (氣稟의) 淸濁에 연관되어 있지 않음이 이와 같다.[65]

기질은 그 안에 아무런 도덕적·인격적 의미가 없고 선악과 아무 관계가 없다는 것이다. 그는 예악론을 부정한다. 정약용에게 기질의 의미는 기질이 인간의 자질과 성격뿐만 아니라 도덕적·지적 성향과 능력을 함께 결정한다는 주희와 대비를 이룬다.

체로서의 성을 부정하고 성이란 심이 가진 특정한 경향성으로

---

64) "불교는 '如來藏性 淸淨本然'이라고 말한다(『능엄경』: 원주). 또 본연지성이 純善無惡이라 티끌이나 찌꺼기 하나 없어 그 본체의 光明이 맑고 투명한데 다만 신체의 새로운 薰習으로 말미암아 죄악에 빠진다고 말한다. 宋의 여러 선생이 모두 이 설을 따랐다. 그렇지만 인간의 정신적 실체는 그 호오를 말하면 선을 즐기고 악을 부끄러워하며 그 실천의 가능성을 말하면 선할 수도 있어 위태롭고 불안하다. 그러니 어찌 악이 없어 순수하게 선하다 하겠는가. 불교는 본연을 높이 찬탄하며 새로운 훈습을 깊이 허물하는데 그들은 만일 새로운 훈습이 없으면 악을 범할 이치가 없다고 생각한다."『朱子語類』, 2:27.

65)『孟子要義』, 2:23.

봄으로써 심을 절대적인 개념으로 보았다. 즉 그는 인간의 의지가 절대적으로 자유로운 지평 위에 있다고 했다. 인간은 생물학적 필연까지 거부할 수 있는 부정의 정신을 가지고 있다고 했다. 즉 운명을 거부한다. 인간의 주체적 자아실현을 절대적인 것으로 보고 인간과 동물의 본연지성은 다르다고 한 것이다.

또한 그는 기를 자극적·독립적 실재로서 기-기질-생명 기질의 특성인 신진대사, 신체활동, 동물적 지각, 식욕과 성욕 등은 인간이나 동물이 마찬가지라고 하였다. 따라서 그는 인간과 동물의 기질지성은 같다는 것이다. 그러므로 기질과 도덕의 연관을 부정한 정약용은 주희와 근본적으로 대비를 이룬다.

다. 이기 보편구도의 해체

정약용은 이는 기질에 의존하므로 능동적 주체가 아닌 피동적 객체(依附者)에 불과하므로 인간 존재의 현실을 해결하고 대체하는 데 무력하다고 생각했다.

> 후세의 학문은 천지만물을 형태가 있는 것이나 없는 것이나, 정신적 능력이 있는 것이나 없는 것이나 할 것 없이 온통 理 하나에 귀속시켜 다시 크고 작음을 따지거나 주체와 객체를 구분하지 않았다. 이른바 한 가지 理에서 시작해 흩어져 만 가지 다른 것이 되었다가 종당에는 다시 한 가지 理에 합한다는 것이 그것이다. 이는 佛僧趙州의 만법이 하나로 귀일한다는 설과 털끝만큼도 차이가 없다.……子思가 『中庸』을 지으면서 분명히 하늘이 명한 것을 일러 性이라 한다했고, 맹자는 그 마음을 다하는 자는 자신의 性을 알리라고 하였다. 그런데 지금 心, 性, 天을 뭉뚱그려 한 가지 理라 하면, 즉 毛氏가 이른바, 理가 명한 것을 일러 理라 한다가 되고 만다.66)

---

66) "後世之學, 都把天地萬物, 有形者無形者靈明者頑蠢者, 并歸之於一理, 無復大小 主客, 所爲始於一理, 散爲萬殊, 末復合於一理也, 此與趙州萬法歸一之說, 毫無不差.……子思著中庸, 明云天命之謂性, 孟子曰, 盡其心者知其性. 今乃以心 性天三字, 總謂之一理, 則毛氏所謂理命之謂理."『孟子要義』 2:38.

그는 이를 보편적 중심에서 끌어내렸다. 이를 해체하고 태극을 탄생의 시초로 형이하의 차원으로 끌어내렸다. 그는 이러한 작업 없이는 사상사의 얼키설키한 문제를 정돈할 길이 없다고 생각했다. 그의 이러한 작업은 자연의 규칙성과 통일성을 인간학에 적용시킨 주희 철학의 문제를 지적한 것이다. 즉 자연의 규칙성과 통일성은 인간이 처한 현실을 설명해 주지 못한다는 것이다.

또한 정약용은 기에 실체가 없다고 한 주희의 주장을 이해할 수 없었다. 그는 기에 대해 생명의 뜻으로 한정하고 기의 실체를 인정하였다.[67] 그는 기를 원래 문맥인 한의학에서 말하는 체질론으로 한정하였다.

> 무릇 희로애락은 모두 心이 발하여 의지가 된 것이다. 의지는 氣를 몰고, 氣는 또 血을 몰아 이렇게 하여 마음이 안색에 나타나고 온몸에 퍼져 나가는 것이다. 의지란 氣의 지휘관이고, 氣는 血을 거느리고 있다.[68]

그는 기의 특성을 '생의동각(生義動覺)', '동각식색(動覺食色)'이라 했다.

정약용은 이기보편구도의 근원적 해체를 위해 이 - 성 - 체의 의미를 부정했다. 이는 자연 - 저절로 그러함 - 이므로 성과 어울리지 않는다는 것이다. 성은 인간의 주체적 판단과 결단의 행동과 연관되어 있으므로 성은 이가 아닐 뿐만 아니라 '실체'라는 생각을 인정하지 않았다. 즉 성은 체가 아니라고 했다. 오직 심만이 체의 지위를 갖는다고 했다.[69] 여기서도 주희가 세계를 체용론 구상에서

---

67) 『孟子要義』, 2:19-20.

68) "凡喜怒愛懼之發, 皆心發爲志, 志乃驅氣, 氣乃驅血, 於是見於顔色, 達於四體, 志者氣之帥也. 氣者血之領也."『孟子要義』, 1:17.

69) "지금 사람들은 性 자를 하늘같이 큰 물건으로 추존하여 받는다. 太極陰陽의 설과 합하여

구체화시켜 나갔던 사유형식과 대비를 이룬다.

결국 정약용은 인간의 절대적 의지 - 주체적 자아실현 - 의 정당성을 위해 이기도를 해체시켜 새롭게 구상하였던 것이다.

〈표-5〉 인간관 비교 1

주 희	정 약 용
體用論 구상	體用論 해체
體 - 性 - 理 本然之性의 절대성 | 인간과 동물이 같다 ⇓ 理氣圖 氣質之性 | 惡의 잉태 | 인간과 동물이 다르다 ⇓ 기질과 도덕의 연관 | 修身강조: 倫理論	性 - 心 本然之性 부정 | 인간과 동물이 다르다 ⇓ 理氣圖 해체 氣質之性 | 善惡 관련 부정 | 인간과 동물이 같다 ⇓ 기질과 도덕의 연관 부정 | 治人 강조: 倫理論 부정

정약용이 읽은 인간의 모습은 무엇인가? 정약용의 인간학 출발은 인간 외의 자연은 모든 것이 정해진 패턴에 따라 운동하지만 오직 인간만은 심(心)을 가지고 있어 자유로운 독립된 자아 위에 서 있다는 것이다.

本然氣質의 논으로 뒤섞어, 무슨 소리인지 흐릿하고 가물가물하며 뜬금없고 과장되어 있다. 그런데도 스스로는 털을 가르고 실낱을 찾는 치밀함으로 사람도 하늘도 밝히지 못하는 비밀을 파헤쳤다고 우쭐대나 종당 일상행위의 준칙에는 보태는 바가 없으니 무슨 쓸모가 있겠는가 이래서 내가 분변치 않을 수 없다."「心經密驗」『大學講義』, 2:26.

> 有形의 마음은 바로 우리 내장이고 無形의 마음은 우리의 本體인즉
> 이른바 虛靈不昧者이다.[70]

그는 심은 기가 아니라고 했다. 심의 초월성을 중심에 놓고 심은 하늘이 부여한 것이며, 정신적 자아는 기에 속하지 않는다는 것이다. 그의 정신은 주희가 말한 기를 떠나서는 안 되며, 기에서 분리될 수 없다는 것과 다르다. 즉 정약용은 육신과 영혼을 분리할 수 있다는 사유에서 주희의 이기도를 해체시켜 새롭게 구상한 것이다.

인간의 선악의 특성에 대해 어떻게 사유했는지 알아보자.

> 식욕과 성욕, 안일의 욕구는 모두 육신에서 나오나, 거만하고 교만한
> 죄는 이 虛靈 쪽에서 나오니 허령한 정신의 바탕에 악의 가능성이 없다고
> 는 못 한다.[71]

정약용은 악의 특성 기준은 인정한다. 그러나 육신뿐만이 아니라 인간의 마음에도 악은 존재할 수 있으며, 진정한 악은 육신에서 오는 것이 아니라 '마음'에서 오는 것이라고 하였다. 인간은 생물학적 상황과 인간적 상황에서 비롯된 욕구를 가지고 있는데 정신의 진정성의 문제는 인간적 상황에서 비롯된다고 했다. 인간의 마음(性體)에는 악은 없고 선만이 존재하며, 인간성이 전체를 '성체'로 규정하고 인간의 모든 표현은 '성체'의 움직임(用)으로 이해한 주희의 구도를 부정한다.

따라서 주희는 인간은 자연의 아들이라 했고, 성체가 인간의 중심인 데 반해 정약용은 인간이 육신의 생물학적 충동을 넘어선 존재(주

---

70) "鏞曰, 有形之心是吾内臟, 無形之心是吾本體, 卽所謂虛靈不昧者也." 『大學講義』 1:3.
71) "食色安逸之欲, 皆由形氣, 以驕徵自尊之罪, 是從虛靈邊出來, 不可曰, 虛靈之謂 無可
　　惡之理也." 『孟子要義』, 1:35.

체)로서 성체를 부정하고 성은 체가 아니라 특성을 가리키는 것이라고 했다. 그러므로 심을 통합된 중추로 정신적 실체로 본 것이다.[72]

주희가 성을 이념적·본원적 차원의 선(善)으로 규정한 반면에 정약용은 인간의 의지(현실)를 절대적(선)으로 규정하였다. 주희는 도덕적 규범을 따르는 것을 진정한 도덕 실현이라고 보는 권위주의적 윤리이며, 피동적이다. 이에 반해 정약용은 인간이 자신의 진정한 욕구를 자각하게 되는 것으로부터 인본주의는 시작된다고 보는 인본주의적 윤리이며, 능동적 사고이다.

인간의 본성에서 주희는 악을 일차적 가능성으로 보고, 선천적이라고 했으며 정약용은 악이란, 인간성 안에 있는 부차적 가능성이며 후천적이라고 했다. 따라서 주희는 인간 본성은 외형이라는 것이고, 정약용은 자기실현인 도덕감(仁)이다.

다음으로 유가인간학을 정식화한 『맹자』 해석에서 드러난 두 시각을 통해 사단(四端)과 사덕(四德)의 논의를 살펴보고자 한다.

주희(Neo-Confucianism, 새로운 유학)는 맹자의 사단·사덕을 이기 체용론의 구상에 배치하여 인간과 사물의 모든 표현은 인의예지의 본질의 외화(外化)라 했다. 이것이 성발위정(性發爲情)이다. 드러난 정은 드러나지 않는 성(사덕)의 구현이라 하여 성-사덕이고 사단은 사덕을 짐작하는 징표(단서)의 관계로 설정하였다.

정약용은 맹자가 설정한 인간성의 본질을 사덕이 아닌 사단으로 보아 이를 회복시켰다. 사덕은 자기 내적 본질인 사단을 자기 외

---

72) "옛 경전에서는 초월적 비물질적 정신만을 특별히 가리켜 心이라 한 적이 없다. 그때의 心은 다만 안에 품었다가 밖으로 운용해 나가는 것이었다. 진실로 五臟 가운데 그 血氣를 주관하는 것은 心이다. 정신과 육신이 신묘하게 결합하여 그곳에는 혈기가 필수적으로 따르는데 이에 혈기를 주관하는 바를 빌려 인간 내면의 통칭으로 삼은 것이다. 若古經言心, 非大體之專名, 惟其 含蓄在內, 運用向外者, 謂之心. 誠以五臟之中, 其主管血氣者, 心也, 神形妙合, 其發用處, 皆與血氣相須, 於是假借血氣之所主以爲內裏之通稱, 非爲此盤七竅 而懸如柿者, 卽吾內裏也."「心經密驗」, 『大學講義』 2:25.

적 관계의 장으로 확장할 때 비로소 실현되는 덕목일 뿐이다. 이 대비는 두 사람(주희 – 정약용)의 인간학적 패러다임을 형성하는 결정적 변수로 작용하였다.

주희는 사단을 통해 인간만이 인의예지의 '체'가 본래적으로 구유되어 있음을 확인하고, 그의 체용론은 인간과 동물을 포함하는 구도로 성체＝사덕＝인의예지라 했다. 정약용은 인간성 속의 사덕, 즉 성체로서의 사덕을 인정하지 않고 인간이 갖추고 있는 것은 사단뿐 사덕은 인간성 내부에 있지 않다면서 사덕은 사단을 통해 실현할 수 있는 인간의 이상이라고 지적하였다. 즉 사단을 바탕으로 (始) 인간성을 실현해 나가는 것[73]이라 한다.

> 仁義禮智의 이름은 실천 이후에 이루어지기 때문에 사람을 사랑한 다음에야 仁이라 한다. 사람을 사랑하기 이전에는 仁이라는 이름이 성립되지 않는다. 나를 추스린 실천이 있고 난 다음에야 義라고 한다. 그러기 이전에는 義라는 이름이 성립되지 않는다. 손님을 맞아 禮를 행한 이후에야 예의 이름이 성립하고, 사태를 잘 따져 가린 다음에야 智의 이름이 성립한다. 어찌 仁義禮智 네 알이 복숭아씨나 살구씨처럼 옹그마니 人心 가운데 숨어 있단 말인가.[74]

인의는 다양한 수직·수평적 관계의 장에서 인간의 노력을 통해 얻어지는 것이라 했다. 이러한 사덕에 안이냐 바깥이냐 하는 문제에 대해 주희는 사덕을 인간 안의 본질로 규정하고, 정약용은 사덕이 사단을 통해서 밖에서 구현하는 것이라 규정한 것이다.

---

73) 『孟子要義』 1:22.

74) "鏞案, 仁義禮智之名, 成於行事之後, 故愛人而後謂之仁, 愛人之先, 仁之名未立也. 善我而後謂之義, 善我之先, 義之名未立也. 賓主拜揖而後, 禮之名立焉, 事物辨明而後, 智之名立焉, 豈有仁義禮智四顆, 磊磊落落如桃仁杏仁, 伏於人心 之中者乎." 『孟子要義』, 1:22.

요컨대 정약용은 당대의 사회정치적 모순을 자각하여 지식인 관료들의 정치적 무기력과 행정적 무능의 책임이 일차적으로 주자학적 수양론의 바탕인 성즉리의 세계관과 체용론의 인간학으로 보았다. 정약용은 인간이 자기 내부에만 유폐되게 하는 바람직하지 않은 경향으로 조선의 유학자들이 내면적 탐구에 골몰하게 됨으로써 인간적 상황-사회성(사회관계) 내에서의 인륜의 실현이라는 유학의 일차적 이념을 소홀히 하고 망각하는 결과를 가져오게 되었음을 비판했던 것이다.[75]

〈표-6〉 인간관 비교 2

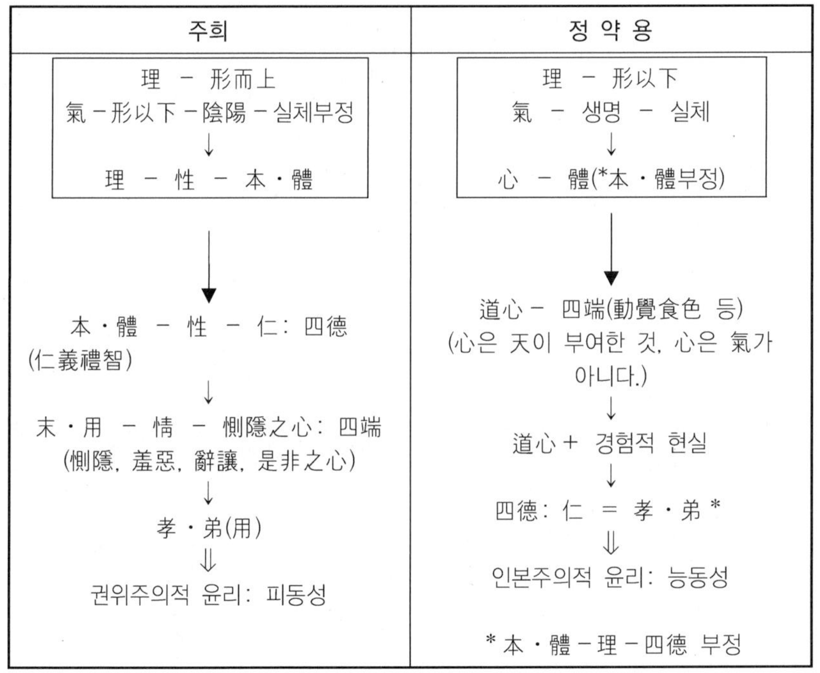

---

75) 주자학과 실학의 비교내용은 한형조와 정일균의 앞의 책을 참조하였다.

Ⅲ 조선 후기 심의관

1. 유가사상과 복식관

2. 조선 후기 심의관

2장에서 세계관과 제도론의 조응성(照應性)의 관계를 문화체(文化體)로 체계화하였다. 이 문화체를 통해서 복식제도를 살펴보았다. 이러한 개념은 역사적 한 시대의 복식제도 및 제도론을 그 시대의 역사적 총체성으로 파악하기 위해서 문화체 내의 세계관이 필수적인 요소로 기능한다는 것이다. 따라서 문화체를 복식문화인식의 틀로 규정한 것이다. 이러한 개념하에 조선시대 세계관을 전·후기 구성원리와 요소로 구분하고 세계와 인간에 대한 성리학과 실학의 두 시각의 차이를 통해 방법론적 인식전환을 시도했던 실학의 철학적·문화적 구조를 살펴보았다. 다시 말해 정약용이 재구성적 해체를 위해 경학 연구를 텍스트로 선정하였고 그의 방법론적 자세는 훈고에 의한 치밀한 분석력으로 전통적인 유가적 방식을 통해 주자학의 모순을 지적한 것이다. 그의 훈고적 자세는 문장의 의미를 명료히 드러내어 모호하게 남겨두는 법이 없이 텍스트 전체의 의미를 바로 볼 수 있게 하였다.

따라서 3장에서는 정약용을 비롯한 실학자들이 채택한 방법론적 자세를 계승하여 먼저 유가의 복식관[76]을 살펴보고자 한다. 전통적인 유가 복식관과 유교사회의 복식관의 두 시각적 차이를 지적하고 실학자들이 기존의 복식관에 대한 인식전환이 어디에서 연유

---

76) 복식관은 복식에 대한 체계적인 사고는 아니나 직관적으로 보는 사람들의 관점을 말한다. 현재학계는 문제에 관한 사유와 검증을 통해 체계적으로 정리한 사람에게 존재하는 복식인식과 이러한 체계적 인식을 현실에 실천하려고 노력하는 의식적인 활동을 모두 포함하여 복식관의 범주에 둔다.

했는지 검토하는 과정으로 탐구하려고 한다. 또한 조선 유학사에서 철학적·문화적 담론의 양식인 심의(深衣) 논쟁을 통해 조선 지식인계의 문화적·사상적인 면과 정치적·사회적인 면에서 두 시각 차이를 비교하고, 그들의 심의제도의 구상과 실천의 내용을 통해 문화체 내의 세계관과 심의제도와의 조응성을 고찰하고자 한다.

1. 유가사상과 복식관

(1) 복식인식의 구분

모든 구체적인 사물의 의미는 사상적 경향과 분리될 수 없다. 그 시대의 세계관과 생활환경의 차이에 따라 사물은 다르게 표현된다. 유교사회의 제도-복식, 예악, 정형, 기용 등-는 구체적인 실존으로 모두 다르게 형성되었어도 그것을 구성하는 원리인 세계관은 하나로 통일된 개념을 형성한다. 물론 시대가 흐르면서 구성원리는 오랜 시간을 통해 변화한다.

『설문(說文)』 가운데 "윤(倫)이란 무리다.……혹은 도(道)라고도 한다."고 해석하였다. 그것은 상하존비의 등급과 순서이며, 또 사람들이 사회생활에서 의존해야 할 기본적인 준칙이다. '도'란 바로 법칙과 규율이다. 소위 천도, 인도라고 하는 것은 또 천륜이고 인륜이다. 여기서 '윤'이란 자연과 사회적 존재의 근거와 운행의 법칙으로 변하였다.[77] 예컨대 윤은 예이다. 예는 시(示)와 풍(豊)이

---

77) 柳肅, 『예의 정신』-예악 문화와 정치, 洪熹 역, 동문선, 1990, p. 96.

결합한 형태로 『설문(說文)』은 시는 신의 계시를 의미하고 풍은 제사를 행하는 제기(祭器)라고 풀이하였다. 예의 기원이 하늘의 신으로부터 계시를 받고 신을 섬기는 제사의례에 있다는 것은 일반적인 견해다. 『예기(禮記)』「제통(祭統)」에서는 길례, 흉례, 군례, 가례 가운데 가장 중요한 것은 제례를 의미하는 길례라고 하였다. 이러한 관념은 제사의례가 모든 예의 근본이라는 것이다. 따라서 이 당시의 문화는 예(禮)인 것이다. 이후 예는 인간사의 규범으로 자리잡게 되었다. 유교이전부터 전해오는 전통 종교의 제례의식에 기원을 둔 예(禮)는 유가(儒家)의 등장과 더불어 새롭게 중국문화의 전통으로 자리 잡게 되었다.[78]

복식(服飾)이란 글자를 풀이하면 '복(服)'이라는 글자는 오른손을 얹고 무릎을 꿇어 절하는 형상[卩＋又]을 본뜬 것과 태음(太陰)의 합성자로 제례(祭禮)를 의미한다. '식(飾)'이라는 글자는 제사음식(食)과 차림새[人＋巾]의 합성으로 제사의례에 정해진 복장(服章)을 뜻한다. 복식이라는 글자의 최초의 의미 또한 제례를 함축한다. 복식이 제례를 함축한 것은 인류의 진화가 진행되면서 시작된 원시적인 주술과 토템신앙이 종족과 국가를 위한 거대한 의식으로 성장하면서 사람들은 제례복식을 정성껏 화려하며 웅장하게 준비하였던 연원을 말한다. 그러므로 윤이 예이며 규범인 예의 제도를 제정한 구체적인 실존의 한 부류가 복식이다. 복식은 구체적인 실물로 도－윤 예의 개념을 여러 가지 부분적인 표현수단, 장식수단을 운용하여 사람들에게 일종의 의경(意境)을 갖도록 하고 연상을 주어 그에 따라 복식 형상을 구상한다. 즉 예의 제도를 바탕으로 한 복식 형상은 윤리철학의 정신을 해독한 것이다.

---

78) 한국사상연구회, 『조선유학의 개념들』, 예문서원, 2002, pp. 511-2 참조.

이(理)는 본체론의 의미에서 윤(倫)과 똑같이 중요한 가치를 갖고 있다. 이(理) 또한 일종의 존재의 규율과 법칙이다. 윤과 다른 것은 단지 윤은 비교적 객관적인 자연 속성에 편중하고 있다는 것이며, 이는 정신적인 의미에 편중하고 있고 일종의 정신적인 실체라는 것이다. 둘은 형이상이며, 기는 형이하로서 서로 결합하여 세계 만물을 형성한다. 원래 이와 기라는 개념은 고대의 역사상에서 출발한다. 윤과 도 또는 이의 결합은 우주관, 세계관을 바탕으로 그 질서감각을 형성한다. 따라서 복식인식의 구분은 도(道)와 기(氣)라는 이분법에서 출발한다.

복식은 광범위한 의미에서 생활 조형에 속한다. 소위 조형이라는 것은 바로 형체를 지어낸다는 것이다. 중국 고대의 화론(畵論)에서는 이를 상형(象形: 형체를 본뜸)이라 부른다. '응물상형(應物象形)'이 바로 회화의 조형을 가리키는 말이다.79) 조형은 회화뿐만이 아니라 조각, 공예, 건축, 복식 등 생활 조형에도 공통적인 특징이다. 중국 고대 화론 중에 언급된 내용을 통해 복식 형상을 해독하는 정당한 인식의 틀을 살펴보면 다음과 같다.

> 가) 무릇 인간이 살아서 잡을 손과 볼 눈이 없다면, 앞에 놓여 있는 대상을 대하지 않는 것과 무엇이 다르랴? 형체에 따라 그 정신을 그려내겠다고 하면서 실제의 대상을 바라보지 않는다거나 바라보더라도 그릇되게 바라본다면 정신을 전달하겠다는 의도는 이루지 못하고 사라질 수밖에 없다. 실제 대상을 바라보지 않고 그리는 것은 큰 과오요, 실제 대상을 바라보더라도 이지러지게 바라보는 것은 작은 과오이니 반드시 잘 살피지 않으면 안 될 것이다. 한 대상을 잘 그리고 못 그리는 것에 있어서는 대상의 정신을 깨닫는 것만큼 중요한 것이 없다.80)

---

79) 유홍준·박수인 역, 『예술개론』, 청년사, 1989, p.191.

80) "凡生人亡(同無) 有手揖服視而前亡所對者, 以形寫神空其實對, 荃生之用乘, 傳神之趣失矣, 空其實對則大失, 對而不正則小失, 不可不察也. 一象之明味, 不若悟對之通神

나) 몸을 멀리 떠나지 못하게 얽어매고, 시선도 곁으로 가지 못하게 동여 매는 것을 중심으로 삼고, 모습은 모습대로 색채는 색채 그대로 그려야 한다.[81]

다) 눈으로 보아 기쁘고 마음으로 느껴 흡족한 것을 이치로 한다.[82]

가)는 회화가 '이형사신(以形寫神)'해야 함을 설명한다. 이형사신이라는 말은 인물의 내면의 분위기는 형체를 통하여 표현해야만 한다는 것을 설명하고 동시에 형체를 만드는 것은 일종의 표현수단일 뿐이며, 형체는 마땅히 인물의 내면의 분위기를 표현해야 하는 것임을 설명하고 있다.[83] 즉 형체로써 정신을 그려낸다는 것이며, 형체를 떠나서 정신을 이야기할 수 없다.

나), 다)는 형체와 정신의 관계를 설명한 말로서 응목(應目)은 형(形)이며, 위리(爲理)는 신(神)이다. 형식은 정신을 그려내고, 정신은 형식에 깃든다는 것으로 형식과 정신의 통일을 말한다. 그러나 여기서 이(理)는 추상적인 개념보다는 생활에서 깊이 감동을 받아 형상을 구상하는 신(神)의 개념을 말한다.

따라서 복식인식의 구분을 그림으로 나타내면 다음과 같다.

〈표-7〉 복식인식의 구분

| 道 － 形而上 － 天 － 倫 － 神 － 德 － 禮 |
| 氣 － 形以下 － 人 － 器 － 形 － 情 － 樂 |

也."顧愷之,『委鬼勝流圖贊』.
81) "身所盤桓, 目所綢繆, 以形寫形, 以色況色也" 宗炳,『畵山水序』,『中國畵論類選』, p. 583.
82) "以應目會心 爲理者", 윗글.
83) 유홍준·박수인 역, 앞의 책.

도(道)와 기(氣)의 이분법은 이러한 사고범주를 전제로 한다. 이러한 상태에서 유가사상은 인간의 내면에 존재하면서 모든 선행을 생성시키는 근본적인 실체, 완전한 형상, 최고의 표준과 조직원리가 된다. 도와 기의 개념은 구별의 개념으로 여기에 상하 등급과 인륜의 차별에서 비롯된 윤리철학이 덧씌워진 것이라 볼 수 있다. 따라서 이러한 구분은 태초에 하늘의 음기와 양기가 결합하여 인간이 생성되었다는 사유에서 보듯이 인간사회에서 이분법적 통일을 이루고 형성된다.

(2) 윤리론과 복식관

윤리론을 중심으로 한 유가의 세계관에서 모든 사물의 구체적인 제도 - 예악, 정형, 복식, 기용 등 - 는 세계관과 역사적·사회적 조건에 상응하는 제도론인데, 그 구성원리와 구성요소는 서로 공통된 특징을 갖고 있다. 이러한 중세 문화론을 예악론(禮樂論)이라고 한다. 예의 본질은 상하귀천의 신분을 구별하는 데 있고, 악의 정신은 상하계급의 관계를 조절하는 데 있다. 예악은 엄격한 차별이 있으면서 상호 사이의 조화가 이루어진다. 사람의 행위를 전제로 본다면, 예는 일종의 외재적인 규정이며, 신분에 의해 의무를 규정하고 사람들의 활동 범위를 제한한다. 악은 사람의 정감을 조절하며 예의 규정을 사람의 내심에서 우러나오는 자각의식으로 바꿔준다. 예악과 같이 복식은 등급의 질서를 나타내고 복식 형상과 관련된 조형적 요소를 갖고 있다. 복식은 예의 정신을 함축한다.

가) 『尚書』「禹貢」의 기록에 의하면, 고대의 통치자는 왕도를 중심으로
하고 왕도 밖의 전국의 각 민족, 제후국이 있는 지역의 거리에 따라
甸服, 候服, 綏服, 荒服, 要服의 다섯 부분으로 나누어 五服이라 했
다. 황복과 요복은 왕도가 제일 먼 두 개의 '服'이다. 여기서 '服'의
의미는 군주를 섬기고 군주에 대한 의무를 지는 것이다.[84]

나) 천자의 예복은 수를 놓은 용포이고, 제후는 黼依는 半黑半色으로 자
루가 없는 도끼 모양을 수놓은 예복을 입고, 대부는 黻依(半黑半色)
로 'ㄹ' 자 두 개를 서로 반대로 한 모양을 수놓은 예복을 입고, 선비
는 단지 위는 검고 아래는 엷은 적색으로 된 옷을 입는다. 천자의 관
은 빨강과 녹색으로 된 주옥을 12줄로 꿰어 늘이고, 제후는 9줄, 상
대부는 7줄, 하대부는 5줄, 선비는 3줄을 늘인다.[85]

다) 法興王 때의 법제에는 太大角干에서 大阿湌까지는 紫依요, 阿湌에
서 級湌까지는 緋衣로 모두 牙笏을 가졌다. 그리고 大奈麻·奈麻는
靑衣요, 大舍에서 先沮知까지는 黃衣이다.[86] 『北史』에 이르기를
"백제의 의복은……奈率 이하는 冠에 은화로써 장식한다. 將德은 紫
色띠, 施德은 검은 띠, 固德은 붉은 띠, 季德은 푸른 띠를 띠고 武督
에서 剋虞까지는 모두 흰 띠이다."[87]

가)에서 복(服)의 의미는 군주를 섬기고, 군주에 대한 의무를 지는
것이라고 했는데, 이것은 복식제도의 기준인 예의 외재적 규정이 정
치 권한의 규정임을 말해준다. 중국의 상고 시대는 농경사회의 특징
인 혈연 종법 관계이면서도 같은 선조에서 형성되지 않았다. 혈연적
으로 통일되지 않은 민족은 하나의 통일된 형태를 이루는 것이 필
요했고, 이러한 정치의 통일은 사상통일의 중심이 되는 규범인 예였

---

84) 王充, 『論衡』, 이주행 역, 소나무, p. 371.
85) "天子龍袞, 諸候黼, 大夫黻, 士玄衣纁裳, 天子之冕朱綠藻 十有二流, 諸候九, 上大夫
七, 下大夫五, 士三." 『예기·禮器』.
86) 김부식, 『삼국사기』, 券 第三十三, 雜志 第二, 色服.
87) 윗글.

다. 예교의 사상과 정치통일론은 원칙상으로 일치하고 있었다.

주(周)와 당(唐)은 모두 오천 리 안을 다스렸는데, 주나라 당시 제후가 1773국이라는 기록이 『예기(禮記)』「왕제(王制)」의 기록에 보이고, 『상서(尙書)』에 "만국을 화목하게 했다."라고 하여 요(堯)의 덕이 커서 교화된 자가 많고 중원이나 오랑캐들이 모두 화목하게 지냈다는[88] 기록을 보면, 천자를 중심으로 한 정치적 통일이 사회 유지를 위해 얼마나 중요한 시대적 요구였는지 알 수 있다. 다음 글은 위의 사실을 확인시켜 준다.

> 하늘에는 두 해가 없으며, 땅에는 두 왕이 없고, 나라에는 두 임금이 없으며, 집에는 두 어른이 없으니 하나로서 이를 다스린다.[89]

> 천자가 아니면 예의 시비를 논하지 않고, 법도를 만들 수가 없으며, 문자를 교정할 수가 없다. 지금 천하가 통일되어 수레의 자국이 서로 같고, 문자가 서로 같으며, 행위의 법도가 서로 같다. 비록 천자의 자리에 올랐다 해도 성인의 덕이 없으면 감히 예악을 제정하지 않으며, 비록 성인의 덕을 지니고 있다고 해도 천자의 위에 오르지 않으면 또한 예악을 제정하지 않는다.[90]

한대의 유가들은 '천인 감응설' 논쟁을 중심으로 다루었고, 제천의식에 뿌리를 둔 조상숭배사상은 인간사회에서 천자와 '공경'의 대상으로 되었다. 수레의 자국, 문자, 행위의 법도가 같다는 것은 봉건국가의 행정통일을 요구하고 있을 뿐 아니라 봉건사회와 문화의 기준인 예의 통일을 요구하고 있다. 안정되고 통일된 집권 왕조를 통해 예악을 제정하고 왕조의 권위를 확립하였다. 이러한 시대적 요구에 상응

---

88) 『論衡』, pp. 370-1.

89) "天無二日, 土無二王, 國無二君, 家無二尊, 以一治之也." 「喪服四制」, 『禮記』.

90) "非天子議禮, 不制度, 不考文, 今天下車同軌, 書同文, 行同倫, 苟無其德, 不敢作禮樂焉, 雖有其德, 苟無其位, 亦不敢作禮樂焉." 『中庸』.

하여 역(易)사상·음양5행론을 바탕으로 한 제도론에는 오경(五經)이라는 경전이 있고, 오례(五禮), 오복(五服), 오형(五形) 등이 있다.

나), 다)에서 복식을 예의 제도에 따라 규정하고, 복식제도의 본질이 신분을 구별하여 신분에 의해 의무를 규정하고 사람들의 활동 범위를 제약한다는 것을 알 수 있다. 모두 엄격하고 상세한 등급의 규정이다. 군신, 부자, 형제, 남녀의 구별이 있은 연후에야 비로소 '공경'이 있게 된다. 이것은 예의 내용이 복식이라는 형식을 빌려 표현되고 있기 때문이다. 마치 궁정 음악에서 몸동작 하나하나에 매우 엄격하고 확실한 규정이 있듯이 복식의 모든 부분과 장식에도 그 상징적인 함의(含意)가 예악의 제도 그 자체로 되어 버린 것이다. 군자가 되려면, 언행과 일거수일투족이 모두 예법의 규범에 맞아야 하며, 복식 역시 예제 등급에서 규정된 것에 따라야 한다. 복식제도에 표현된 구별과 인륜의 등급은 예의 형식을 빌려 정치 내용의 통치 방식을 표현해 내는 것으로, 국례로는 군주를 섬기는 군주에 대한 의무를 다한다는 제(帝)를 나타내며, 가례로는 부모에 대한 '효'를 표현해 냄으로써 효·제를 의미한다.

중원을 통일한 진이 수(水)의 덕에 입각하여 모든 의례를 '여섯'에 맞추고 모든 복색을 검은색으로 통일한 것, 그리고 그를 정복하여 일어난 한이 토(土)의 덕에 입각하여 모든 수를 '다섯'에 맞추고 모든 복색을 흙의 색깔인 황토색으로 제정한 것은[91] 복식에 표현된 예제의 등급이 정치적 통일을 목적으로 하고 있음을 말한다. 여기서 복식과 정치제도의 관계는 첫째, 정치통일과 권한을 이른 것이며 둘째, 효·제 - 공경 - 를 상징한 것이다. 따라서 복식과 정치와의 관계를 그림으로 정리할 수 있다.

---

91) 『論衡』, 『淮南子』 참조.

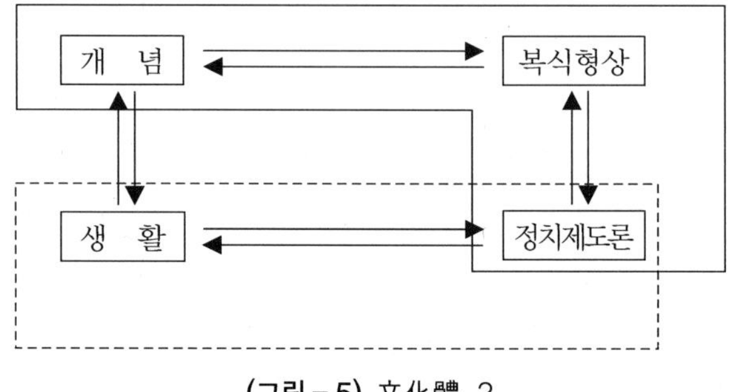

(그림-5) 文化體 2

(3) 유가사상과 복식관

복식은 여러 가지 표현수단과 장식수단을 운용하여 사람들에게
일종의 의경(意境)을 갖도록 하여 연상을 주고 그에 따라 복식 형
상을 구상하게 한다. 일례를 보면, 면복(冕服)이 도달하고자 하는 의
경은 천제의 숭고, 신성함을 체현시키고 왕의 권위를 선전해서, 이
에 따라 제왕의 권력에 대한 연상을 신하에게서 끌어낸다. 그러므
로 면복제도는 '천인감응(天人感應)'92) 사상과 어떤 관계를 갖는다.

중국의 면복제도는 조선의 역대 왕조가 채용한 궁정 복식이다.
중국 한 대의 『제사대전 복장도해설(祭祀大典 服裝圖解說)』에 나
타난 궁정 복식에 대해 몇 가지의 사례를 분석해 보면서 의경과

---

92) 자연으로부터 태어났으면서도 자연과는 다른 존재인 인간의 삶이 '天'과 어떤 관계에 있느
　　냐는 중국 고대부터 무수한 지식인들에 의해 사색해 온 주요한 종교 철학적 문제였다. 한대
　　에는 '天人관계' 문제에서 '천인감응설'을 일반적으로 믿고 있었다. 즉 사계절의 변화와 같
　　은 일체의 자연현상은 인간사와 직접적인 상관관계가 있으며, 상호 영향을 미친다고 보는
　　사고방식이다. 이러한 '천인감응설'은 구체적으로 부단설(符端設)과 음양재이설(陰陽災異說)
　　로 표현되었다. 가령, 하늘은 제왕이 될 사람에게 자연현상을 통해 부명이나 상단을 내리기
　　도 한다. 또 악한 군주에게는 재이(災異)-기이한 자연현상의 변화-로써 견책하여 그의 죄
　　악을 징벌하기도 하며, 제왕도 정성을 다하면 천의(天意)를 감동시키고 기복으로 자연적 재
　　앙을 없앨 수 있다는 것이다.: 『論衡』, 윗글, pp. 578-9 중에서 요약.

복식의 관계, 상징 수법의 운용에 대해서 설명하고자 한다.

가) 天帝가 제사를 드릴 때는 면류관을 쓴다. 면류관의 꼭대기는 나무판
자를 사용하며, 넓이는 길이 1尺 2寸이다. 앞은 둥글고 뒤가 조금 높
았는데, 이 차이는 1寸 정도였다. 붉은색의 속에 겉은 검은색이었고,
앞 높이는 8寸, 뒷 높이는 9寸으로 앞뒤에 모두 구슬을 꿰어 만든
줄이 늘여 뜨려져 있다. 구슬은 白玉으로 만들어졌으며, 한 줄에 12
개의 구슬이 꿰어져 있고, 길이는 1尺 2寸이었다(冠의 밑 부분, 즉
머리에 쓰는 부분부터 계산하여 앞에는 4寸, 뒤에는 3寸의 길이로 매
달려 있다). 앞뒤 각 12줄이 매달려 있고, 옥을 꿴 실과 冠에 연결된
실은 모두 적색이었다. 검은 옷을 입었는데, 옷 위에는 日, 月, 星辰,
龍, 山, 火, 華蟲, 宗彝의 8가지 무늬가 그려져 있었다. 이를 가리켜
八章이라 했다. 赤黃色의 아랫도리옷을 입었는데(裳은 7폭이며, 帷
裳式이다), 그 위에는 水藻, 紛米, 黼, 黻의 四章이 수놓아져 있다.

大綬는 등 뒤 허리 부분에 매어져 땅바닥에 이르도록 늘어져 있다. 황
적색의 실로 짜여졌으며, 紺, 縹, 黃, 赤의 四采와 순 黃圭가 있는데,
길이는 1丈 9尺 9寸, 넓이는 1尺 2寸이었다. 小綬는 두 조각으로
되어 있으며, 길이는 3尺 2寸, 넓이는 6寸이다. 색깔은 大綬와 같고
허리 양옆에 다니는 데 사용되며, 大珮 밑부분에 건다.93)

나) 長冠을 쓰는데 높이는 7寸, 처음에는 黃高祖가 亨長으로 제직할 때
이관을 만들었는데, 대나무 껍질로 만들었다. 初衣를 입었는데, 검정색
옷이며 이는 秦朝의 제도였다.94)

다) 옥으로 弁의 위에 장식된 것을 璂라고 하며, 검은색의 윗도리와 흰색
의 아랫도리를 입는다(皮弁素積・玄端素裳).

라) 환관 四人의 관복은 제사를 지내는 방향에 따라 옷 색깔이 좌우된다.
악인이 쓰는 方山冠은 五行之色이다. 여름에 제사 지낼 때 南郊의

---

93) 김영숙 역, 『斤黃朝服圖樣資科』, 동양복식연구원, 1984, pp. 62 - 3.
94) 윗글, p. 64.

색인 赤色이다.95)

마) 通天冠의 높이는 9寸이고, 정면은 곧게 서 있으나 약간 기울어져 내
려와 鐵券모양을 이루고 있다. 進賢冠은 앞 높이가 7寸, 뒷 높이는
3寸, 길이는 8寸이었다. 앞이마 위에 梁이 있어 등급을 표시했다. 法
冠은 높이가 5寸이다.96)

바) 深衣는 조정에서 의식을 거행할 때, 袍로 입는데 편의상 절기에 따라
청, 홍, 백, 흑, 황의 5가지 색으로 나뉜다. 황색의 袍는 입추 18일 전
부터 입추까지 입는 색깔이다.97) 漢代의 의복재단법은 기록에는 없지
만 다음은 「古今圓書集成」 『經濟彙篇 禮義典衣服部』를 참고 수집
한 深衣의 치수를 보면 다음과 같다. 上衣의 길이는 2尺 2寸, 衣神
은 약 4尺 2寸이고 袖口의 넓이는 1尺 2寸이며, 3尺 3寸까지 넓힐
수 있다. 『說文』袂字下注에 袪(옷소매 끝)는 1尺 2寸이고 下裳은
3尺 정도이다. 裳下齊(치마의 아랫자락)의 넓이는 7尺 2寸이고 12幅
(폭 넓이는 14尺 4寸)으로 이루어졌으며 衣・裳을 연결한다. 제사 때
는 테두리가 적색 중의이고, 입궁 때는 흑색인 중의를 입는다.98)

『사기』「진시황 본기」에 의하면, 음양5행설에서 진(秦)은 수덕
(水德)에 속하고 수는 음(陰)에 속하고, 이에 상응하는 숫자가 6이
라고 한다. 그래서 '6자(尺)'을 일보로 하고, 모자 높이가 6치(寸)인
것은 음양5행설에 상응하는 숫자에서 비롯된다.99) 또한 한(漢)은
토(土)의 덕을 입었으므로 이에 상응하는 숫자가 5인 것도 그 이유
이며, 조선이 3의 숫자를 상징하는 이유는 삼재론에 상응하는 것
이기도 하나 목(木)의 덕(德)에 상응하는 숫자 3인 이유도 있다.

따라서 가)의 면류관에서 나무판자가 평평함은 공평함을 말하고

---

95) 윗글, p. 66.
96) 윗글, pp. 74-7.
97) 윗글, p. 74.
98) 윗글, pp. 53-5.
99) 『論衡』, p. 525.

앞이 둥글고 아래가 모난 것은 하늘과 땅을 본뜬 것으로 천원지방(天圓地方) 사상을 드러낸다. 앞이나 뒤가 1치 정도 차이가 나는 것은 음양의 존비관계를, 면류관의 길이 1자 2치와 12류의 길이와 구슬은 12지지와 12달을 상징한다. 관의 가운데가 텅 비어 있는 것은 육합(六合)[100]을 준거한 것이다. 12장문은 12지지와 사시의 배합을 나타내고 상(裳)의 7폭은 북두칠성을 상징한다. 대수(大綬)와 소수(小綬)의 넓이는 12지지를 6율과 6연의 배합으로 대수의 사채(四采)는 사시를 나타낸다. 규(圭)의 길이는 임금께 충성한다는 뜻이며 존비의 관계를 표현한 것으로, 1장은 천(天)의 1과 9자 9치는 12달에서 3을 뺌으로써 복종을 의미한다.

나)에서 관(冠) 높이가 7치인 것은 북두칠성을 상징한다. 현의(玄衣)는 진(秦)의 수덕(水德)을 상징한 색으로 음양5행사상이 필수적 요소이다. 다)에서 기(琪)[101]는 천자의 변(弁) 위에 12개의 솔기가 있는데, 오색의 옥이 매 솔기마다 12개씩 사용되었기에 12기라 했으므로 오행과 12달의 배합을 의미하고, 현(玄)·소(素)는 음양을 상징한다.

라)에서 4방위는 중앙과 결합하여 5행사상을 상징한다. 마)에서 관의 높이 9치인 것은 삼재론(三災論)과 육합(六合)을 수법으로 운용한 것이고, 면류관에서 3치를 뺌으로써 평상시에 착용한다. 3치는 천, 지, 인의 3수를 말한다. 진현관의 앞뒤 높이 차이는 음양의 존비관계를 나타내고 북두칠성과 삼재론을 수치로 상징한 것이다. 양(梁)은 9, 7, 5, 3량으로 삼재론, 북두칠성, 5행이 수법으로 결합하였다

바)에서 심의 재단법은 치마폭은 12달 상징, 폭 넓이는 12지지와 4시를 상징하고 의상의 연결은 하늘의 음양의 기에 통섭됨을

---

100) 동·서·남·북과 위·아래.

101) 弁 위에 장식된 옥.

말한다. 검은색의 상징은 한의 5행색을, 선(襈)은 천·제의 사상을 나타낸다. 수구는 12지지와 육합의 결합으로 거(祛)는 천제사상, 의수(衣袖)는 육합을 상징한다. 상의는 사시(四時)를 상징한다.

"하늘에서 음과 양의 기가 합쳐 인간이 탄생했다고 믿었던 동중서를 대표하는 한대의 유생들은 천지는 의도적으로 사람을 생성한다."는 '5행상생설'을 주장하였는데, 왕충(王充)은 부부가 기를 합해 자식을 낳는다고 하였다.[102] 이것은 모두 인간을 생명으로 파악하듯이 모든 사물을 생리학적 유기체로 파악하고 윤리철학을 상징수법(數法)에 운용하여 형상화한다. 위의 사례는 모두 따로 분리된 것이 아니라 모두 서로 연계된 것으로 크게 역(易)사상－음양론, 5행론, 천지인 삼재론, 삼명론과 삼성론으로 나누어 볼 수 있으며, 이 모두를 하나로 잇는 것이 동양철학의 세계이다. 이러한 예는 악기에서도 볼 수 있다.

동양의 악기는 형태, 줄의 수, 장단, 박자, 5음계 등 모든 것이 음, 양, 오행, 삼재론 등을 배경으로 해서 만들어지고 형성된 것들이다. 자연의 조화를 소리를 통해서 드러낸 것이다. 악기의 조직방법이나 그 분석, 배분, 제조법 같은 것은 반드시 천지, 음양, 사시, 5행 등 철학적 이론을 부회(附會)한 것이다.

『삼국사기』「악지」에서 보이는 악기의 설명 또한 위와 공통된 철학적 이론을 부회한 것인데 이것은 우실하[103]가 한국 전통문화의 구성원리와 그것을 구성하는 요소인 세계관을 설명하는 데 인용한 자료이다.

---

102) 『論衡』.
103) 우실하, 윗글, pp. 242－8.

현금은 중국 樂部의 琴을 본떠서 만든 것이다. 『琴操』(漢나라 蔡邕이
지은 琴의 곡조를 집록한 서적명)에 의하면……"琴의 길이를 석자 여섯
치 육 푼으로 하여 366일을 상징하고 넓이를 여섯 치로 하여 六合(동서
남북과 위, 아래의 방위)을 상징하였으며, 판대기 위를 池(연못은 물이니
공평하다는 말이다)라 하고, 판대기 밑을 濱(濱은 복종한다는 것이다)이라
하였으며, 앞이 넓고 뒤가 좁은 것은 사람의 尊卑를 표시함이요, 위가 둥
글고 아래가 모난 것은 하늘과 땅을 본뜬 것이며, 다섯 줄은 五行을 상징
한 것이요, 큰 줄(大絃)은 임금으로 되고 작은 줄은 신하로 되는데, 문왕
(주나라 文王을 말함)과 무왕(주나라 武王을 말함)이 두 줄을 더 첨가하였
다." 또 『風俗通』에 이르기를 "거문고의 길이를 넉 자 다섯 치로 하는
것은 四時와 五行을 본뜬 것이요, 일곱 줄은 七星을 본뜬 것"이라 하였
으니 이것이 현금의 시초였다.104)

  가야금은 중국 악부의 쟁(箏)을 본떠서 만들었다.……傅玄(晉나라 문
제 때의 학자 - 필자)은 말하기를 "위가 둥근 것은 하늘을 상징함이요, 아
래가 평평한 것은 땅을 표준한 것이요, 가운데가 비어 있는 것은 六合을
준거한 것이요, 줄과 괘는 열두 달을 모방한 것인바, 이야말로 어질고 슬
기로움을 상징하는 기구이다."
  阮瑀(東漢 말엽의 문인 - 필자) 말하기를 "쟁의 길이를 여섯 자로 한
것은 律(6律과 6呂를 합하여 12율려가 됨 - 필자)의 수에 맞춘 것이요,
줄을 열둘로 한 것은 四時를 상징한 것이요, 괘 높이를 세 치로 한 것은
三才를 상징한 것이다."라고 하였으니, 가야금이 비록 쟁의 제도와 조금
다르기는 하나 대개 그와 비슷하다. 신라 고기에 이르기를 "가야금은 가야
국 가실왕이 당나라 악기를 보고 만들었는데……"105)

  비파는 『풍속통』에 이르기를 "근대 음악가들이 만든 것으로서 그의 시
초는 알 수 없다. 비파 길이의 석 자 다섯 치는 하늘, 땅, 사람과 오행을

---

104) "玄琴象中國樂部琴而爲之 按琴操曰(……) 又曰〈琴長三尺六寸六分 象三百六十六
    日 廣六寸 象六合 文土曰池(池者水也 言其平) 下曰濱(濱者服也) 前廣後狹 象尊卑
    也 土圓下方 法地也 五絃 象五行 大絃爲君 小絃爲臣 文王武王加二絃〉又風俗通曰
    〈琴長四尺五寸者 法四時五行 七絃 法七星〉"『三國史記』卷 제32志 제1樂.

105) "伽倻琴亦法中國樂部箏而 爲之……傅玄曰〈土圓象天 下平象地 中空准六合 絃柱擬
    十二月 斯及仁智之器〉院瑀曰〈箏長六尺 以應律數 絃有十二 象四時 柱高三寸 象
    三才〉伽倻琴 雖與箏 制度小異 而大擧槃似之 新羅古記云〈伽倻國 嘉實王 見唐之
    樂器而造之……〉"『三國史記』卷 제32志 제1樂.

이와 같이 철학적 세계관을 음(音)으로 드러낸 것이다. 따라서
예론은 복식에, 악론은 악기에 상징되었다. 복식과 마찬가지로 악
기에서 사용되는 각종 표현수단과 장식수단의 의미구조는 크게 음
양론·5행론·삼재론을 전제로 하지 않으면 어느 하나도 해독되지
않는 것들이다. 이러한 세계관의 구성요소들이 복식을 읽는 정당한
인식의 틀을 이루는 것이다. 따라서 문화읽기를 위한 정당한 인식
의 틀을 위해서는 문화의 구성원리인 세계관, 사유체계에 대한 이
해를 통해 인식의 전환을 시도해야 한다.

2. 조선 후기 심의관

본 단원은 '문화체(文化體)'[107)론이 복식문화 연구에 인식의 틀

---

106) "琵琶 風俗通曰 〈近代樂家所作 不知所作. 長三尺五寸 法天地人與五行 四絃 象四
時也〉……鄕琵琶 與唐制度 大同異小異 亦始於新羅 但不知何人所造" 윗글.

107) Ⅱ단원에서 서술한 '문화체'의 요약이다. 정일균은 문화읽기의 총체적 해석을 위한 이론적
구성으로 '문화체(文化體)'라는 개념을 성립시켰다. 그는 심의를 모델로 하여 그 형상에
함축된 세계관과 심의제도와의 조응관계를 문화체라는 개념을 통해 설명하였다. 심의제도
는 우연성의 산물이 아니라 유가 일반의 성리학적 세계관의 제약 및 그것과의 조응성 속
에서 나름대로의 체계성과 의도성을 가지고 이루어진 것임을 간취할 수 있다고 지적하였
다. 즉 심의 형상은 능기(signifier)로, 능기가 전달하려는 소기(signified)의 내용 – 세계관
–은 복식 형상을 통해 제대로 이해할 수 있다고 하였다. 이로써 심의는 단순한 도구로서
의 사물이 아니라 기호로서의 사물, 상징으로서의 사물이 되는 것이다. 따라서 문화체는 세
계관과 물질적인 제도를 구성요소로 하여 그 요소들 간의 상응·정합성을 유지하며, 외재적
이고 구체적인 사회역사적 조건과의 관련 속에서 상호 규정적인 관계를 유지한다는 것이다.
즉 세계관에 대한 이해를 전제로 하여 문화현상을 해석하는 것이다(정일균, 「유교사회의 문
화체 연구와 경학」, 한국사회사학회 혁신호(통권 제51집) 『사회와 역사』, 1997, pp.17 –

로 작용할 수 있다는 전제하에 철학의 실천적 구상을 중심에 두고, 세계관과 우주관의 맥락에서 우리 복식문화를 올바로 읽어 내려가는 인식전환을 시도하고자 한다. 그리하여 조선 유학사에서 논쟁이 끊이지 않았던 심의제도론을 통해 하낙상수역학(河洛象數易學, 圖書易學)을 심의제도의 문화구성원리로 정하고 조선후기 심의제도관[108]을 연구한다. 특히 18~19세기 조선 지식인들의 심의관을 중심으로 다룰 것이다.

조선시대를 지탱했던 사유의 기반인 주자학은 인간과 사물의 본성을 규명하기 위한 형이상학적 관점에 주력하였다. 그러나 본성이 아닌 현상의 문제를 해결하기 위해서 주자학은 하낙상수역학과 함께 사상계를 전개하였다. 16세기 후반 기존 정치체제의 동요로 중세의 전환기적 상황에 있었던 조선사회는 이황과 이이로 대표되는 두 철학적 체계가 형성되었다. 두 방향은 이를 극복하기 위해 고전해석, 즉 경학 연구에 몰두한다. 이러한 역사적·사회적 조건에서 조선 유학자들은 하낙(河洛)이라는 우주적인 도상에 몰입하게 되었으며 조선후기로 갈수록 더욱 심화되었다. 17세기 서양의 천문학을 받아들이면서도 이에 대한 미련을 버리지 않았다. 조선후기 학계는 하낙의 위(位)와 수(數)의 문제, 하낙상수역학의 인간학적인 이해, 특히 홍범9주론에서 서로 다른 방향을 형성하였다. 형성된 두 방향은 조선 유학자들을 당파적 편견과 불필요한 논쟁에 휩쓸리게 하였다. 이런 상황하에서 심의제도 논쟁은 심의제도의 역학적 해석에 나타난 조선 유학자들 간에 쟁점이 되었고 방법론의 차이로 분화되었다. 예학의 시대에서 출발하여 노론계인 이이, 송시열

    21을 참조할 것).

108) 이 후 글에서는 심의제도관을 '심의관'으로, 심의제도론을 '심의론'으로 줄여쓴다.

로 이어지는 호론과 김창협·김창흡의 사승관계를 나타내는 낙론
의 보수적인 견해를 '의리(義理)' 심의론이라 하고, 서울지역에 살
았던 일명 '경화거족'이라 불린 노론 낙론계열의 북학파와 북인 남
인계열인 한백겸, 이익, 정약용을 '실리(實利)' 심의론으로 구분하
였다. 당시 풍미했던 하낙상수역을 바탕으로 '의리'와 '실리'의 이
해방식의 차이를 살펴보고, 이를 통해 심의 형상에 나타난 내포(內
包)·외연(外延)의 의미를 해석할 것이다.

실리 심의론으로 구분되는 정약용은 외재적 조건에 대해 기존의
세계관이 더 이상 지탱될 수 없다는 판단하에 기존의 하낙상수역
학에서 당시의 탕평정치를 반영하여 홍범9주론을 철저히 해체시키
려 했다. 그가 주희의 패러다임에 대한 재검토작업에서 나름의 체
계를 전통적 방식에 의해 재구축하려는 것은 또 다른 하나의 근본
적인 질서감각 - 대안적 세계관 - 을 구상해 나가는 과정이다. 이런
정약용의 '재구성적 해체'109)가 심의제도의 구상과 실천에 어떻게
구현되었는지 탐구할 것이다. 다시 말해 조선후기 복식인식의 두
시각적 차이를 조선 사상계의 학맥과 사승관계에 따라 구분하고
비교하여 고찰할 것이다. 조선 유학자들의 심의관을 통해 새로운
모색을 위한 복식문화 읽기의 방법론적 전환을 시도할 것이다.

---

109) 정일균은 외재적 조건에 심각한 질적 변화가 발생할 경우, 기존의 문화체는 새로운 조건
　　과 결정적으로 괴리상태에 빠지게 되는데 이런 상태를 '시대적 전환기'라고 하였다. 이 전
　　환기의 일부 지식인들은 새로운 조건 속에서 그때까지 지탱해 왔던 기존의 근원적인 질서
　　감각에 대한 근본적인 재검토 작업에 착수하기에 이르며, 이 작업은 달라진 조건에 조응
　　하는 새로운 '대안적 세계관'에 대한 지적탐색의 노력으로 연결된다. 대개 과거와의 과격
　　한 단절과 비연속성의 형태를 취한다는 것이다. 그는 '대안적 세계관의 구성'에 대해 기존
　　의 세계관이 보유하고 있던 긍정적인 문화적 폭과 심도(계몽성)를 포섭함과 동시에 그것이
　　노정시켰던 시대적 한계성을 철저히 해체시키는 것이며, 또한 새로운 사회역사적 조건과
　　조응할 수 있는 또 다른 하나의 근본적인 질서감각을 새롭게 모색하는 과정이라고 하였
　　다.' : 정일균, 앞의 책, pp. 17 - 21.

(1) 심의제도에 함축된 문화구성원리

1) 하낙(도서)상수역의 정착 과정

하도낙서설(河圖洛書說)이 상수역과 결부되어 수리철학으로 발전하는 과정은 오랜 시기를 거친다. 고대로부터 역학자들은 역의 기원에 관한 해답을 『주역(周易)』에서 찾으려 하였다. 유가경전에서 하도낙서를 병기(並記)하고 있는 곳은 『주역』「계사전」에 "하늘이 신물을 내려주시니 성인이 이를 법칙으로 삼았으며, 천지가 변화하여 운행하니 성인이 이를 본받아서 역을 지은 것이다. 하늘이 그 뜻과 의지를 인간세계에 내려주니 인간세계는 길흉화복이 나타나게 되었고, 성인이 이를 그림으로 그린 것이며, 하수에서 그림이 나오고 낙수에서 글이 나오니 성인이 이를 법칙으로 삼았다."[110]라고 언급되어 있다. 그 밖에 서경·논어·예기 등에 하도만을 기록하고 있어 하도를 왕실의 권위나 성인의 출현을 상징하는 신물(神物)[111]로 규정하였으나 주역에서는 하도와 함께 낙서가 부가되면서 하늘의 천지변화와 인간세계의 길흉을 표상하는 신물로서 그 성격을 새롭게 규정하고 있으며, 천도(天道)의 대법(大法)으로 설명

---

110) "是故天生神物, 聖人則之. 天地變化, 聖人效之. 天垂象象, 見吉凶, 見吉凶 聖人象之. 河出圖, 洛出書, 聖人則之."「繫辭傳上」11, 『周易』.

111) "大玉 夷玉 天球 河圖 在東序"(빈소를 차리면서 구슬을 펼쳐놓았을 때 華山에서 난 큰 옥과 동쪽에서 나온 구슬, 푸른 구슬과 황하의 무늬 있는 구슬은 동쪽행랑에 놓았다.)「顧命」『書經』 "子曰 鳳凰不室 河不出圖 吾已矣夫"(공자께서 말씀하시되 "봉황도 오지 않고 황하에서 도문도 나오지 않으니 이제 다 틀렸구나!")「자한」『論語』 "天降 露 地出醴泉 山出器車 河出馬圖 鳳凰麒麟 皆在郊椰 龜龍在宮沼 其餘鳥獸之卵胎 皆可俯以闚也"(예로써 다스려 천하가 태평하게 되면 하늘은 기름진 이슬을 내리고 땅은 샘물을 내며 산에는 온갖 보배로운 그릇과 수레를 내고 하수에서는 용마와 하도가 나온다. 봉황과 기린 같이 성스럽고 귀한 새나 짐승이 가까운 숲에 노닐고 거북과 용이 궁 안의 연못에 있다. 그 밖의 새와 짐승들도 사람과 친해져서 알이나 보금자리가 모두 굽어보아 살펴볼 수 있을 만큼 두루 가득해진다.)「禮運篇」『禮記』.

하고 있다. 즉 주역에서는 하도를 낙서와 함께 관련시켜 철학적으로 이해하고 있다.[112]

하도낙서에 대한 철학적 이해를 추구하면서 역학의 근본 문제를 언급한 최초의 인물은 전한(前漢)의 공안국(孔安國, B.C 159?∼B.C 74)이다. 그는 "하도는 복희씨가 천하에 왕 노릇을 할 때 용마가 하수(황하)에서 나오니 그 등의 무늬를 본받아서 팔괘를 그린 것이고, 낙서는 하나라의 우가 물을 다스릴 때 거북이가 등에 무늬를 두었는데 그 수가 1부터 9까지 배열되어 있어 우가 그것을 본받았다."[113]라고 하여, 복희가 하도를 본받아 역을 지었고 우가 낙서를 근거로 홍수를 다스렸다고 하는 설이다. 또한 "주문왕(周文王)이 팔괘를 겹쳐 중괘(重卦)하였으며, 공자가「연전(彖傳)」과「상전(象傳)」·「계사전(繫辭傳)」·「문언전(文言傳)」·「서괘전(序卦傳)」 등 열편을 엮었다."라고 하여 사서류에 행위의 주체자들을 기록함으로써 수론적 우주해석[114]인 하도낙서설은 역의 연원(淵源)에 관한 하나의 이론으로 자리잡게 되었다.[115]

한대 역학은 상수역학의 전성기로 많은 저술과 함께 연구에 발전을 가져왔다.[116] 이 시기 상수역학의 주제는 하도낙서설이라기보

---

112) 송재국,「주역의 '하도·낙서'에 대한 철학적 이해」,『哲學論叢』제29집, 2002, 새한철학회, p. 356 참조.

113) "河圖者, 伏羲氏王天下, 龍馬出河, 遂則基文以畵八卦. 洛書者, 禹治水時, 神龜負文而列於背, 有數至九, 禹遂因而第之以成"「洪範傳」『尙書·周書』, 四庫全書本, pp. 6-7.

114) 역수를 바탕으로 하는 음양의 수론(數論)적 우주해석은 음양관의 바탕 위에서 하늘(天: 양), 땅(地: 음)을 대응시켜 홀수와 짝수로 나타내었다. 즉 1, 3, 5, 7, 9는 천(天)의 수이고, 2, 4, 6, 8, 10은 지(地)의 수이다. 여기서 9와 10은 각각 하늘과 땅을 상징하는 '종수(終數)'이며 이 두 수의 합인 19를 윤법(潤法)에 대응시킨다. 율수와 역수에 관해서는 하늘을 상징하는 종수 9의 제곱인 81을 역수의 으뜸인 '일법(日法)'의 수로 삼는다. 율력지에 바탕을 둔 역법을 특히 81분법이라고 부른 것은 이 숫자에서 비롯된 것이다. 그리고 12지·10간·4시·1일(歲) 등의 역수를 도량형의 수치로 적용한다. 이러한 태도는 종법(宗法) 농경사회인 중국의 천명관을 반영한 것이다.

115) 전용원,「주자역학연구」, 한양대 박사논문, 2006, p. 33.

84

다는 괘기설이나 괘변설을 중심으로 하는 역학이다. 보통 한역(漢易)이라 부른다.[117) 한역의 지반은 추연(焦延)을 중심으로 하는 음양가에 있으며, 그것은 술수론과 음양재이설로 발전한다. 변역(變易)이라는 화두에 집착하여 괘효간의 변동이론을 개발하고 의미를 부여하여 우주와 자연의 운행을 예측하고 인사와 길흉화복을 예지하는 천문·지리·인사의 점(占)으로 발전시켰다. 그러나 서한의 상수역학은 선진의 상수역학이 복서만을 해석하던 것에서 벗어나 상수에서 점서적 기능과 방법까지 찾음으로써 큰 발전을 이루었다. 한대 사상가의 특징은 도가나 유가를 막론하고 음양가의 관점과 정신을 지녔으며 한대의 저술에 나타난 사상은 형상을 초월하지 못하는 공통적인 특징이 있다. 한대의 사상은 추상적 사유보다는 경험을 중시하는 학술을 불러일으켜 훈고적 경향이 짙다. 그래서 한대의 상수론도 본래의 의미보다 상수론과 연관된 문헌적 고증 내지는 자연현상의 과학적 탐구에 편중되어 현실적 문물제도와 자주 연결한다.

　이러한 이유에서 한역－상수역학은 왕필에 의해 배격되었으며 후대에도 잡설이라고 비판받았다. 위진 왕필(王弼, 226～249)의 의

---

116) 한대의 대표적인 역학자로 費直과 京房을 들 수 있는데, 費直(?～?)은 고문역학인 '費氏學'을 개창하여 민간역학의 길을 열었다. 京房(B.C 77～B.C 37)은 '京氏學'의 개창자로 음양오행설을 『周易』에 접목시킴으로써 상수역학의 이론체계와 한대철학의 일부를 형성하였다. 이 시기 역학자들은 전래하는 음양오행설을 수용하여 『周易』을 음양오행으로 해석하였으므로 五行易이 탄생하게 되었다. 더 나아가 우주의 운행과 人事를 오행역에 대입시켜 설명하였으므로 경방에 이르러서 오행역에 의한 災異設이 완성되기에 이른다. 孟喜(B.C 90～B.C 40 前後)로부터 焦延壽(?～?)를 거쳐 자신에 이른 재이설에 納甲·八宮·世應·飛伏·五星四氣 등 자신이 창안한 학설을 결합하여 한대역학의 새로운 장을 열었다. 魏伯陽, 鄭玄은 東漢 末의 경학자이며 역학자로서 훈고학의 시조에 해당된다. 경학의 今文과 古文외에 天文·曆數에 이르기까지 폭넓은 지식을 갖추었다. 荀爽(128～190)은 동한의 경학자로서 鄭玄, 虞飜과 함께 易學三家로 불린다. 虞飜(170～239)은 삼국시기 吳의 경학자로서 數解易學으로 손꼽힌다: 전용원, 「주자역학연구」, 한양대박사논문, 2006, pp. 21－24.

117) 楊力, 『周易學中醫學』, 북경과학기술출판사, 1989, p.10.

리역학을 계승한 당대는 공영달(孔穎達, 574～648) 등의 의리역학의 영향으로 더 이상의 진전 없이 정체되어 도·불가의 학설과 결합하였다.

공안국의 주장은 전한말의 유흠(劉歆, B.C. 53?～25)에게 계승된다. 유흠은 낙서가 「계사전」에 하도와 함께 병기된 점을 중시하여 하도낙서의 발생적 이원설을 확립시킨다. 유흠의 주장은 '복희하도설(伏羲河圖設)'과 '하우낙서설(夏禹洛書設)'로 전개되고, 더 나아가 하우낙서설은 홍범9주설(洪範九疇設)로 대치되면서 낙서가 곧 9수설로 정착하게 된다.[118] 이에 대해 『한서(漢書)』에 인용된 유흠의 말은 다음과 같다.

> 복희가 천명을 받아 천하를 다스릴 때 하도를 본받아 괘를 그으니 팔괘가 그것이다. 禹가 홍수를 잘 다스리므로 하늘이 낙서를 베푸니, 그가 낙서의 본질을 헤아려 도상화한 것이 홍범구주이다.[119]

유흠은 복희와 하도, 우와 낙서를 연관시키고 팔괘의 연원을 하도로, 홍범의 연원을 낙서로 규정지었다. 주희 또한 하도와 낙서의 관계론에서 유흠의 이론을 수용하였다. 유흠에 의해 낙서가 홍범9주라는 이론으로 전개된 이후로 낙서가 상수역학의 핵심적 대상이 되었다. 그는 도참적 성격을 지닌 당시의 역학에서 학문적으로 하낙상수론의 초석을 다짐으로써 참위설적 역학을 불식시켰다.[120] 이마이우사부로(今井宇三郎)도 유흠사상의 역학적 의미를 홍범9주,

---

118) 송재국, 윗글, p. 356 참조.

119) "易曰天垂象見吉凶, 聖人象之, 河出圖洛出書, 聖人則之. 劉歆以爲伏羲氏繼天而王, 受河圖, 則而畵之, 八卦是也. 禹治洪水, 賜洛書. 法而陳之, 洪範是也." 「五行誌」上 『漢書』. 『書經』에도 "하늘이 우에게 홍범구주를 주었다."는 글귀가 보인다. "天及錫禹洪範九疇, 彝倫攸敍" 「洪範」 『書經』.

120) 양재학, 윗글, p. 49 참조.

즉 낙서를 하도와 대등 독립시킨 점이라고 지적하였다.[121]

　한역의 주류를 이룬 음양5행적 수리론이 송대에 이르러 하도낙
서적 수리론으로 발전적 계승의 양상이 나타난다. 주희는 하도낙서
설을 상수론과 결합하여 처음으로 언급한 사람이 관자명이라고 하
였다.[122) 『역학계몽』에 관자명이 하도와 10수설을 낙서와 9수설을
연결한 것은 공안국이나 유흠의 이론보다 그 내용이 발전적이라고
되어 있으나 문헌고증으로 볼 때 이 이론은 관자명의 것이 아니라
북송 말기의 원일(院逸)의 위작이므로[123) 송대의 하낙상수역학은
유목을 정점으로 전개되었다고 하는 것이 옳을 것이다.[124)

　그러나 주희는 하도를 9수론으로 낙서를 10수론으로 보는 유목
의 도구서십설(圖九書十說)을 비판하였다.[125) 유목은 유흠의 하낙
이원설(河洛二元說)을 부정하고 한대의 구궁설과 5행설을 동일한
것으로 간주하여 하낙일원설(河洛一元說)을 주장한다.[126) 유흠이나
유목은 낙서의 성격과 홍범의 사상을 결부시켜 그 특징을 아래와
같이 설명하였다.[127)

---

121) 今井宇三郎, 『宋代易學の硏究』, 明治圖書出版社, 1960, p. 156 참조.

122) 양재학, 윗글, p. 49 참조.

123) 今井宇三郎, 윗글, p. 191 참조.

124) 朱伯崑, 『易學哲學史』(中), 북경대학출판사, 1988, p. 27 참조.

125) "기록에 따르면 공안국·우향·유흠·반고 등은 (天이)하도를 복희에게, 낙서를 禹에게
　　주었다고 전해온다. 관자명과 소강절은 十數를 河圖로, 九數를 洛書라고 생각했다. 大傳
　　에서 이미 天地之數 55를 말하였고, 홍범에서는 天이 禹에게 홍범구주를 주었다고 밝혀
　　져 있다. 九宮數에서 위에는 九, 아래에는 一, 三과 七은 좌우에, 二와 四는 어깨 위에,
　　六과 八은 다리에 있는 형태가 곧 거북이의 등에 있는 象이다. 오직 유목만이 진단의 말
　　을 빌려 九數를 河圖요 十數가 洛書라는 억측을 내세움으로써 여러 학자들의 견해와 맞
　　지 않게 되었다. 또 계사전을 인용하여 하도와 낙서는 복희시대에 나왔다고 하여 圖書를
　　易에 의탁함은 결코 증험이 없는 것이다." 「본도서제일」 『역학계몽』의 註.

126) 朱伯崑, 윗글, p. 33 참조.

127) 양재학, 윗글, p. 51 참조.

유목이 말하는 홍범의 의미는 유흠의 이론과 근본적으로 다르다. 유흠은 우임금이 낙서를 만들고 낙서가 홍범이라고 주장하였으나 유목은 복희의 용도(龍圖)가 9수도이며 가로세로의 합이 천지자연의 수인 15와 일치하므로 용도는 낙서이며 하도를 포괄하므로 낙서를 5행생성수의 논리로 전개하였다. 5행생성수설을 통해 낙서10수설이 등장하게 된다.

주희는 공자가 천지지수가 하도라고 규정한 반면 홍범이 낙서라고 구체적으로 언급하지 않았기 때문에 하도와 낙서의 연관성 문제는 후대 유학자들의 계속적인 논쟁의 대상이 되었다. 주희는 『역학계몽』에서 상수론의 본지(本紙)를 하낙설을 중심으로 설명하고 있으며 그가 하도와 낙서를 도상화한 이후로 정설이 되어 후인들은 거의 의심을 품지 않았다. 상수역학에서 현상세계의 존재양상을 설명한 것이 괘의 논리라면 이와 차원을 달리하면서 괘의 설립근거를 설명한 도서상수론은 실재론적 수리적 우주관을 반영하는 역학특유의 철학체계라 할 수 있다. 주희는 역의 복서적인 측면을 강조하지만 그 안에 함축되어 있는 의리적(義理的) 요소를 중요하

---

128) "書之九疇, 惟五行是包天地自然之數, 餘八法皆是禹參酌天時人事類之耳, 則非龜所負之文也. 今詳洪範五行傳, 凡言災異, 必推五行爲之宗. 又若鯀无聖德 泊陳五行, 是以彝攸斁. 則之五行是天垂自然之數, 其文負於神龜, 餘八法皆大禹引以伸之."「龍圖龜書論」『역수구은도』.

게 다루어 역의 도덕적 성격을 부각시킨 역학관을 견지하였다.[129]

신유학이라고 불리는 송대 성리학에 형이상학적 이론의 근거를 제공한 것은 『주역』과 『중용』이다. 왜 역학이 성리학뿐만 아니라 선진유학을 중심으로 동양철학의 모든 분야에 걸쳐 철학적 사유의 근간이 되었을까? 역학은 자연계의 진화를 원리적으로 해석하고 인간의 본질을 해명했으며, 또한 가치론적 당위문제에 대한 이론적 근거를 제시하였다.[130] 그리고 역을 통하여 천지자연의 이법을 밝히고 이를 근거로 인간사회에서 마땅히 행할 준칙을 설정하고 그것을 해명하였기 때문일 것이다.[131]

이로 인해 선지유학과 송대 철학에서 역을 이해하는 시도로 다양한 학파가 형성되었고 그 주류는 도서역학적(圖書易學的) 상수론과 이기심성적(理氣心性的) 관점에서 역리를 해명한 의리역학(義理易學)이라 할 수 있다. 주희는 왕필의 의리역학의 입장이 방법론적으로 잘못되었다고 지적하고, 역의 출발점은 복서라고 주장하여 자신의 역학관의 독창성을 피력하였다. 이러한 주희의 학문적 성격은 송대의 사상적 배경의 영향 아래에 형성된 것이다. 송대의 다양하고도 분열적인 철학이론을 종합한 부산물이 그의 이기론(理氣論)이듯이 역학에 있어서도 구양수(1007~1072)의 복서역, 왕필과 이천(1033~1077)의 의리역, 채원정(1135~1198)과 소강절(1011~1077)의 상수론 및 선후천역학을 종합하여 자신의 역학을 구축하였던 것이다.[132]

주희는 역이 점이지만 결코 철학적 의리가 소홀히 다루어서는

---

129) 양재학, 「주자의 역학사상에 관한 연구」, 충남대학교 박사학위논문, 1991, pp. 5-9 참조.
130) 최영진, 「역학사상의 철학적 탐구」, 성균관대학교 박사학위논문, 1989, p. 17.
131) 곽신환, 『주역의 이해』, 서광사, 1990, p. 21 참조.
132) 양재학, 윗글, pp. 9-10 참조.

안 된다고 강조하고, 역학이 형이상학이며[133] 그 보편적 원리는 하도낙서상수론[134]에 있다고 주장하였다. 그는 하도낙서의 원리를 자신의 역체계의 기초를 정하는 데 최고의 원리로 삼았다.

유흠은 "하도와 낙서가 경위(經緯)가 되고 하도낙서로부터 추론된 팔괘(八卦)와 구장(九章)이 서로 표리(表裏)가 된다."라고 하였는데, 주희는 이 견해를 그대로 수용하여 "유흠이 말하기를 복희씨가 천명을 받아 왕위에 있을 때 하늘에서 내려주신 하도를 받아 이에 근거하여 그린 것이 팔괘이며 하왕조의 우가 홍수를 다스릴 때 하늘에서 주신 낙서를 받아 그것을 법칙으로 하여 펼친 것이 홍범구주이다. 하도와 낙서는 서로 경위가 되고 팔괘와 구주는 서로 표리가 된다."[135]라고 하고, 즉 하도와 낙서를 경위와 표리관계로 설명하였다.

하도와 낙서의 수의 배열방식은 관자명의 이론을 기초로 삼는다. 관자명은 "하도의 숫자배열은 7은 위쪽에, 6은 아래에 있으며, 8은 왼쪽에 있고, 9는 오른쪽에 있다. 낙서의 숫자배열은 9는 위쪽에, 1은 아래쪽에 있으며 3은 왼쪽, 7은 오른쪽에 있다. 4는 위의 왼쪽에, 2는 위의 오른쪽에 있고 8은 아래의 왼쪽에 6은 아래의 오른쪽에 있다."라고 하였다. 주희는 이를 받아들여 「하도낙서후(河圖洛

---

133) "주역 이외의 경전들은 사실이어야 그 기록이 있을 수 있다. 예를 들어 서경의 요·순·우·탕·이윤·무왕·주공 등의 업적들은 먼저 그들이 이룩한 사업이기 때문에 기록 속에 의리가 담겨 전해온다. 만약 그러한 과거적 사실이 없다면 이를 논의할 수 없다. 그러나 역은 형이상학의 문제를 서술한 것으로서 그와 같은 역사적 사실이 없더라도 그 원리를 말하고 있으므로 보편적 도리를 포괄할 수 있다. 따라서 역은 구체적 사실을 열거하면 앞뒤가 맞지 않게 된다(漢書曰易本隱之顯, 春秋推見以至隱, 易與春秋, 天人之道也. 易以形而上者, 設出在那刑而下者上. 春秋以形而下者, 設到那形而上者法)." 『주자어류』 권67, p.1673.

134) 이후 하낙상수론으로 표기한다.

135) "劉歆云 伏犧氏繼天而王 受河圖而劃之 八卦是也 禹治洪水 錫洛書 法而陣之 九疇是也 河圖洛書相爲經緯 八卦九章相爲表裏" 「本圖書第一」 『易學啓蒙』.

書後)」에서 "세상에서 전하기를 1부터 9까지 있는 것은 하도이고 1부터 10까지 있는 것은 낙서이다라고들 하는데 옛것을 상고하여 보니 정반대인 것이다. 내가 『역학계몽』에서 상세하게 분변했다."[136] 하였다. 그는 이전의 역학자들이 잘못 인식한 하도낙서의 수의 배치에 관한 이론을 하도가 10수이고 낙서가 9수로 단정하였다.

주희는 하도낙서론에서 하도의 특징을 요약하였다. 하도는 수의 배열이 다섯 방향으로 두 개씩 배열되어 있으므로, 그것은 오행의 이중적인 구조를 이룬다고 지적하였고, 또 하도의 수는 양수 곧 천수 다섯 개의 합(1, 3, 5, 7, 9)인 25와 음수 곧 지수 다섯 개의 합(2, 4, 6, 8, 10)인 30으로 이루어졌는데, 이를 합하면 55가 되고 이것이 천지의 합수[137]라고 하였다. 낙서의 특징은 낙서의 종행의 합이 15가 되어 변화가 무궁함에 묘리(妙理)를 드러낸다[138]고 하였다.

하도와 낙서의 관계에 관한 차이점과 공통점을 보면, 차이점은 하도낙서를 체용관계로 본 점과 상생상극으로 본 점, 공통점은 태극을 표시하는 중앙에 5가 있다고 본 점이 특징이라고 할 수 있다. 하도와 낙서의 차이점에서 "하도는 상수(常數)의 체(體)를 말한 것이고, 낙서는 변화(變化)의 용(用)을 말한 것이다."[139]라고 하였으며, "하도와 낙서가 다른 이유는 하도는 전(全)을 주장한 까닭으로 10까지 있고 낙서는 변(變)을 주장한 까닭으로 9까지 있게 된다.

---

136) 『朱子大全』 권84, 河圖洛書後, pp. 4-a.

137) "河圖之位, 一與六, 共宗而居乎北, 二與七, 爲朋而居乎南, 三與八, 同道而居乎東, 四與九, 爲友而巨乎西, 五與十, 相守而居乎中, 蓋其所以爲數者, 不過一陰一陽一奇一偶, 以兩其五行二巳." 『原本周易』 p. 30.

138) "積五奇而爲二十五, 積五偶而爲三十, 合是二者而爲五十有五. 比河道之全數, 皆夫子之意而諸儒之設也" 『原本周易』 p. 31.

139) "日河圖, 以五生數, 統五成數而同處其方, 蓋揭其全, 以示人而道其常數之體也, 洛書, 以五奇數, 統西偶數而各居其所, 蓋主於陽, 以統陰而 其變數之用也" 『原本周易』 p. 32.

하도는 오행 중의 상생(相生)의 이(理)로 말했고 낙서는 상극(相剋)의 이(理)로 말했다."[140]라고 하였다. 상생의 이는 수-목-화-토-금으로 표시하고, 상극의 이는 수-화-금-목-토의 순으로 표시한다.

주희는 하도낙서의 공통점도 살핀다. "하도의 중앙에 5가 있는 이유는 수의 시작이 하나의 음과 하나의 양이기 때문이다. 양은 3이고 음은 2이기 때문에 음양을 합한 수가 5가 되어 중앙에 5가 오게 된다."[141]라고 하였다. 5수는 음양의 합수이니 태극을 표시하는 것이다.

이렇게 하여 하도·낙서의 도상은 주희에 의하여 확정되었다. 그는 고대로부터 전해온 역의 연원은 하도·낙서의 상수[142]이고 이것을 근거로 해서 주역의 상수가 나타났다는 견해에서 출발했던 것이다. 현재 전하는 하도낙서의 도상은 한대 이후 학술 논쟁과 술수(術數) 과정을 거쳐 주자와 채원정에 이르러 확정되었고 철학적 이해과정에서 도서역학적 상수론으로 자리잡게 되었다.

---

140) "日其多寡之不同何也 日河圖, 主全, 故, 極於十而奇偶之位, 均, 論其積實然後, 見其偶 而奇乏也, 洛書, 主變故, 極於九而其位與實, 皆其 二偶乏, 必皆虛其中也然後, 陰陽之數, 均於二十而无偏爾"『原本周易』p. 34.

141) "日基皆以五, 居中者, 何也, 日凡數之始, 一陰一陽而己矣, 陽之象, 圓, 圓者, 徑一而圍三. 陰之象, 方. 方者, 徑一而圍四. 圍三者, 以一爲一, 故, 參其一陽而爲三, 圍四者, 以二爲一, 故 兩其一陰而爲二, 是所謂天兩地者也, 三二之合則爲五矣, 比, 河圖洛書之數, 所以皆以五中爲也"『原本周易』p. 32.

142) 역은 수의 신비사상을 배경으로 삼고 있으며 수에 의해서 우주와 사회의 현상을 설명한 것이다. 물론, 이러한 신비사상은 음양설이나 오행설에서 볼 수 있다. 이 사상을 바탕으로 미래를 예언하는 학문을 상수(象數)라 불렀다. 象數라는 단어는 易의 구성요소를 뜻하는 역학적 용어로 '象'은 卦·爻象을 뜻하며 '數'는 陰陽數와 爻數를 가리킨다. 상수라는 말은 공자가 역을 해설하기 위해 지었다고 전해지는 十翼에서 나타난다. 漢代에 이르러 孟喜, 京房, 鄭玄 등이 주로 상수로써 『周易』을 해석하고 '卦氣', '納甲', '爻辰', '互體', '旁通' 등의 학설을 창립함으로써 象數易學이 출현하게 되었다: 전용원, 윗글, p.128.

2) 하낙상수역의 문화구성요소

가. 음양5행론

심의에 함축된 우주관인 하도낙서론을 이해하기 위해서는 그 구성요소인 음양5행의 개념이 먼저 설명되어야 한다.

음양은 해가 비치는 부분을 가리키는 양달과 그 반대의 개념인 응달을 말한다. 『예기』의 「월령」에서는 음기와 양기를 자연계에 고유한 두 가지의 대립되는 힘으로 보고 그것들의 상반되는 성질과 상호 작용으로 계절과 만물의 운동변화 과정, 그의 운동변화의 원인을 설명하였다. 또한 세계의 다종다양한 사물현상들을 오행에 따라 모두 다섯 가지로 분류하고 이 틀에 맞추어 설명하였다.

동양의 음양우주관은 시간이 순환하는 것으로 이해한다. 음양의 시간적 순환개념은 음양을 펼쳐 놓은 5행(金, 木, 水, 火, 土)의 개념에서 더욱 두드러진다. 음양5행설에서 만물은 물(水)과 불(火)의 교호작용으로 이것이 운동하면 목화금수운동이 되고 이를 압축하면 음양운동이 된다. 목화는 화로 가는 운동 과정이고 금수운동은 다시 수로 돌아가는 운동 과정이다. 우주의 만물은 수화목금토의 오행의 법칙으로 생장·분열·수렴이 무한히 반복되는 것이다.[143]

그런데 음양5행에는 상생상극의 질서가 존재한다. 5행 상생관계는 수생목, 목생화, 화생토, 토생금, 금생수로서 물에서 시작하여 물로 돌아오는 순환을 하면서 목화토금수의 각 자리 간에 다음 단계를 생하는 상생관계를 보여준다. 「월령」에서는 나무(봄)가 연소되어 불(여름)을 산생(産生)하고 불이 나무를 태워 흙(여름과 겨울이 교체되는 계절)을 산생하고 흙은 자체 내에서 금속(가을)을 산

---

143) 남창희, 「河圖－洛書에 나타난 古代 陰陽思想의 相生秩序 : 핵군비통제에 대한 比較宇宙論的 일고찰」, 『21세기 정치학회보』 제13집 2호, 2003, p.137.

생하고 금속은 액체로 용해되어 물(겨울)을 산생하고 물은 땅을 적시어 나무(봄)를 산생한다고 한다.

반대로 수극화, 목극토, 화극금, 토극수, 금극목은 5행 상극관계를 표현하였다. 추연은 매개 왕조는 5행 중 '덕'(성질)의 지지를 받아 성립된 것이기 때문에 왕조들의 교체는 목이 토를 이기고 금이 목을 이기고 화가 금을 이기고 토가 수를 이기는 5행상극의 법칙에 따라 진행된다고 하였다. 그런데 5행에서 상생상극의 관계는 수생목이 목생화로 이어지면서 수극화의 상극관계를 만들어 낸다. 목생화가 화생토로 연결되면서 목극토의 상극관계를 만든다. 이렇게 순환하면서 수극화의 상극관계는 수생목이 목생화로 이어지는 상생관계가 있어야 존재할 수 있다는 것이며 상생과 상극 역시 음양개념의 상호 의존 상태의 한계를 벗어나지 않는다.[144]

음양5행론은 11세기에 발생한 유교성리학에 의하여 절대적인 정신적 실체로서의 태극(理)이 기(음과 양)를 산생하고 음기와 양기가 5행을 산생하고 5행이 만물을 산생한다는 관념론적인 우주생성론으로 변화하였다.

나. 9수ㆍ10수사상

하도낙서의 구성원리를 서술하기 위해서는 상수역학에서 보는 1에서 10까지 수의 함의(含意)를 설명하여야 한다. 보통 자연수는 양적 수량을 나타내는 계측의 수단으로서 사용되지만 상수역학의 수리론에서 1부터 10까지의 수는 5행적 시간관에 근거한 우주의 생성과 운행원리를 반영하여 만들어졌다고 이해한다. 이것은 동서양의 수 개념의 차이를 나타낸다.

---

144) 남창희, 윗글, p.138.

한대의 상수론은 연관된 문헌적 고증 내지는 자연현상의 과학적 탐구에 편중되어 현실적 문물제도와 연결하였다. 이와 같은 의미에 서 유흠(劉歆, B.C. 53?~25)의 이원설의 9수설도 역의 보조해석서 인 역위(易緯)에서 본격적으로 출발한다. 한대의 9수설(九數說)은 『대재례(大載禮)』「성덕편(聖德篇)」의 명당구실(明堂九室)제도와 그 곳에 나타난 2·9·4·7·5·3·6·1·8의 9수 배열을 단초로 하여 태일구궁설(太一九宮說)에서 성립한다.[145] 고대 왕정제도의 하나인 명당제도를 살펴보면,

> 명당월령은 붉은 문과 흰 들창문으로 한다. 2·9·4·7·5·3·
> 6·1·8의 형식을 갖추며, 마루의 높이는 3장, 동서의 길이는 72척(1인
> 은 8척)으로, 남북은 칠정으로 하며, 위는 둥글고 아래는 네모지게 한다.
> 이것은 아홉 개의 방과 열두 개의 마루로 이루어지는데 방은 네 개의 문
> 으로, 문은 두 개의 창문으로 만든다.[146]

고 한다. 명당월령은 왕이 명당의 중앙에서 일 년 열두 달의 순 서에 따라 국가의 일을 도모하고 실시하는 문물제도로서 그 형식 은 방의 수와 일치한다. 다음으로 태일하행구궁설을 살펴보면,

> 태일이 그 수를 취할 때 구궁의 법칙으로 한다. 사정과 사유의 합이 모두
> 150이다.[147]

원래 태일은 북진의 신명인데 태일신이 구궁에 하행하는 순서를 1부터 9까지의 9수로 삼행과 삼단으로 배치하면 사정사유의 합이 모두 15가 되도록 한 것이다. 이들의 수의 배열은 매우 합리적으로

---

145) 今井宇三郎, 『宋代易學の研究』, 明治圖書出版社, 1960, p. 160 참조.

146) 『大載禮』, 「聖德篇」.

147) 『역위건착도』 권下.

구성되어 있다. 그 이유는 첫째로 1에서 9까지의 수를 차례로 나열하면 그중에서 5는 항상 불변적 위치인 중앙에 있으며, 둘째로 수의 방위위치에서도 사정사유(四正四維)의 합은 언제나 15가 되는 짜임새이며, 셋째로 15를 얻는 과정에서 사정은 항상 기수(奇數)이며 사유는 항상 우수(偶數)로 이루어진 형상을 취하고 있기 때문이다.

여기서 5가 중앙에 위치하며 또 5를 제외한 다른 것들이 사방팔방으로 배치되는 것은 5행사상을 근저로 성립된 것이며 이 사상의 바탕에는 시간·공간의식이 반영되어 있다. 이때 5행사상과 수의 결합의 예를 보여주는 것이 월령도식(月令圖式)이다. 월령도식에 나타난 시간·공간관념은 자아 주체를 중심으로 삼는 체계이며, 이 자아 주체를 상징하는 것이 5이다. 그리고 홍범의 5행에서 토는 인간의 본래성을 의미하는 황극(皇極)으로 표현하는데 수로는 5가 해당된다. 이는 객관적 시간공간을 인간의 주체적 자각에 의해 통각한 수리적 표현양식을 가리킨다. 즉 토가 공간적인 중앙에 위치하고, 사시로 표현된 춘하추동의 수화금목은 사방에 위치한다. 시공의식을 바탕으로 하는 오행적 사유방식에서 5를 중심으로 6·7·8·9가 연속됨은 그 앞에 1·2·3·4가 전제되는 순환적 법칙성을 의미한다. 질적 지평 위에서 보면 1에서 2로, 2에서 3으로의 지속적인 전개는 변화를 가리킨다. 김춘봉(金春峰)은 시공변화를 지배하는 내재역량을 음양, 즉 5행이라고 규정한다. 이때 공간적 배치를 가능케 하는 까닭은 오행적 시간관에 있다. 5행적 사유방식에서 있어서 시간관념의 객관적 표현양식은 수의 배열과 또 그것의 공간적 위치로 표상되기 때문이다. 따라서 월령에 표시된 수리 철학적 9수사상은 토를 중심으로 하는 5행사상이라고 할 수 있다. 그래서 명당9실의 9수 배열은 「홍범」 오행의 토에 해당되는

5를 중심으로 2·9·4·7·5·3·6·1·8의 순서로 배치되었다. 월령을 유흠은 한역의 9수설로 집약하여 『서경』「홍범」 편의 우(禹)의 9수설과 결부시켜 낙서9수론으로 정착시켰던 것이다.

한대에는 9수적 상수론과 아울러 10수적 상수론도 매우 활발히 논의되었다. 10수적 상수론은 계사전에 "天一地二天三地四天五地六天七地八天九地十이니 천수는 다섯이요 지수도 다섯으로 이들이 서로를 얻어 각각 합하게 된다."는 천지지수를 근거로 5행생성수의 사상으로 전개되었다.

> 정현이 주역 계사전에서 말하기를 天一·地二·天三·地四·天五·地六·天七·地八·天九·地十, 이것들은 五行生成의 數이다. 天一은 북에서 水를 生하고 地二는 남에서 火를 生하며, 天三은 동에서 木을 生하고 地四는 서에서 金을 生하며, 天五는 중앙에서 土를 生하는데, 이런 5개의 수들은 生數이다. 만약 여기서 그친다면 陰陽은 각각 자신의 짝을 상실하게 된다. 따라서 地六은 天一과 더불어 水를 成하고 天七는 地二와 더불어 火를 成하며, 地八은 天三과 더불어 木을 成하고 天九는 地四와 더불어 金을 成하며, 地十은 天五와 더불어 중앙에서 土를 成한다. 이로써 음양은 서로의 존립근거를 확보함으로써 사물이 형성되므로 이들 5개의 수를 일컬어 成數라고 한다.[148]

라고 하였다.

또한 그는 계사전에,

> 天一地二天三地四天五地六天七地八天九地十이니 천수는 다섯이요 지수도 다섯으로 이들이 서로를 얻어 각각 합하게 된다 하였다. 이에 대해

---

148) "易繫辭曰 天一地二天三地四天五地六天七地八天九地十 此則是五行生成之數 天一生水 地二生火 天三生木 地四生金 天五生土 此其生數也 如此則陽無匹 陰無偶 故地六成水 天七成火 地八成木 天九成金 地十成土 於是陰陽各有匹偶而物得成焉 故謂之成數也" 孔穎達, 「洪範」 『尙書正義』.

정현은 말하기를 천지의 氣는 각각 다섯 가지가 있으며, 오행의 차례에
따라 살펴보면 一을 水라 하는데 이것은 天數이고 二를 火라 하는데 이
것은 地數이며, 三을 木이라 하는데 이것은 天數이고 四를 金이라 하는
데 이것은 地數이며 五를 土라 하는데 이것은 天數이다. 이 다섯 수는
陰·陽으로 나뉘는데 단독으로는 짝을 이루지 못한다. 그러므로 地六은
天一과 짝이 되고 天七은 地二와 짝이 되며, 地八은 天三과 짝이 되고
天九는 地四와 짝이 된다. 음양과 오행은 각각 음양이 합한 연후에야 氣
가 서로 得하여 변화가 이루어지는 것이니, 이것은 오행이 각각 짝으로
배합됨을 말하는 것이다.149)

라고 이해하였다.

　정현(鄭玄, 127~200)은 주역에서 천지지수를 5행생성수로 구분
하여 설명함으로써 10수체계를 언급하였다. 그의 5행생성설에 입
각한 10수설에서 오행의 수와 천지지수의 통합은 음양과 5행사상
에 의해서만 가능하다. 생수에 5를 더해야만 성수가 될 수 있다.
이것은 5행의 구조가 대등원리에 근거하기 때문이다. 즉 10수설은
음양5행의 원리에서 연역된 수리철학인 것이다.

　그러나 10수의 철학적 의미를 하도와 직접 관련시켜 설명하지는
못했다. 한대의 9수·10수설은 이후의 역학사에서 분분한 논의 과
정을 거치게 되는데 송대 주희와 채원정에 이르러 『역학계몽』이
저술됨으로써 하도낙서론이 정착되었다.

　다. 하도낙서의 음양오행원리

　오행의 원리, 구조, 작용 그리고 의미를 탐구한다. (그림-6) 하
도낙서에서 하도는 북의 양수(흰색) 1을 남의 음수(검정색) 2가 마

---

149) "易繫辭曰　天一地二天三地四天五地六天七地八天九地十　天數五地數五　五位相得而
各有合. 鄭玄云　天地之氣各有五　五行之次一曰水　天數也　二曰火　地數也　三曰木　天
數也　四曰金　地數也　五曰土　天數也　此五者陽無匹陰無偶　故又合之地六爲天一匹也
天七爲地二偶也　地八爲天三匹也　天九爲地四偶也　地十爲天五匹也　二五陰陽各合　然
後氣相得施化行也　是言五行各相妃合." 孔穎達, 『春秋左傳正義』 昭公九年,

주하였고 동의 음수 3 맞은편에는 서의 음수 4가 자리잡고 있다.
이것은 동서남북 방위의 수를 형상화한 것이다.

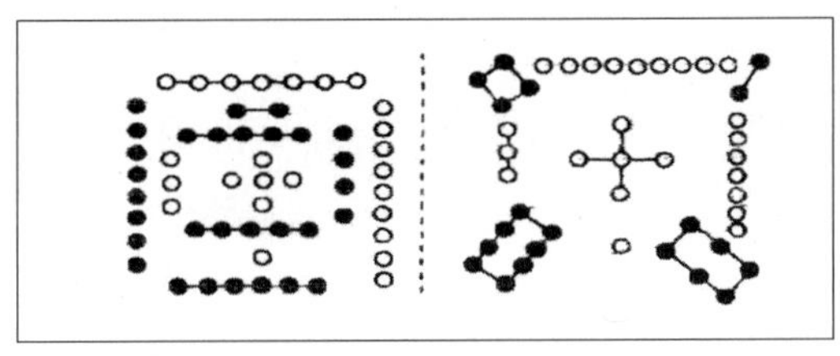

(그림-6) 河圖 · 洛書

　　오행에서 1은 수, 2는 화, 3은 목, 4는 금을 상징한다. 이 네 개
의 수는 음양끼리 만나면(1＋4, 3＋2) 5라는 중성수가 만들어진다.
북의 6은 북의 1과 중앙의 5와 합하고 북방에서 1과 음양을 이루
고 있다. 남의 7은 남의 2와 중앙의 5와 합하여 남방에서 2와 함
께 음양을 이룬다. 동의 8은 동의 3과 5가 만나서 합하고 동방에
서 3과 음양을 나타낸다. 서의 9는 서의 4와 5가 합하여 서방에서
4와 음양을 맞춘다. 이때 중성수 5는 생수 1·2·3·4를 성수
6·7·8·9로 넘겨주고 다시 1로 복귀하는 과정을 매개함으로써
결국 1(태극)과 10(무극)을 연결하여 우주순환운동을 실현하는 5황
극의 역할을 한다. 하도의 생수와 성수는 수화음양운동이 목화금수
사상(四象)으로 분화한다. 이때 5와 5를 포위한 10은 목화금수의
순환을 실현하는 주체인데 10의 역할은 극한으로 분열된 9를 1로
압축하여 전환을 가능하게 하는 역할을 한다. 사상의 목화금수에서
수→목→화를 낳지만 화는 금을 낳지 못하고 여기서만 상생이
아니고 화극금(火克金)으로 상극작용을 한다. 하지만 여기서 토가
다리를 놓아 주면 화→토→금→수로 순조로운 화생토→토생

금→금생수의 오행상생작용이 실현된다. 또한 하도는 북방의 1부터 시작하여 양수 1·3·7·9의 순서로 밖으로 나갔다가 음수 8·6·4·2로 안쪽으로 돌아오는 1부터 9까지 자연수의 순환운동을 보여준다. 그리고 동남의 방위수를 합하면 20이고 서북의 방위수를 합해도 20이다. 반면에 낙서는 상극의 질서를 표현하였고 북에서 시작하여 수극화→화극금→금극목→목극토→토극수의 순서로 시계 반대방향으로 운행한다. 또한 중앙의 5황극을 놓고 마주 놓인 두 수가 양수이거나 음수여서 서로 밀어내는 반발력이 작용하여 우주가 팽창하는 형상을 보여준다. 낙서가 우주의 팽창을 보여주는 것과는 반대로 하도는 중앙으로 통일되는 운행원리를 보여준다.

하도에서 목화와 금수의 합이 20 : 20인 데 반해 낙서에서는 24 : 16으로 음보다 양이 하나 더 많은 수를 나타낸다. 또한 하도의 화와 금이 위치를 바꿈으로써 낙서의 그림이 나왔다는 것이다. 즉 금과 화가 위치를 바꾸면 상극의 운행을 보여주는 낙서가 도출되는 오행질서의 내적구조를 표상한다. 낙서에서 화의 위치인 서방에 금이 가고 금의 위치인 남방에 화가 위치하면서 10이 중앙에서 매개하면 화생토→토생금의 상생운행이 가능해진다. 현실의 인간세계는 낙서의 상극질서하에 있기에 실제의 우주운행원리는 미완성의 낙서의 세계에서 완성의 하도의 세계로 이행하는 방향으로 이루어진다.

여기서 하도에 있는 중앙수 10이 낙서에는 없다. 이것은 중앙 5의 힘만으로는 상극에서 상생의 우주질서로 이행할 수 없다는 것이다. 낙서가 하도로 이행하는 과정은 낙서의 수가 9수이고 하도의 수가 10수인 것에서 표상하듯이 낙서의 본체수 1에서 9까지 팽

창분열하여 목화팽창운동이 한계에 다다를 때 10을 더해 주면 목화토금수 오행상생운동이 열려서 다시 1을 향한 복귀운동이 일어난다.

낙서의 수 배열에서 5를 중심으로 대각선 방향을 포함하여 마주하고 있는 모든 수가 10을 이루고 있다. 즉 낙서의 질서에도 우주의 무극수 10은 사라진 것이 아니라 겉으로 보이지 않도록 모습을 감추고 있다. 또한 하도의 수의 총합 55와 낙서의 수의 총합 45를 합하면 음양의 짝처럼 맞으면서 우주수 100이 나온다.[150] 이 점에서 주희는 낙서가 표상한 현실세계에 하도가 상징하는 안정된 질서를 향한 가능성이 내포되어 있다고 이해했던 것이다.

따라서 상극질서를 표현한 낙서에 완성의 가능성이 내재되어 있고 상생질서를 표현한 하도에는 상극 – 상생의 전체상이 표현되어 있는 것이다.

3) 홍범9주사상

홍범9주[151]는 중국 하(夏)나라 우왕(禹王)이 남겼다는 정치이념

---

150) 남창희. 윗글. pp.140 – 144.

151) ① 오행: 천지자연을 형성하는 기본 요소로서 수화목금토의 운행을 말한다. 자연의 제 현상은 바로 이 5원소의 상생상극(相生相剋) 작용과 변화하는 것이다. 水는 물체를 적시고 아래로 내려가는 성질(潤下)이고 짠맛이다. 火는 물체를 태우고 위로 올라가는 성질(炎上)이며 쓴맛이다. 木은 구부러지고 곧게 자라는 성질(曲直)이고 신맛이다. 金은 조작에 의하여 자유롭게 변하는 성질(從革)이고 매운맛이다. 土는 곡식을 길러 거두어들이는 성질(稼穡)로 단맛이다.
② 오사: 오행의 자연현상과 상대되는 인간사를 말한다. 외모(貌) – 공손함(恭), 엄숙함(作肅), 말(言) – 조리가 있음(作又) – 이치를 만듬(從), 보는 것(視) – 밝음(明) – 맑음(淸), 듣는 것(聽) – 분명함(聰) – 도모(作謀), 생각(思) – 지혜로움(睿) – 성인(聖)이 있다.
③ 팔정: 국가는 구성원 모두의 행복을 추구한다. 따라서 정치가 행해지면 행정체계도 요구된다. 즉 양식관리(食), 재정주관(貨), 제사관리(祀), 백성교육(司徒), 범죄단속(司寇), 손님대접(賓), 양병 및 백성의 땅 관리(師, 司空) 등의 관직을 뜻한다.
④ 오기: 천인합일(天人合一)에 따라 하늘의 주기적 변화를 인간의 삶과 결합시키는 데

으로 홍범은 커다란 법칙(大法)을 말하고 구주는 9개조를 말하는 것으로, 즉 9개 조항의 큰 법이라는 뜻이다. 이것은 『서경』 「주서」 홍범편에서 주(周)나라 무왕(武王)이 기자(箕子)를 방문하여 천도를 물었을 때 기자가 답변한 것이다. 그 내용은 황극(皇極)을 중심으로 오행(五行), 오사(五事), 팔정(八政), 오기(五紀), 삼덕(三德), 계의(稽疑), 서징(庶徵), 오복육극(五福六極)이 있다. 이러한 홍범9주의 내용은 유교정치이론의 토대가 되었다.

홍범9주는 상수역의 원리이며 유교의 근본이 된다.[152] 홍범9주의 중심은 5황극이 논리전개의 중앙에 있는 것이다. 이것은 하도가 음양론을 기초로 상형화된 데 비하여 낙서는 사상(四象)원리를 근간으로 도상화되어 5수가 본체가 되어 천지만물의 생성원리를 상징하는 상수역학의 근본적 사유방법론이다.[153]

___

에는 무엇보다 시간적 기준(紀)인 해(歲), 달(月), 날(日), 별(星辰), 역법의 계산(歷數)이 최우선 과제이다. 곧 천시(天時)를 말한 것으로 모든 질서의 절대적 기준이다.
⑤ 황극: 국가 공동체에서 모든 백성을 대표하여 그들을 하나로 통일시키는 국가적 중심체가 황극 곧 왕이다.
⑥ 삼덕: 정직(正直) - 편안하고 안락할 때, 강극(剛克) - 강하고 굴복하지 않을 때 - 침착할 때는 강함으로 극복, 유극(柔克) - 화합할 때 - 높고 밝음은 유함으로 황극(王)의 도(道)이다.
⑦ 계의: 다양한 정치현실에 대한 명확한 인식에 따라 백성에게 의혹이 없도록 해야 하는데 그것은 5복(卜)과 점(筮)을 이용하여 정치적 정당한 결단을 꾀해야 한다.
⑧ 서징: 정치를 하는 데에는 먼저 살펴야 할 것이 있는데 그것은 비·맑음·따뜻함·추움·바람 등의 날씨이다. 또한 민심, 민생의 흐름과 천기의 자연적 현상을 동시에 살펴야 한다.
⑨ 오복과 육극: 천기와 관련한 자연현상과 왕도에 의한 정치적 기류는 민생과 직접적인 관련이 있다. 민생은 수(壽)·부(富)·강녕(康寧)·유호덕(攸好德)·고종명(考終命)의 오복이며 천기와 왕도 그리고 민생이 잘 조화를 이룰 때 백성의 행복은 보장된다. 그렇다고 모든 것이 오복으로 끝나는 것이 아니다. 횡사요절(凶短折)·질병(病)·근심(憂)·빈곤(貧)·악(惡)·약함(弱)의 육극에 있어 사람을 괴롭힌다. 국가 역시도 이러한 사회악이 늘 도사리게 마련인데 이를 일소하기 위하여 법을 제정하고 징벌을 가하게 되는 것이다. 『서경』, 『퇴계전서』, 『율곡전서』 요약. 이재영, 「조광조의 至治主義에 관한 연구」, 성균관대 유학대학원 석사논문, 1991, pp. 22-23 참조.
152) 장지연 著·유정동 譯 『조선유교연원』, 삼성문화문고, 1975, p. 8 참조.
153) 양재학, 윗글, p. 112 참조.

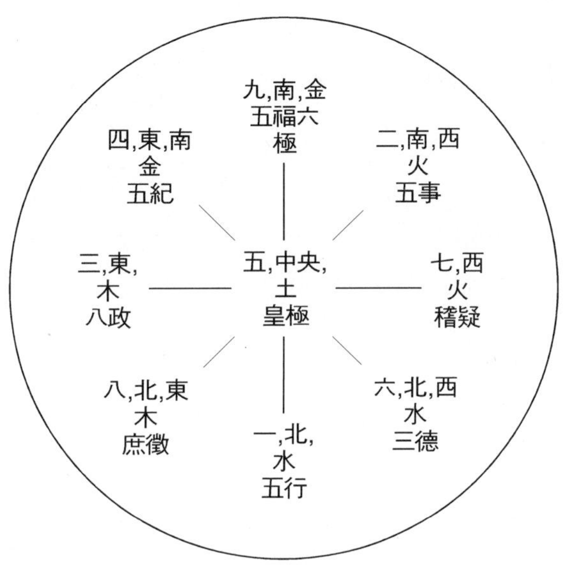

(그림-7) 洪範九疇圖

　주희는 유흠의 주장을 받아들여 낙서를 홍범9주라 했다. 9주는 각기 수(數)와 위(位)를 가진다. '5-황극(皇極)'이 중앙이 되고, 동서남북의 정방(四正)에 양(陽)에 해당되는 '3-팔정(八政)', '7-계의(稽疑)', '9-오복육극(五福六極)', '1-오행(五行)'이 위치하고, 측방에 음(陰)이 해당되는 '8-서징(庶徵)', '6-삼덕(三德)', '2-오사(五事)', '4-오기(五紀)'가 위치하게 된다. 이것은 각기 오행(五行)과 팔괘(八卦)에 상응한다. 황극은 괘상(卦象)으로서 태극(太極)이 되어 수는 5에 해당한다. 괘에서 9, 5는 천자의 자리이다. 이는 1에서 9까지 표현되는 천지 만물의 변화 가운데 위치하여 그것을 주제하는 주체로 이해되었기 때문이다.

　홍범9주에 대한 상수학적 해석은 마치 오행의 상생·상극관계와 같이 황극을 제외한 팔주(八疇)가 각기 원인과 결과로 서로 연관되어 있으며, 팔주가 독립되어 존재하는 범주가 아니라 서로 연관된 전체로서 홍범의 체제를 유기적으로 구성하고 있다는 것을 보여준다. 즉 1·2·3·4인 오행·오사·팔정·오기는 5인 황극을 세우는 근거이고, 6·7·8·9인 삼덕·계의·서징·오복육극은 황극을 행하는 바탕이다.154)

이는 5행의 상극관계로 설명된다. 하도가 오행상생의 원리로 되어 있는 데 반해서, 낙서는 오행상극의 원리로 되어 있기 때문이다. 홍범9주도를 보면 하단의 1 - 오행부터 시계반대방향으로 돌아가면서 수(오행과 삼덕) → 화(오사) → 금(복극과 오기) → 목(팔정과 서징) → 토(황극)의 순서로 되어 있다. 이는 오행상극의 순서이다. 수(水)인 오행에 밝지 않으면 화(火)인 오사를 잘 행할 수 없고, 오사에 밝지 않으면 금(金)인 오기를 조화롭게 쓸 수 없게 되며 오기를 잘 변별하여 적용하지 않으면 목(木)인 팔정을 행할 수 없고 팔정을 힘써 행하지 않으면 황극을 세울 수 없음을 의미한다. 이러한 상수학적 원리는 각 주(疇)의 내부에서도 관통되고 있다. 즉 팔정은 각기 독립하여 이루어질 수 없는 것으로 괘(卦)의 대위(對位)와 같이 1 - 식(食)은 8 - 사(師)와, 2 - 화(貨)는 7 - 빈(貧)과, 3 - 사(祀)는 6 - 사구(祀究)와, 4 - 사공(司空)은 5 - 사도(司徒)와 각각 대위를 이룬다. 이처럼 대위관계가 이루어지는 것은 서로 불가분의 관계에 있다는 것이다. 예를 들면, 양식관리(食)와 양병(師)은 각각 정전(井田)과 팔진(八陣)을 핵심내용으로 하고 있는데, 정전과 팔진의 대위 설정은 병농일치 원리를 형상화한 것이다. 이처럼 팔정 가운데서 형상화가 가능한 정전과 팔진의 구획·설치된 모습은 또한 전체 홍범9주의 배위(配位)와 상응한다. 이러한 형상화는 심의

---

154) 李源坤, 『箕範衍義』(奎 No.5304) 권6, 皇極.

에도 표현되었다.

(2) 조선 후기 유학계의 분화와 쟁점

성리학이 어디까지나 성(性)의 이학(理學)인 만큼 인간과 사물의
형이상학적 관점에 주력한 반면에 본성이 아닌 현상의 문제를 규
명하기 위해서는 한계가 분명히 나타났다. 성리라는 하나의 원리로
모든 것을 귀결시키려는 이념주의적 관점으로 자연계의 물리적 현
상을 모두 적절히 해명해 낼 수 없었기 때문이다. 자연의 변화원
칙을 설명하는 것이라 믿어진 역리(易理)를 도입한 배경이 여기에
있다. 따라서 송대 이학은 관심의 대상이 서로 다른 성리와 역리
를 바탕으로 전개된 학문이다.[155]

송대 성리학에서 새롭게 정립시킨 하낙도상과 선후천 팔괘도상
에 의한 괘수론(卦數論)적 관점은 천문역법의 주역원리를 규명하
는 중요한 인식의 틀로 작용하였다. 구체적으로 말하면 북송의 경
우는 정이(程頤, 1033~1207)의 의리역학의 관점이 우세한 가운데
소옹(邵雍, 1011~1077)의 수론적 역학과 상수역학의 전통이 유지
된 데 비하여, 남송의 역학은 주자가 상수학적인 요소를 중심으로
정이의 의리역학을 종합 또는 융합하고자 한 역학사의 흐름 속에
서 많은 유학자들은 상수와 의리를 종합하고자 하는 특징을 드러
내었다 이러한 영향은 조선시대 유학자들에게 그대로 전승되었
다.[156] 이러한 경향으로 한역과 송역의 양대 상수학에 대한 종합적

---

155) 김일권, 「조선중기 우주관과 천문역법의 주역적 인식: 張顯光의 易學圖說에 나타난 상
　　수역학을 중심으로」, 『泰東古典硏究』 제22집, 2006, p. 58 참조.

156) 엄연석, 「退溪學派의 義理易學的 목표와 象數易學」, 『奎章閣』 제26집, 2003, p. 101.

인 탐구가 이루어졌으며 이러한 도서역학의 전개는 조선 유학자들의 많은 논쟁을 거치면서 조선후기 우주관으로 더욱 규범화되었다.

퇴계(退溪) 이황(李滉, 1501~1570)과 율곡(栗谷) 이이(李珥, 1536~1584)가 활동하던 16세기는 주역에 대한 관심이 고조된 시기다. 퇴계 이황이 엮었던 『계몽전의(啓蒙傳疑)』는 주자와 채원정이 공저한 『역학계몽(易學啓蒙)』에 대한 해설서 성격을 지니고 있는데, 이 저작으로 인해 조선시대 상수역학의 이해가 상당히 심화되었다고 할 수 있다. 퇴계학파의 형성에 따른 사승관계는 확산되어 17세기 전후 양란을 겪으면서 규범론적 상수역학의 연구가 더욱 심화되었다.157)

또한 이황과 이이의 두 철학적 체계는 정미한 온오(蘊奧)를 깊이 연구하여 유감없이 밝혔으나 예학에 있어서는 아직 미흡하였다. 그래서 이이와 송익필의 제자인 김장생이 예학에 전념하고 이황과 조식의 제자인 정구(鄭逑, 1543~1620)가 예학을 연구하는 데 전념한 까닭이 여기에 있다.158) 김장생과 정구에 의하여 예학이 깊이 있게 연구되기 시작한 이후 약 백 년간을 '예학시대'159)라고 할 정도로 예학이 흥성하게 된 원인을 찾아보면 두 가지로 이야기할 수 있다. 첫째는 주자학의 이기심성론에 의해 '수기(修己)'를 강조한다. 둘째는 당시에 계속된 사화와 왜·호란을 거치면서 사회적 혼란과 정치적 문제에 의해 예학의 발달을 부추겼다. 주자학은 예학을 통해 더욱 규범화되었으며 유학계는 현실세계의 문제를 풀어나가기 위해 하낙상수역학을 융합해 나갔다.

---

157) 김일권, 윗글, pp. 59-60 참조.

158) 정인재, 『尹白湖의 禮論과 倫理思想』 참조.

159) 충남대학교 유학연구소, 『기호학파의 철학사상』, 예문서원, 1995, p. 30.

이러한 문화적·학문적 배경과 함께 17세기 조선사회는 두 차례의 양란으로 인해 사회·경제적으로 많은 변화를 겪게 되었고, 이러한 변화의 대안을 위한 사상계의 움직임도 더욱 활발하여 학파에 따라 다양한 현실관과 경제대책을 내놓아야 하는 상황이었다. 인조반정(仁祖反正) 이후 노론은 호서지역(湖論)과 서울·경기지역(洛論)으로 분화되었다. 호론계열은 김장생(金長生, 1548~1631), 김집(金集, 1574~1656), 송시열(宋時烈, 1607~1689), 한원진(韓元震, 1682~1751)로 이어지는 사림(士林)적 성격이 강한 인물들이었고, 낙론계열은 김창협(金昌協, 1651~1708), 김창흡(金昌翕, 1653~1722)과 그 문도(門徒)들을 중심으로 분화되었다. 경세론의 차이로 18세기에는 서인－노론은 낙론과 호론으로 나뉘어 사상적·정치적 입장을 구체화하였다.160)

숙종대(1674~1720)에 수차례의 환국을 거치면서 18세기 중반 이후에는 노론(老論)의 낙론계열이 우위를 확립했다. 낙론이 타 붕당의 도전을 물리치고 점차 우위를 구축할 수 있었던 것은 이들이 가장 성리학 이념에 충실하다는 명분상의 우위를 고수한 점이 크게 작용하였기 때문이다.161) 낙론의 명분론적 대응은 그들의 정치적·사회적 이념을 실현하기 위한 것이었지만 영·정조와 같은 탕평군주들은 군주에 의한 학문통일의 현실화에 일차적인 목적이 있었기 때문에 그들은 이념적 주도권을 군주에게 집중시켜 나갔고, 한편으로 '삼대지치(三代之治)'의 회복을 내세우며 보수적이고 강경한 입장의 주자주의162)에 대응할 만한 새로운 이념체계를 현실

---

160) 조성산, 「조선후기 낙론계 학풍의 형성과 경세론 연구」, 고려대학교 박사논문, 2003.

161) 김준석, 「18세기 老論專制政治論의 구조: 韓元震의 朋黨意識과 君主聖學論」, 『湖西史學』 제18집, 1991, pp. 1－2 참조.

162) 호론계열인 한원진이 대표적인 인물이다: 김준석, 「조선후기 국가제조론의 대두와 전개」,

화하기 위해 점진적인 노력을 펼쳐 나갔다. 이때 이론적 근거가 된 것 중 두드러진 것이 『서경(書經)』「주서(周書)」 홍범편(洪範篇)이었고 탕평(蕩平)이란 용어도 여기에서 나왔다.[163)]

영·정조와 같은 탕평군주가 주도하는 새로운 정치운영 방식이 이미 『서경』 홍범편에 이론적 근거를 두고 있었으므로 정치운영의 문제에 대한 논란은 자연히 홍범해석을 둘러싼 논란으로 그 초점이 이동하게 되었다.[164)] 이리하여 18세기에 들어와 탕평이란 정치양식과 함께 노론학자들은 하낙상수역학에서 낙서인 홍범9주에 대한 논의를 전개해 갔다. 호락논쟁(湖洛論爭)에도 불구하고 노론계의 홍범9주론은 두 당파에서 해석의 차이가 크게 보이지 않아 심의관에서는 18～19세기 명분론입장을 고수한 이민곤, 황경원, 홍석주, 김이안을 중심으로 노론계의 홍범9주론을 '의리' 심의관으로 검토할 것이다.

또한 노론의 낙론계열이나 실리(實利)적이었던 북학파(北學派) 홍대용, 박지원, 이덕무와 기호남인계열인 정구, 한백겸 이후 홍범9주론의 새로운 사상적 확립을 이룬 정약용을 '실리' 심의관으로 정하고 쟁점화할 것이다.[165)]

연세대 박사학위논문, 1990, pp. 344－472 참조.

163) 김성윤, 「18～19세기 老論학자의 洪範이해와 그 정치적 의미」, 『釜山史學』 제40, 41 합집, 2001, p. 69 참조.

164) 윗글.

165) 조선후기 지식인의 사승관계와 분파내역(유봉학, 『연암일파 북학사상연구』, 일지사, 1995 참조).

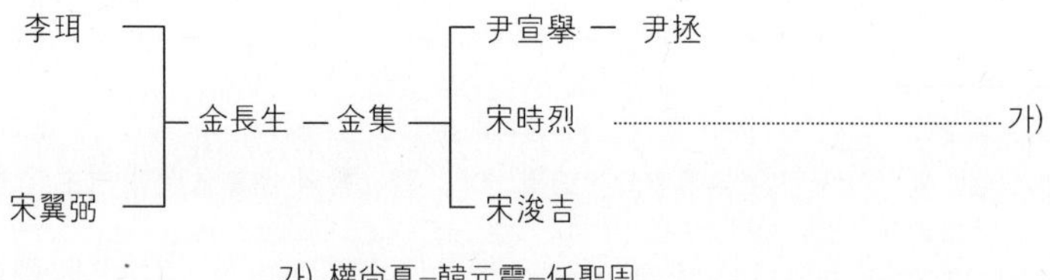

(3) '의리' 심의관

1) 노론계의 홍범9주론

서인 노론계는 김장생(金長生)에 연원을 두고 세도정치론의 입장에서 정치사회적 목표를 '의리(義理)'의 실현에 두고 있다. '의리'의 내용은 주자학의 윤리·체제의식을 가리키는 것으로 유교 일반의 가치 지향적 기본 입장에 충실하다. 원래 의(義)는 도마 위에 고기를 놓고 써는 모습을 형상화한 상형문자였다. 점차 세세히 잘라서 질서있게 하는 것으로 발전하였으며, 이로부터 공정한 원칙에 따라 사회성원의 의무와 권리를 분배하여 질서를 확립한다는 뜻을 갖게 된 것이다.[166] 또 의는 사람의 행동거지나 용모를 뜻하고 행동거지가 마땅한 것 (宜)을 뜻하는 당위규범으로 쓰였다. 의가 당위규범과 맞을 때 선과 같은 뜻으로 쓰인다. 그래서 불선을 바로 잡는다는 의미를 갖게 되었다. 한편 이(理)는 옥석에 새겨진

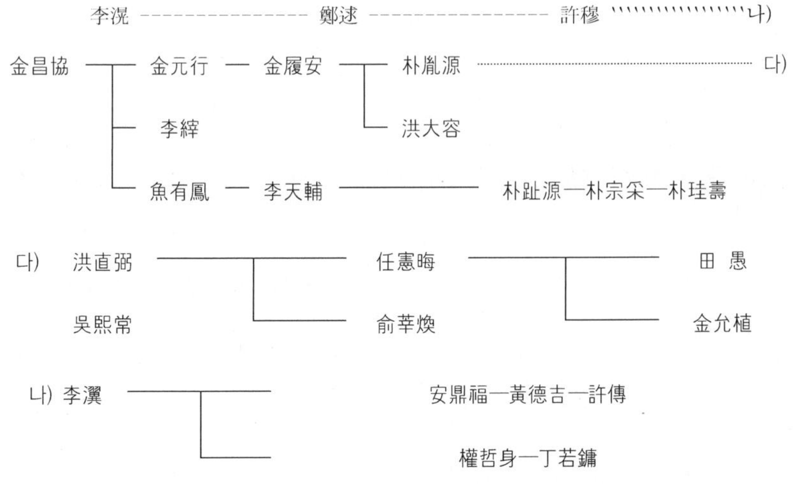

166) 周桂鈿, 문제곤외 옮김, 『강화중국철학』, 예문서원, 1992 참조

문양에 따라 옥을 다듬던 행위에 연원을 둔 '옥을 가공한다(治玉)'
는 뜻이었는데 사물의 조리(物의 脈理)라는 의미로 확대 발전되었
다.[167] 의리(義理)라는 조합어가 나타난 시기는 춘추시대에서 진한
시대 사이이다. 이(理)가 지닌 이치 또는 조리로서의 의미는 도(道)
와도 통한다고 보는데 규범으로서의 의와 조리 또는 도리로써의
이를 합하여 의의 인도적 성격을 강조하려 한 것이라 여겨진다.
의(義)의 정신에 의해 예가 제정되지만 지금부터는 예를 준수할 때
의리를 지킨다고 말할 수 있다.[168]

주희의 이기론의 도입은 의리 개념부터 바꾸어 놓았다. 정치사
회론에서는 모든 사회성원이 수신(修身)을 통하여 자신의 감정을
누르고 예로 표현되는 명분질서에 충실(克己復禮)함은 국가체제론
과 동격의 중요성을 가진다. 그러면서 군주의 역할은 이 의리의
실천자로서 만인의 모범이 되는 데에 그 의의를 가진다. 서인 노
론의 훈척화는 시비 명분론과 군주 수신론을 정치운영의 제일 목
표로 주장하고 군신 간의 형식 윤리보다 의리 실현을 우선한다.
따라서 형식주의·명분주의·가치지상주의·교화우선주의의 성격
을 가지고 있다. 이러한 성격으로 이들은 당시의 구체적 상황에서
양반, 지주 중심의 사회적·정치적 위계질서를 표현하는 세습적
신분의식을 바탕으로 보수논리성격을 가진다.

18세기에 들어 영조가 홍범의 대등원리를 적용하여 관직운영에
서 각 당을 대비시키는 정책을 추진하고, 6 - 삼덕의 강극(剛克)·
유극(柔克)을 준론(峻論)과 수론(綏論)을 다스리는 원리로 채택하는
등 홍범을 이론적 전범(典範)으로 하여 탕평을 적극적으로 추진해

---

167) 한국사상연구회, 앞의 책, p. 489.
168) 윗글, p. 492.

나가자, 노론계도 이에 적극적으로 대응하지 않을 수 없었다.[169] 이에 노론계열의 홍범 연구가 다른 당파에 비해 가장 많았고, 노론 중에서도 낙론계열이 주도하였다.

이 가운데 가장 적극적으로 반탕평의 논리를 홍범 연구에 투영시킨 인물이 박필주(朴弼周)의 문인으로 영조대 초반 노론의 반탕평운동에 앞장섰던 임은(林隱) 이민곤(李敏坤, 1695~1756)이었다. 그의 『황극연의(皇極衍義)』는 홍범9주 중 5 - 황극만을 전론(專論)한 것인데, 영조 탕평의 두 축인 조제(調劑)와 보합(保合)을 경학적으로 비판할 목적으로 쓰인 것이다. 그는 주희에서 비롯되어 송시열이 크게 선양한 '직(直)'을 황극의 요지로 주장하였다.[170] 즉 중(中) 자체도 '직상직하(直上直下)하는 정리(正理)'이므로 양단을 조제하는 것은 중이 아니라는 논리로 영조의 당론조제를 황극의 본의를 잃은 것이라 비판하고, 중용의 도는 옳음을 취하기 위한 것이므로 진정한 중용을 구현하기 위해서는 궁리(窮理)가 필요하다고 하였다. 그는 황극을 세우는 과정을 주자학체계 속으로 흡수하였다.[171] 그의 황극해석은 노론의 보수논리적 입장에 충실했던 것이다.

이재(李縡)의 문인이었던 강한(江漢) 황경원(黃景源, 1709~1787)은 홍범을 공자 심법(心法)의 연원으로까지 높이 평가하였다. 그는 2 - 오사 중심의 의리론적 해석경향이 두드러지게 나타났는데 홍범에 나오는 황(皇)을 군(君)이 아닌 상제(上帝)로 보아 상제를 홍범의 주제로 강력히 부각시킨 점과 황극의 개념에서 권력적·정치제도적 측면을 없애고 의리적 측면을 극대화하여 황극을 '진성지지(盡性之至)'로 새롭게 규정한 것에서 그 절정을 이루었다. 그의 해석에 따

---

169) 정경희, 「17세기 후반 '전향노론학자'의 사상」, 『역사와 현실』 13, 1998, p. 203 참조.
170) 곽신환, 「宋尤庵의 철학사상연구 - 直을 중심으로 」, 『국제대논문집』 7, 1979.
171) 김성윤, 앞의 책, pp. 79 - 80; 『皇極衍義』 序, pp. 664 - 5 참조.

르면 황극은 상제가 세운 법도, 즉 천명을 의미하고 천명의 내용은 인륜이며 그것을 닦는 것을 밝힌 것이 2－오사가 된다. 그가 말하는 상제는 자연천(自然天, 五行之天)에 대비되는 도덕천(道德天, 五事之天)을 의미하는데, 오사의 수신 여부에 따라 상제에 의해 8－서징에서 말하는 자연현상이 그 상벌로 직접 따르게 된다고 보고 있으므로 그의 상제개념은 유위성을 지닌 활체가 된다. 그의 이러한 홍범이해체계는 사물화되어 가고 있던 주자학적 윤리·체제의식(天理)에 절대성을 부여하고, 이로써 급변하는 현실을 수습하려 했던 그의 경세적 태도의 소산이었다. 그는 황극의 이른바 14구의 주체를 신민으로 본 주희와는 달리 군주로 파악하고 주희가 외면한 6－삼덕의 '유벽작복(惟辟作福)'을 군신지의(君臣之義)를 나타낸 것으로 군주의 위상을 주희에 비해 중심적으로 파악하고 있다. 그러나 그의 군주관은 이전보다 더 수신적·교화적 성격이 강화되었을 뿐 현실에서 군주의 통치권 강화에 주목한 것은 아니며 군주의 위상이 저하될 가능성이 많았다. 이러한 황경원의 홍범이해는 주희설도 상대화하는 당시 서울학계의 개방적 분위기를 흡수하면서도 조선에서 주자류의 의리홍범학의 한 정점을 구가했다고 평가할 수 있다.[172]

홍석주(洪奭周, 1774~1842)의 홍범이해는 1824년에 완성된 『상서보전(尙書補傳)』을 통해 살필 수 있다. 그는 홍범을 "그 삶을 기르고 가르침을 베풀고, 복종하지 않는 사람을 따르게 하여 그 거처를 보존하는 것"이라 규정하였다.[173] 이는 홍범이 태고부터 인류의 안위를 위한 것이라 풀이한 것이다.

그는 홍범이 낙서에 연원을 두고 있다는 낙서와의 관련설에 대

---

172) 윗글, pp. 83－87.; 「洪範傳」 pp. 5－18 참조.
173) 『尙書補傳』: 『韓國經學資料集成』 65, 「書經」 17, 성균관대 대동문화연구원, p. 353.

해 부정하였다. 하도는 역과 부합되지만 낙서와 홍범의 관계는 막연하여 추론하기 어렵다는 것이다. 주희에서 여러 대유(大儒)까지 인정해 왔으므로 근거가 없다고는 할 수 없으나 홍범을 성현의 도로 인정하기는 곤란하다는 입장을 보였다.[174]

따라서 노론계는 하도와 팔괘의 연관은 인정하는 반면, 홍범9주와 낙서와의 연관은 부정한다. 그 이유는 낙서의 위(位)와 홍범의 주(疇)가 모두 9인 점은 같으나 별다른 의미를 부여할 수 없으며, 만약 홍범이 낙서에서 수를 취했다 하더라도 1과 9를 상하로 위치 짓고 3을 좌측, 7을 우측에 배속시킨 것은 낙서에서 근거를 찾기가 어렵다. 낙서의 수는 45인 반면에 홍범의 수는 55이므로 일치하지 않는다. 낙서에서 각 수는 단지 점의 개수로만 표현했으므로 홍범9주와 같은 풍부한 내용은 아니라고 했다.[175]

> 대저 河圖는 卦에서 그 음양노소를 긋과 位와 數를 차례 지은 것은 진실로 泐合의 妙가 있다. 그러나 홍범에 이르러서는 단지 點數가 있는 것에 인하여 아홉으로 열거하여 疇로 하는 것은 그 배속한 뜻을 깨닫지 못하겠다. 따라서 그것(홍범)이 여기(낙서의 점수)에서 나온 것임을 알지 못하겠다.[176]

부정근거로 낙서와 홍범이 각각 9인 점은 같으나 서로 부합하는 요소로 확정하기 어렵고 하도의 수 55는 역리에 부합되지만 낙서의 수 45는 홍범에 어떻게 투영되었는지 알 수 없다고 하였다. 또한 낙서와 홍범의 수리가 부합되더라도 9주와 관련이 없다고 했다.

---

174) “九疇之爲洛書 相傳己久 孔安國·董仲舒·劉向·班固·鄭玄 諸大儒 皆用其設 而朱夫子亦發揮之 其不可謂之無稽也決矣 姑亦但厥疑而其.”「尙書補傳」, 『淵泉全書』, 제7. 洪範

175) 이것은 洪奭周의 洪範 이해로 『淵泉全書』,「尙書補傳」, 제7 洪範 참조.

176) “大抵河圖之於卦 畫其陰陽老少 位數次第 誠有泐合之妙 而之於洪範 只因點數之有 九列以爲疇 尋常未堯其配屬之意 故不覺其發之於此耳”「書」『三山齊集』 권3, 答李善長.

우의 무왕이 기자를 만나 홍범을 전해 들었다는 설도 납득하기 어렵다고 하였다.[177] 정약용도 홍범의 낙서연원설을 부정하고 있는데[178] 18세기 후반 상당히 퍼진 이러한 부정론은 모기령(毛奇齡)과 같은 청조고증학에 영향을 받은 것이라 보인다.

홍석주는 9주가 민사(民事)를 위한 것이고, 5행도 민용(民用)을 위주로 한다고 이해하여 특히 기호남인계 홍범 연구자들이 제기해 온 실용적 관점을 수용하고 있으나[179] 그의 5행이해가 여전히 추상성·관념성을 유지하고 있어 이익이나 정약용의 5행실용설에는 미치지 못하였다.[180] 이렇게 실증적인 시각의 변화를 보이고 있으나 전반적으로 그의 홍범9주론은 노론의 수신적·의리적 관점이 지배적이다. 노론계의 특징인 오사중심주의를 답습하고 그 실천을 강조하였다. 오사중심주의에 따르는 수신론의 관점은 자연히 황극(皇極)에 대한 의리론적 해석으로 이어졌다. 수신군주론의 관점을 분명히 하였다. 그는 주자의 붕당론을 전폭 지지하면서 소인의 붕(朋)은 없앨 수 있지만 군자의 붕은 없앨 수 없다고 단언하였으며 붕당을 먼저 없애고자 하면 소인이 다 제거되지 않아 군자가 남는 사람이 없게 될 것이라고 한다. 그러면서 먼저 군자와 소인을 변별하는 데 힘써야 하며 이를 위해서는 군주가 2-오사를 통해 먼저 자신의 마음을 다스려야 한다는 것이다.

또한 임금이 정직(正直)한 후라야 탕평에 이를 수 있다고 하여 황극수신의 한 요목으로 정직을 강조하였다. 홍범9주에 대하여 김이안(金履安)도 홍석주와 동일한 입장이다. 김이안은 홍범 속에 내

---

177) 『尙書補傳』, pp. 355-7.

178) 김성윤, 「茶山 丁若鏞의 洪範說 硏究」, 『歷史學報』 170, 2001, pp. 28-9.

179) 『尙書補傳』, pp. 360-1.

180) 김성윤, 「18~19세기 老論학자의 洪範이해와 그 정치적 의미」 p. 24.

포된 황주탕평의 원리에도 회의적이었다.

> 無偏無陂는 주자께서 명언하기를 천하의 사람들이 모두 자신의 사사로
> 움을 쫓지 않고 上의 교화에 따른 것이라 하였다.[181]

위의 주장은 왕도의 정치가 임금의 무편무피함에 달려 있는 것이 아니라 천하의 모든 사람이 극기복례하는 자세에 달려 있다는 것이다. 이는 결국 전통적인 세도정치론의 입장에서 황극을 해석한 것이다. 홍석주는 홍범의 오복육극에 대한 이해에서도 이것은 임금이 무사한 마음으로 상벌을 내리는 내용인데, 그는 주자의 해석인 수신군주론의 입장을 따르고 있다. 따라서 노론계의 의리·수신중심의 홍범9주 인식내용을 정리하면 아래와 같다.

<표-8> 노론계의 홍범인식 내용

내용＼입장	서인 - 노론계
易 理	·홍범구주와 낙서의 연관성 부정(황경원 등은 인정함)
1. 五行	·오행 신비설: 오행을 팔주의 體로, 팔주를 오행의 用으로 인정 ·오행의 天에서 上帝를 구함(五行之天＝自然天)
2. 五事	·오행을 오사와 관련: 五行相剋의 원리 ·오사중심주의에 따르는 수신론 ·오사에서 수신 여부가 서징의 여러 가지 기후현상을 초래한다는 것.(五事之天＝道德天) ·군주가 수신하지 못할 때 상제가 災異를 내려 경계함: 군주를 재이론에 구속시킴
4. 五紀	·오행-오사-오기의 관련성 주장: 오행상극의 순서
3. 八定과 8. 庶徵	·팔정은 토지군사제도 등 경세에서 가시적, 제도적, 정책적 측면이 함축되어 있으나 영·정조 이전에는 八定에 대한 서술이 소략 ⇒수신 위주의 관념적 윤리관

---

181) "無偏無陂 朱子明言 天下之人 皆不取徇其之私 以從乎上之化 以今欲歸重於人君身上 何也." 앞의 책, 『三山齊集』.

내용＼입장	서인 - 노론계
5. 皇極	・주자를 내세워 자기주장의 논리로 삼고 노론의 정치적 지향을 황극 해석의 기준으로 설정, 황극의 의리론적 해석 ・군주가 몸소 수신의 極處에 도달하여 만민의 표준이 된다로 해석하는 주자의 견해를 따름. 여기서 표준은 임금이 말단의 政務에 관여하지 않는 것으로 주장(無爲而治) ・임금의 破朋黨(調劑)에 반대하고 군자와 소인의 구별(明辯)은 黨으로밖에 할 수 없다는 견해로 붕당옹호논리, 반탕평론을 펼침 ・임금은 인륜(五倫)을 구현하는 교화적 존재 ・세도정치론의 입장에서 황극 해석 - 수신군주론
6. 三德	・군주가 지켜야 할 덕목: 군주는 군신지의의 실천대상 ・修身的・德化的 성격 지향
7. 稽疑	・조선후기 새롭게 제기된 탕평의 이상사회관인 '大同'에 관한 해석 - 군주의 의사보다 鄕士와 庶人의 의사를 강조 ・국가의 대사에 대한 정책 결정에 있어 군주는 공론을 따라야 한다는 정치이념 ・君臣의 義理실현에서는 군신의 대등성 강조

2) 의리 심의관

조선 심의론의 쟁점과 분화는 16세기 이후 인조반정으로 사림파의 성장 과정에서 비롯되었으며 그들이 내세운 '산림(山林)'[182]학자에 의해 주도권을 장악하려는 집권 과정과 동일하다. 그러므로 심의 논쟁은 사림파라는 특정 신분의 문화적・학문적인 면과 정치적・사회적인 면이라는 두 가지 측면에서 고찰해 볼 필요가 있다.

이러한 배경은 사대부가 정계를 주도해 가는 사회를 구현하고자 한 송대 사대부사회의 배경을 이해하지 않으면 안 된다. 원래 사대부란 용어는 춘추시대 이전의 기록에는 보이지 않고 전국시대부터

---

182) '山林'이란 글자 그대로 산중(山中)과 임하(林下)에서 독서를 하며 과거를 외면하고 벼슬을 구하지 않는 유학자들을 말한다. 말하자면 순수한 讀書層이다. 이들이 정치에 전면적으로 부상하면서 山林이라는 의미는 유명무실화된다.

그 용어가 보인다. 이 사대부는 송대에 들어오면서 성장하고 그 역할도 증대됨으로써 종래 관료집단에 한정되어 사용하던 것이 일반 포의(布衣)의 독서인까지를 지칭하는 것으로 보다 확대되었다.

송대 사대부의 개념 변화는 송조(宋朝)의 문치주의(文治主義) 정책으로 방대한 수의 독서인이 출현한 것과 관련된다. 이들 독서인 중에서 과거를 거쳐 사대부 관료로 등장한 자들이 정치사회의 주도권을 장악한 송대적인 특수한 상황 속에서 가능하게 된 것이다. 사대부의 상층부는 정치활동으로 학문에 전념할 여유가 없었던 반면에 하층부에 속하는 자들은 정치요직으로부터 멀리 있어 오랜 세월 사색의 시간을 가질 수 있었는데 그 예가 주희였다.183) 실제 그는 19세에 진사과에 합격한 후 50년 가까운 관료생활 가운데 동안현주박(同安縣注薄(福建))으로 되었던 4년간과 지남강군(知南康軍(江西)) 등의 지방관으로 있었던 3년간, 시강(侍講)으로 있던 45일을 제외한 나머지 시간을 오로지 독서와 사색으로 보냈던 것이다.184) 이러한 활동내용과 송대 사회의 배경에 의해 주희 철학은 남송에 와서 주도적인 위치를 차지하게 되었다. 주희는 자신의 사회경제적 기반에 의해서 사대부의 지위와 역할을 부상시켰다. 이러한 이해관계는 조선의 지식인계인 사림파의 형성과 '산림'에 의한 재편성 구조에 영향을 일정 정도 미쳤다.

이러한 영향은 주희가 사대부의 연거복으로 심의·복건을 전하면서 조선 유학자들이 심의(기표: signifier)를 대유(大儒, 기의: signified)로서 받았다는 데서 확인된다.

---

183) 양종국, 『송대 사대부사회 연구』, 삼지원, 1996, 요약.

184) 조동원, 「朱熹(1130~1200)의 사회개혁론」, 『역사와 인간의 대응』, 한울, 1984, p. 515 참조.

　　주희의 행장을 보니, 閑居할 때를 서술한 대목에 '동이 채 트기 전에 일
어나서 深衣와 福巾·方履로 家廟에 참배하고 先聖까지 참배한다.'고 했
습니다.185)

　　뒷사람을 열어 줌에 있어 가르침을 게을리 하지 않았으니 大儒로서 深
衣의 傳함을 받았다.186)

　　말하자면 심의라는 '기표'는 단순한 도구로서의 사물이 아니라
기호로서의 사물, 상징으로서의 사물이 된다.

　　심의관은 논리적 사유를 운용하여 구상을 전개하고 동일한 방식
에 따라 진행하는 철학적 담론이다. 논리 사유는 사유방식 자체가
개성적 특징이 없어서 서로 학습하고 전수할 수 있을 뿐만 아니라
공동으로 사용할 수도 있다. 예술가들의 형상사유에 있어서는 개성
이 있어 어떠한 예술적 풍격을 나타내는 반면에 예학자들의 논리사
유에 있어서는 개성적 특징이 없고 전통을 고수하며 전체적 통일을
강조한다. 조선후기 심의에 대한 논쟁은 주자학 구현 양식의 하나로
홍범9주의 원리를 통해 전체적 통일을 구현해 내는 역할을 하였다.

　　하도낙서론은 심의의 치수(尺數)에 반영되었는데 특히 18세기
이후 탕평정치를 계기로 지식인계의 홍범9주 연구가 더욱 가속화
되면서 정치제도와 함께 심의제도는 홍범9주론과 조응관계가 존재
함을 함축하고 있다. 이러한 문화현상은 조선후기에 와서 정치제도
논의와 함께 심의논쟁이 상수학에 의해 새롭게 제기된 데 기인한다.

　　심의제도의 치수는 『가례(家禮)』의 것을 그대로 따랐는데, 심
의 치수를 나타내는 숫자는 계측의 수단인 자연수가 아니라 5행적
시간관에 근거한 우주의 생성과 운행원리를 반영하여 만들어졌다.

---

185) 『국역조선왕조실록』, 영조 32년 2월 15일 계축.
186) 『국역조선왕조실록』, 정조 5년 3월 18일 신묘.

즉 낙서인 홍범9주의 5행상극원리가 함축되어 있다. 또한 노론계
의 홍범인식의 의리적 해석과 수신론적 입장이 심의제도에 반영되
어 있다. <표-9>는 17세기 이후 예학자들의 심의설에 기록된
치수(尺數)를 취사선택하여 각각의 예서에서 옮겨 적은 것이다. 임
란 이후 새로운 변화 속에서 다양한 성격의 예서가 출현하였는데
이들의 예설은 각각 내용이나 성격에 있어 차이가 있었다. 『주자
가례』를 거의 그대로 따르면서 『의례』를 강조하여 사례(四禮)를
강조하는 흐름과 『주자가례』의 틀은 따르면서 『예기』를 상대적으
로 강조하는 경향이 있었다. 이러한 경향을 지닌 17세기 초반의
대표적인 예학자로는 김장생·한백겸·정구를 지목할 수 있다. 『주
자가례』와 가까운 것은 김장생의 『가례집람』이다. 『주자가례』와 가
장 틀리는 것은 한백겸(韓百謙, 1552~1615)의 심의설이었다. 그
는 학문에 있어서도 이황이나 이이학파와는 다른 독자적인 면이
적지 않았다. 따라서 서로 다른 학파이면서 심의제도 해석의 차이
가 나타난 김장생과 한백겸의 심의설의 치수를 수록하였다. 18세
기 이후 노론계의 의리적 해석에 머물렀고 김창협·김창흡을 승계
한 노론 낙론계열의 이재(1680~1746) 심의설의 치수를 기록하였
다. 그의 심의치수는 김장생과 거의 같다.

　호서지역 서인인 김장생은 이이 중심의 주자학 연구에 전념하였
다. 이러한 그의 활동은 서인들의 사상적 정체성을 확보하는 데
중요한 역할을 하였다. 그는 스승인 이이보다 더욱 주희의 『가례』
를 존신하려는 입장에서 『가례집람(家禮輯覽)』[187] 8권, 『의례문해
(儀禮問解)』[188] 8권, 『상례비요(喪禮備要)』[189] 4권, 『전예문답(典

---

187) 이 책은 김장생이 52세 때 완성하고도 한평생 수정한 책으로 주희의 『가례』에 제가의 설
　　을 이끌어다 주석을 붙인 책이다.
188) 이 책은 문인과 친우들이 관혼상제의 예의 중에서 의심이 나는 문제를 질문한 것에 김장

禮問答)』2권 등 방대한 예서를 편찬했다. 특히『상례비요』는『가례』가 시대와 풍속의 차이로 현실에 행하기 어려운 것을 상황에 맞게 수정·보완하여 완성하였다. 이 책은 후세에 이르기까지 사대부들이 널리 준용하였다고 할 만큼 우리나라 예속에 큰 영향을 주었다.[190] 아래의 표는 김장생의『가례집람』과『상례비요』, 이재의『사례편람』에 수록된 심의제도의 치수를 정리한 것이다. 하도낙서의 음양5행 원리와 홍범9주 사상이 심의제도의 치수와 어떤 관계에 있는지 검토하기로 한다.

<표-9> 심의제도의 척수[191]

부위 / 자료		『家禮輯覽』 金長生	『久菴遺稿』 韓百謙	『喪禮備要』 申義慶	『四禮便覽』 李縡
衣	나비	2폭		2폭	2폭
	길이	2尺1寸		2尺2寸	2尺2寸
소 매	나비	2尺2寸	衣길이	2尺2寸	2尺2寸
	진동	2尺2寸	衣길이	2尺2寸	2尺2寸
	부리	1尺2寸	1尺2寸	1尺2寸	1尺2寸
	길이	제한 없음	2폭	1폭	제한 없음
* 깃	형태	직령	방령	직령	직령
	나비	2寸		2寸	2寸
	길이	(바탕포)			5尺8寸

생이 답변한 내용으로, 특히 상례의 變禮에 대한 문답이 가장 많이 두드러진다.

189) 원래 친우인 신의경(申義慶)이 편한 것으로『가례』의 상례편을 주로 하면서 고금의 예와 제가의 설을 참고하고 시속의 예를 덧붙여 실제로 사용하는 데 편리하도록 엮은 책이다.

190) "繼家禮以言禮者, 在我東惟喪禮備要爲最切, 今士大夫皆遵之."『四禮便覽跋』.

191) 정혜경,『深衣』, 경남대학교출판사, 1998, p.125.

부위 \ 자료			『家禮輯覽』 金長生	『久菴遺稿』 韓百謙	『喪禮備要』 申義慶	『四禮便覽』 李縡
*裳	쪽 수	앞左	3	3	3	3
		앞右	3	3	3	3
		뒤	6	6	6	6
		합	12	12	12	12
	쪽나비	위	6寸 (7寸3分)		6寸	6寸(8寸)
		아래	1尺2寸 (1尺4寸6分)		1尺2寸	1尺2寸 (1尺4寸)
	길이		4尺4寸			
	허리둘레		7尺2寸		7尺2寸	1丈4尺4寸
	단 둘 레		1丈4尺4寸		1丈4尺4寸	7尺2寸
*연	깃		1.5寸	2寸(둘레: 2尺4寸)	2寸	1.5寸
	소매부리		1.5寸	1.5寸	1.5寸	1.5寸
	衣·裳단		1.5寸	1.5寸	1.5寸	1.5寸
	위치		裳양옆	옷깃부위	裳의 양옆	
	형태		裳가의 내외폭合縫	衽: 양옷깃/구변: 좌우를 거는 것	속임: 合縫 구변: 覆縫	

*는 시접을 제한 치수

가. 의상도(衣裳圖)

심의는 반드시 저고리(衣部)와 치마(裳部)로 구성된 형태로 이루어지고 이것은 우주의 근본이 건곤(乾坤)에 있다는 고대 중국 철학의 천명관을 반영·상징한 것이다. 원래 건(乾)은 위에, 곤(坤)은 아래에 있어서 우주를 형성하는 것이며 심의에 있어 의(衣)는 건(陽·天)을, 상(裳)은 곤(陰·地)을 상징하는 것이라 의가 있으면 반드시 상이 있어야 한다. 그러므로 건이 곤을 통섭(統涉)할 수 있다는 것은 음양 우주관이 구성원리이므로 의가 상을 겸할 수도 있다고 보기도 하였다. 말하자면, 심의에 있어 의와 상을 따로 마름

질하여 봉합한 것은 건(乾)인 의(衣)가 곤(坤)인 상(裳)을 통섭할 수 있음을 나타내는 동시에 음양관의 바탕 위에 선 중국의 우주관을 함축하고 있는 것이다.

역수를 바탕으로 한 홍범9주도에 대한 이해방식에 따라 심의제도의 치수를 해석해 보기로 한다. 심의에 표현된 구성원리는 오행상극의 원리(水火金木土)로 되어 있다. 여기서 오행상극의 원리는 오행상생의 원리(水木火土金)와 조응하고 있다.

① 수(1 - 五行) → 화(2 - 五事) → 금(4 - 五紀)

의와 상의 통섭에서 의 2자2치는 합이 4로 4시(時 - 계절)를 뜻하고 4 - 오기를 말하며, 상의 길이 4자2치는 4 - 오기와 2 - 오사로, 합하면 6 - 삼덕이 된다. 의와 상이 통섭될 때 4 - 5 - 6으로 황극을 중심에 두고 마방진(魔方陣, 그림 - 8)을 이룬다. 이것은 오행 - 오사 - 오기의 관련성을 주장하여 5행을 신비적, 초월적 체(體)로 이해하는 신비론적 우주관의 해석으로 주희의 철학적·문화적 양식을 표현한 것이다. 또 오기와 오사의 조화가 삼덕으로 표현된다는 것은 수기 위주의 관념적 윤리관을 함축한 것이며, 서인 - 노론계는 삼덕을 군주가 지켜야 할 덕목으로 규정하였다.

의가 4폭인 것은 4시에서 취한 것이고, 상이 6폭을 12쪽으로 한 것은 12개월에서 취한 것이다. 의 1폭에 상 3쪽을 연결하는 것은 매 시가 3개월인 것을 상징한다. 4시와 12지를 본뜬 것은 5행에 상응한다. 4시와 12지는 모두 오기를 말한다. 여기서 오기는 하늘의 것으로 땅을 다스리는 오행을 통섭한다는 것으로 오행을 물질이 아니라 초사물로 상징한다. 의, 상을 연결하는 허리둘레가 7자2치인 것은 4시 12개월과 72후(侯)의 기(氣)를 상징한다.[192] 이것은 72 =

---

192) 宋翼弼, 『龜峰集』, 券之 7.

12×6에서 오기에 삼덕을 표현한 것으로 대각선으로 오기와 삼덕은 황극을 중심으로 마방진을 이룬다. 오행상극의 원리에서는 금(오기) → 토(황극) → 수(오행과 삼덕)의 순서로 되어 있다.

② 금(4 - 五紀) → 목(8庶徵) → 토(5皇極)

상(裳)의 쪽나비 위 8치, 아래 1자4치는 8 - 서징, 5 - 황극을 나타낸 것으로 오행상극의 원리에서 금(五紀) → 목(庶徵) → 토(皇極)의 순서를 나타낸다. 아랫단 둘레가 1장4자4치인 것은 144=24×6으로 오기가 삼덕과 상응·정합하여 군주의 덕에 의해 구현된다는 수기 중심의 관념적 윤리관, 즉 수기 중심의 이기심성론을 상징한다.

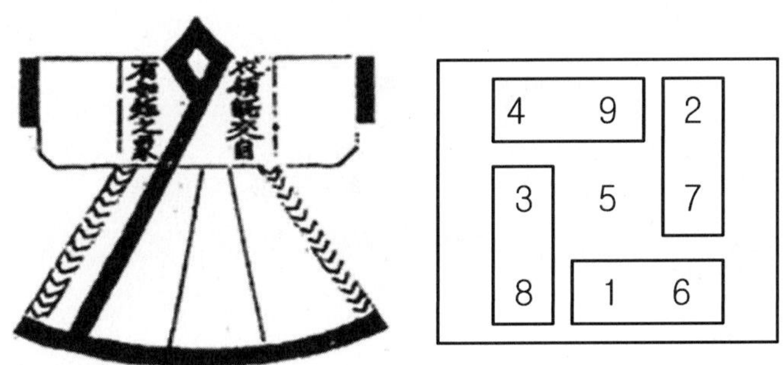

(그림 - 8) 魔方陣

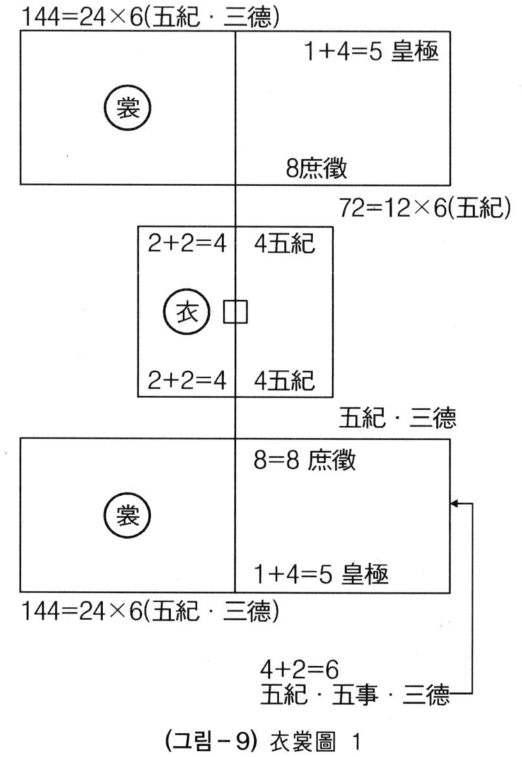

(그림-9) 衣裳圖 1

나. 소매

　“소매가 둥근 것은 둥글쇠 규(規)에 응한 것”인데, 이는 “거수읍양(擧手揖讓)하여 예모(禮貌)를 차리기” 위한 것이다.[193] 소매의 원은 천지체(天之體)이다. 소매는 2자2치, 합이(2+2=4) 4이므로 4-오기를 나타내고, 이는 하늘에서 주관하는 것으로 ‘천지체’라는 의미이다. 소매부리는 1자2치로 합이 3이므로 팔정을 뜻한다. 전체 길이는 3자4치이므로 7-계의를 말한다. 이는 팔정의 경제적 측면보다 계의의 군신의 의리 실현을 강조하였다. 소매부리의 연(緣, 선)은 1.5치로 합이 6이므로 삼덕을 의미한다. 또한 오행이 황극과 결합하여 오행이

193) “袂圓以應規……故規者, 行擧手以應容……”「深衣篇」『禮記』,,

124

군주에 임한다는 뜻을 갖고 있다. 그림으로 나타내면 다음과 같다.

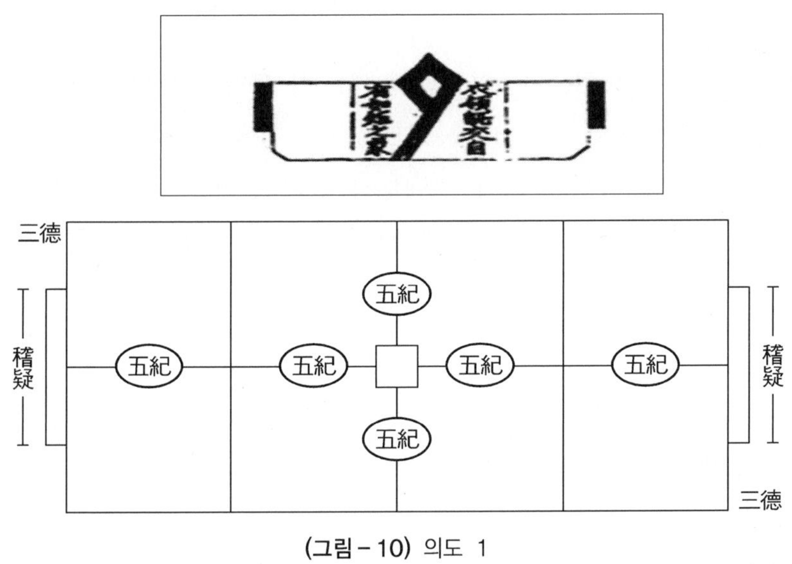

(그림-10) 의도 1

　이는 수(6-삼덕) → 화(7-계의) → 금(4-오기)의 오행상극의 순서이며, 깃을 중심으로 시계 반대 방향으로 진행된다.

다. 깃

　곡겁(曲裌)은 구(矩)와 같이 하여 모남에 응하게 하였는데, 이는 '의(義)'를 모나게 하라는 것이다. 이는 『주역』에 "곤괘의 육이(六二)는 그 움직임이 곧고 바르다."와 같다.194) 주희는 심의의 깃을 방령(方領)이라 명명하였으며, 두 깃을 서로 여며서 임(袵)이 겨드랑이 아래에 오게 되면 자연히 방(方)을 이룬다고 보았다. 양어깨를 3치씩 잘라 주는 것은 팔정을 의미한다. 깃의 형태 직(直) → 방

---

194) "曲裌如矩以應方,……方其義也, 故易曰: '坤六二之動, 直以方也'……." 윗글,

(六合)을 이루는 과정이 신비로운 형상을 갖고 있으며, 의(義)를 방
(方)으로 형상화한 것은 군신의 의리관계를 나타낸 것으로서 의리
명분론을 반영한다.

깃의 길이 5자8치는 5 - 황극과 8 - 서징을 뜻하고, 나비 2치는 2 -
오사로 5 - 8 - 2의 합이 15가 되므로 마방진을 이룬다. 또한 전체
나비는 4치로 오기, 황극과 소매부리 연의 삼덕으로 연결되어 금
토수로 오행상극의 순서이며 마방진을 이룬다. 깃은 형태상으로는
직 → 방을 표현하고, 깃은 마방진의 대각선인 오사 - 황극 - 서징을
뜻한다. 그림으로 나타내면 다음과 같다.

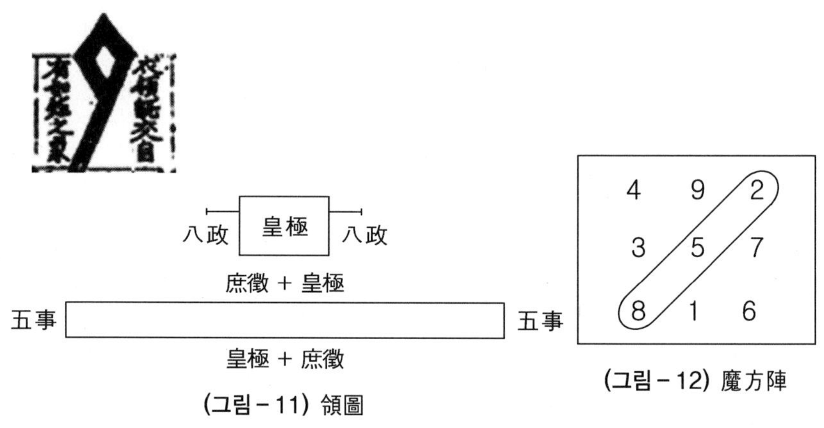

(그림 - 11) 領圖　　　(그림 - 12) 魔方陣

그러므로 오사 - 황극 - 서징은 직 → 방을 표현한 것이고, 깃 길
이인 5, 8은 황극이 팔주를 통섭해 나간다는 의미를 함축한 것이
다. 어깨의 양옆을 3치 자르면서 의도(衣圖)에서 수(6 - 삼덕) → 화
(7 - 계의) → 금(4 - 오기) → 목(3 - 팔정) → 토(5 - 황극)의 순서로 (그
림 - 13)에서 보듯이 오행상극의 원리를 함축하고 있다. (그림 - 10,
11)을 합쳐 그리면 다음과 같다.

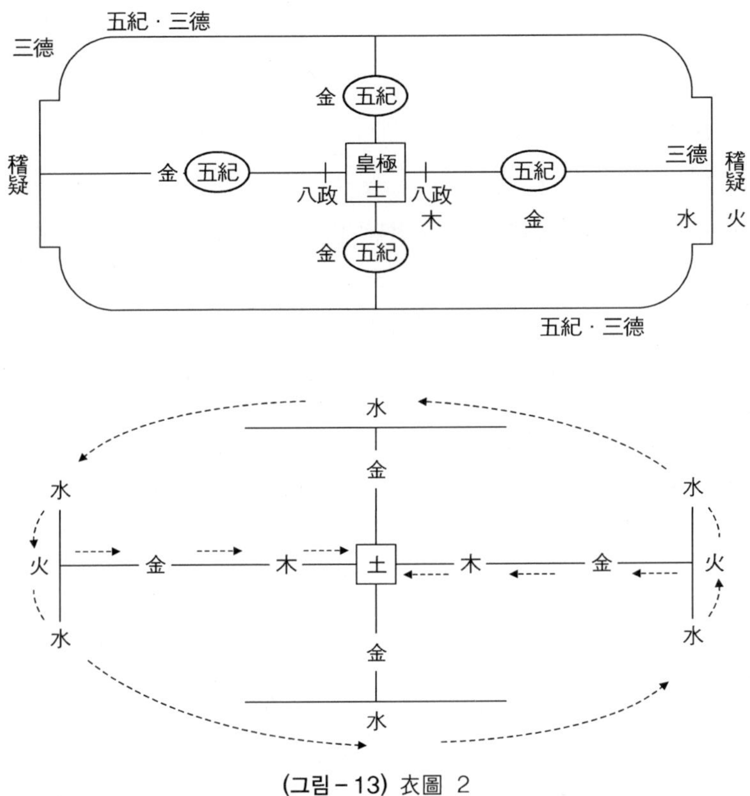

(그림-13) 衣圖 2

라. 치마

"부승(負繩)은 곧음(直)에 응하니" 이는 "정(政)을 곧게 하라"[195] 부승은 의(衣)의 4 - 오기, 상의 4자4치의 합이 8 - 서징으로 연결된 것이다. "아랫자락은 저울(權衡)과 같게 하여 평평함(平)에 응하게 하였는데, 이는 편안하게 하고 마음을 공평하게 하라."[196]는 뜻이다. 또한 옷의 가장자리에 두른 선(緣)도 그 색을 경우에 따라 달리하여 효도나 슬픔을 상징하였다. 이처럼 "오법인 규(規)·거 (距)·승(繩)·권(權)·형(衡)이 이미 베풀어져 있기에 성인도 이를

---

195) "負繩及踝以應直,……以直其政." 윗글,
196) "下齊如權衡者 以安志以平心也." 윗글,

입었으며, 선왕도 이를 귀히 여겼다.……그리하여 선의(善衣)에 다음 가는 옷이다."197)

치마의 아랫단 둘레는 9 - 오복육극을 내포한다. 이것은 낙서의 제일 큰 수인 9를 상징한다. 선은 1.5치로 1, 5는 황극과 오행을 뜻하며, 합인 6은 삼덕으로 구현된다는 의미를 함축하고 있다.

(그림 - 14)에서 보듯이 심의는 음양오행론을 반영한다. 오행상극의 원리에 따라 그 수를 정하고 마방진을 이루어 형태상으로 방(方)을 상징한다. 황극을 중심으로 배열하여 오행 - 오사 - 오기의 관련성을 강조하고 오행을 물질(실체)로 인정하지 않고 신비성·초월성을 부각시켜 상징의 형상으로 나타내었다. 따라서 심의는 직(直) → 방(方) → 원(圓)을 상징한 형상이다. 그림으로 나타내면 다음과 같다.

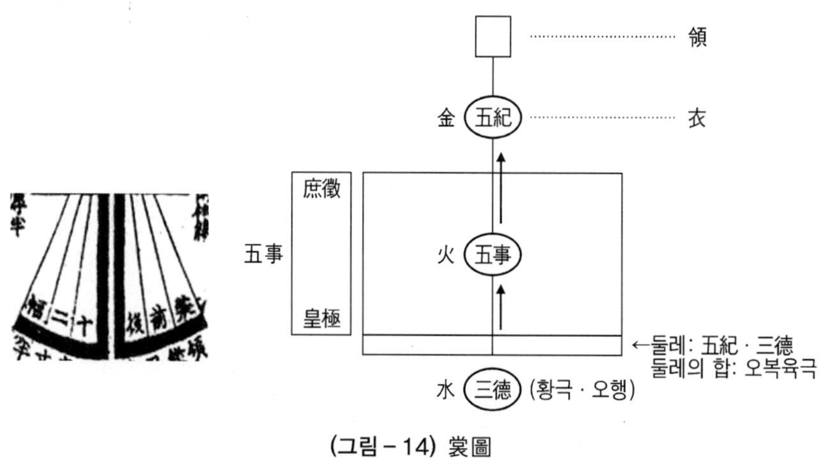

(그림 - 14) 裳圖

또한 선(緣)의 의미는 천제를 상징한다. 하지만 군신의 의리실현으로 군과 신의 대등성을 강조한다. 삼덕을 군주가 지켜야 할 덕목

197) "五法己施 故聖人服之.……故先王貴之……善衣之此也." 윗글.

으로 하여 군주의 수신을 강조한 것은 세도정치론의 입장에서 황극
을 해석한 것이다.

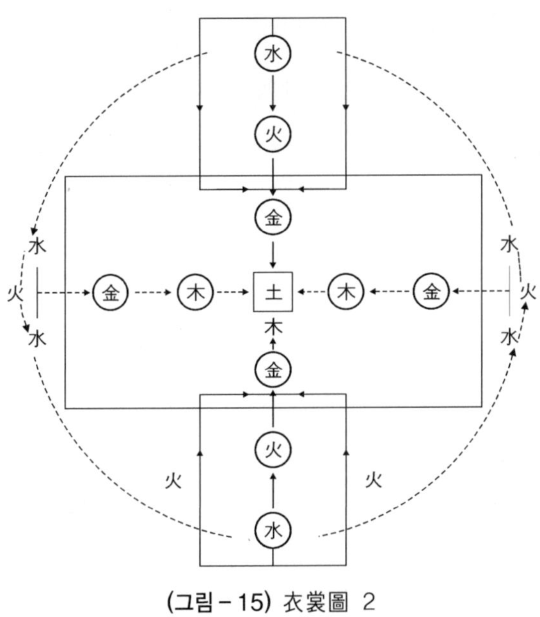

(그림-15) 衣裳圖 2

(4) '실리' 심의관

1) '실리' 심의론 제기

'실리' 심의론자들이 영·정조 시기에 정치제도개혁의 이론적 기
초로 삼은 것은 홍범9주이다. 이것은 하나의 경서로 이해했고 동
시에 홍범의 정신과 제도(井田)가 당시 조선의 국가경영의 지표로
인식되고 있었다.[198] 이처럼 홍범을 국가경영의 원리로 상정하여

198) 『箕子外記』序; 李書九, 『惕齊集』 권13, 「尙書講義」 4 洪範.

그 당시 홍범의 복구를 통해 탕평구현을 실현하려고 하였다. 이는 종래의 주자학적 수기 위주의 관념적인 정치관과는 다른 파당을 없애고 왕도정치를 실현하려는 정치제도관이다.

'실리' 심의론은 조선후기 기자의 홍범을 유교적 범주 속에서 이해하던 일반적인 경향[199]에서 새롭게 제기된 심의관의 새로운 변용이라 할 수 있다. 이러한 변화는 조선후기 지식인계에서 일고 있었던 기자정전(箕子井田)에 대한 관심과 연구에 의해 왕도정치와 홍범의 도(道)를 구현하고자 그 기반을 연구한다는 실천적 문제의식이 뒷받침되고 있었다.[200] '실리' 심의론자들은 3 - 팔정의 기본 요소가 정전제(丁田制)이며 정전의 복구가 홍범의 도를 실현하는 것으로 이해하고 있었다. 이것은 종래 기자를 명분·의리의 구현자, 조선 도학의 시조, 왕도정치의 실천자로서 이해해 오던 관념적 인식과는 달리 정전의 복구라는 경제적 '공평(公平)'을 통하여 인심과 풍속의 교화, 정제(正制)의 정비, 나아가 홍범지도(洪範之道)의 궁극적인 구현이 진정한 왕도정치라는 인식의 전환을 보여준다.[201]

기전(箕田) 연구의 대표자 가운데 한 사람이었던 한백겸(韓百謙, 1552~1615)은 기전에서 나타나는 전자(田字)형 토지 구획의 4구가 사상(四象)을 응용한 것이고, 이러한 전자형이 가로세로로 4개씩 모여 이루는 대단위 지목이 가로세로로 각각 8개의 구(區)로 되어 있는 것을 팔괘를 응용한 것으로 이해하였다.[202] 서명응(徐明膺)은 기전의 정자(井字)형 전(田)형이 홍범구주의 전체 배위와 상응하여

---

199) 李珥, 『箕子實紀』.

200) 『箕子外記』와 『箕井田』 序文 참조.

201) 김성윤, 『조선후기 탕평정치 연구』, 지식산업사, 1997, p. 40.

202) 韓百謙, 「箕田圖說」 이 논문은 『箕子外記』·『箕井田』·『箕子誌』(고종 16년 重刊本)에 각각 다른 제목으로 실려 있다.

정자의 네 끝이 사정(四正)을 가리킨다고 보았다.[203] 이는 이들이 기전을 홍범의 역리 속에서 이해했음을 보여준다. 전형에 상응하는 홍범의 원리는 그대로 한백겸의 심의론에 반영되었다. 한백겸은 심의에 대한 새로운 제도관의 성립 동기에 대해 이렇게 밝히고 있다.

심의의 제도는 『예기』 본편 및 옥조에 실려 있다. 명백하고 간단하여 본래 깨닫기 어려움이 없다. 그런데 주석가들이 의견을 왜곡시키고, 복잡하게 파고들어 마침내 경문의 본뜻을 흐리게 하였다. 대개 주자가 만년에 입었던 것은 『가례』와 같지 않았으니, 필시 정설이 있었을 것이나 지금 그 저작들에는 명확한 논증을 볼 수 없다. 겨우 제자인 薺・楊씨의 설이 있었는데 당시에도 상세하게 듣지 못했음을 한탄하고 있다.[204]

한백겸은 종래의 심의관에 대해 비판적이며 새로운 인식전환의 필요성을 시사하였다. 따라서 그의 심의제도론은 조선중기 『가례』를 기본으로 한 데서 벗어나 '속임구변(續袵鉤邊)'과 '곡겁(曲袷)'에 대해 새로운 설을 제기하여 전혀 새로운 형태의 방령대금형(方領對襟形) 심의를 보여준다. 이것은 기전연구가인 그가 당시 정전제의 복구를 통해 왕도정치를 실현하고자 했던 정치이념에서 비롯된 것으로 기전의 정(井)형, 전(田)형이 홍범9주의 전체 배위와 상응함을 심의의 구성원리에 차용한 것이다.

그의 새로운 심의제도관에 함축된 홍범의 구성원리와 기전의 내용을 검토하였다. 겁(袷)은 깃의 연(緣)이다. 옷깃 양편의 턱이 닿은 곳을 상복(喪服)의 활중(闊中)제도와 같이 목을 편하게 하고 2치의 검은 견으로 그 가장자리를 두르기 때문에 '곡겁(曲袷)'이라고 한다. 또 이때 만들어진 네모난 깃은 2개의 소매부리와 더불어

---

203) 『箕子外記』 上篇, 「箕子井田紀蹟碑」.

204) 韓百謙, 『久庵遺稿』, 「深衣設」.

경문(經文)의 3거(袪)를 이루며 네모난 깃의 둘레는 2자4치가 되어 소매부리 둘레와 같은 치수가 된다.

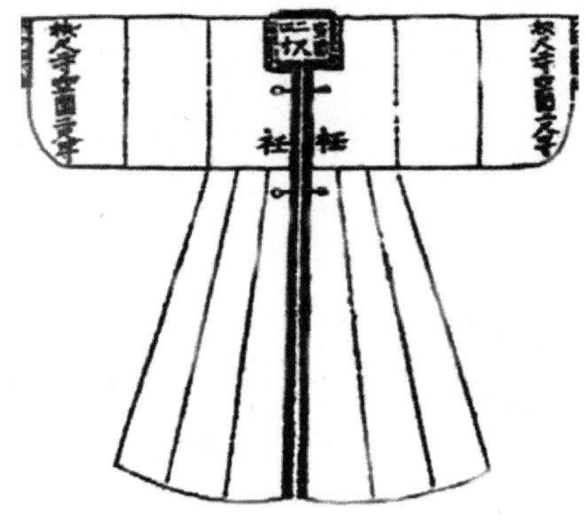

(그림-16) 『久庵遺稿』 深衣圖

활중(깃을 달아 몸을 편하게 하는 것)은 어깨 끝 가운데를 재단 하여 넣은 것으로 모두 8치로 정방(正方)을 만든다. 좌우에 각각 곡겹 2치가 있어 연결하여 꿰매면 만든 뒤에는 나비는 4치, 길이 는 6치가 된다.

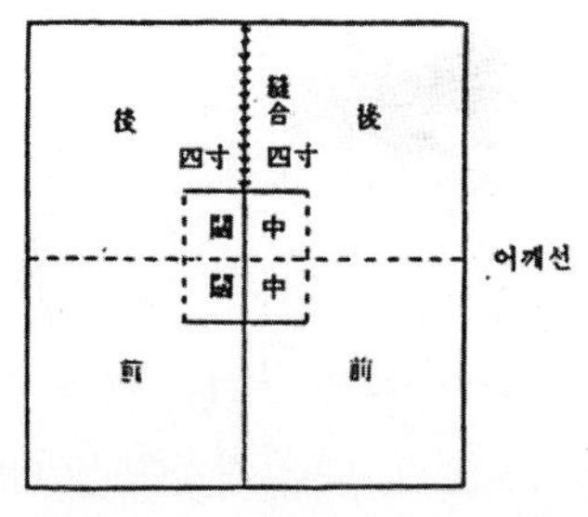

(그림-17) 闊中(哉 辟領四寸 位左右蓮圖)

(그림-18) 曲格

　‘곡겁’에서 깃 둘레가 2자4치라는 것은 활중의 넓이와 길이가 각각 8치임을 말하며 이것은 기전의 기본 구조인 64묘의 면적인 4개의 ‘구’와 십자모양의 1묘로 구성된 ‘전(田)’에서 1개의 구를 상징의 형상으로 나타낸 것이다. ‘전’은 가로·세로 각 4열씩 모두 16개 배치되고 각 전 사이에 3묘 넓이의 삼(三)묘로가 갖추어진 형태를 이루었다. 64개의 구의 기본 구조를 이루는 하나의 ‘구’는 고구려척(尺)을 기준으로 가로·세로 각 512자 크기의 정방형을 이루고 있으며 64구의 기본 구조 또한 정방형을 갖추고 있다. 말하자면 512척은 64×8이므로 64괘를 상징한 것으로 8치(木. 八定과 庶徵)를 방령(方領) 수치로 정한다. 깃 둘레가 2자4치인 것은 합이 6이므로 홍범구주의 6－삼덕(水)의 배위를 나타낸 것이고 깃 나비 2치는 2－오사(火)와 상응한다. 곡겁이 완성된 후 상하 4치는 4－오기(金), 좌우 6치는 6－삼덕(水)을 나타낸다. 결국 낙서와 홍범의 원리인 오행상극의 원리에 조응한다. 그림으로 나타내면 다음과 같다.

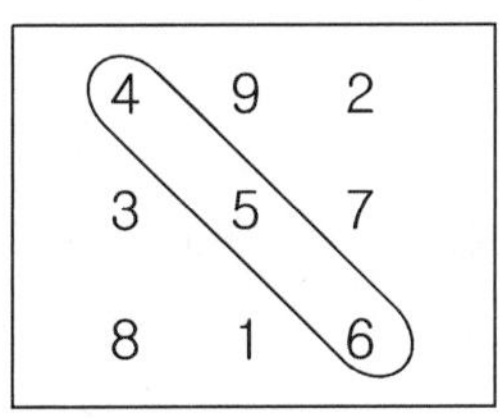

(그림－19) 魔方陣

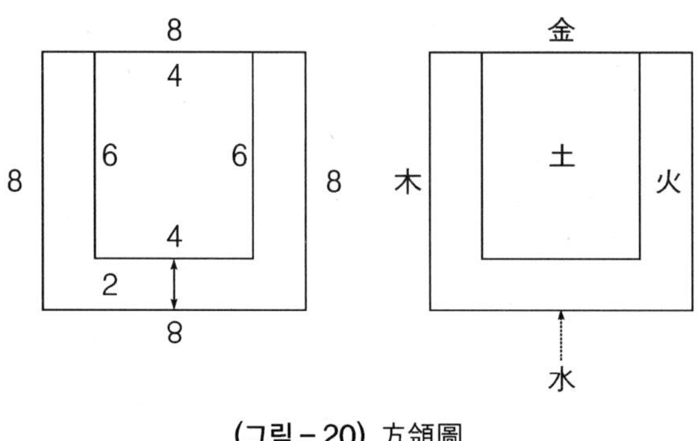

(그림-20) 方領圖

한백겸은 홍범의 정신과 오행론을 차용하여 그것을 총체적으로 조선후기 사회에 구현해 보려는 개혁의 근간이었고, 이러한 의도는 심의제도론에 그대로 반영되었다.

2) 북학파의 심의관

유교사회의 우주·자연관은 상수학에 의해 지배되었다 해도 과언이 아니다. 상수학적 우주·자연관은 국제질서 변화의 영향 아래 우주·자연에 대한 새로운 이해체계를 확립해 가고 있던 18세기에 이르러서도 크게 주목되고 있었다. 지원설(地圓說)은 물론, 지전설(地田說)까지도 제기함으로써 우주론의 선구자로 주목되었던 홍대용(洪大容, 1731~1783)에게서도 주자학적 이기론과 함께 상수학의 전통을 간직하고 있었다. 그는 서양의 '종동천(宗動天)'을 부정하고 '태극천(太極天)'을 상정하였으며, 천체의 생성과 소멸, 즉 우주의 개폐를 인정함으로써 원회운세설(元會運世說)의 기초를 닦았다. 그리하여 소확(邵確)의 역수가 역법에 완전히 부합하지 않는다고 하면서도 그 스스로 새로운 천문학 수치로 역수를 수정하되 원회운세설의 골격은 포기하지 않는 면모를 보였다.[205] 결국 홍대용은 상수학적인 의미의 규칙성에서 벗어남으로써 자연에 새롭게 접근하여 새로운 법칙성을 지향할 수 있었다.

북학파들은 호락(湖洛)논쟁, 인물성동이(人物性同異) 문제 등으로 문(文)의 폐단을 낳던 시대적 영향권 안에 있었다. 때문에 그들 자신이 당시 사상적·학문적 상황에 휘말리지 않으려는 몸짓이 다소 작용하여 실학의 경세적·개량적 측면을 중심에 두고 경학을 기피하는 현상을 나타냈다. 이러한 영향은 심의 논쟁에도 그대로 나타나 기존 상수학의 논리에서 벗어나 본래 심의가 담고 있는 물적·정신적 의미와 당시 심의의 착용형태, 재질의 문제점을 지적한다. 여기서 주목할 점은 실학자들이 『주자가례』의 경구 해석에 매몰되었던 종래 주자학에 대비되는 것이며, 새로운 연구방법으로 심의를 분석한 것이다. 따라서 우리는 종래 상수학의 틀에서 벗어나고자 했던 그들의 의도를 심의관을 통해 확인할 수 있다.

가. 홍대용의 심의관

홍대용은 「가례문의」에서 당시 심의제도의 문제점을 지적하였는데, 아래와 같다.

深衣制度를 전자에 내가 그 下語를 무어라고 말했는지 기억하지 못하겠으나 內敎에 이른바, '이미 上衣라면 아마 그런 모양의 것은 없을 것이다' 한 것은 진실로 至論이라 하겠다.……먼저 時服으로써 설명해 보자.
지금 時服은 두 겨드랑이 아래 소매가 上衣에 붙은 곳부터 그 전후 척수를 나눠 계산하면 겨드랑이 이전부터 두 옷깃(領)을 합하여 계산하니, 그 수가 마땅히 겨드랑이 이후에 곱한다. 그러므로 그 붙이는데 두 옷섶(襟)을 가리우면 그 넓이를 삼분하여 하나는 겨드랑이 뒤에, 하나는 오른

옷섶의 속이 있는데 두고, 하나는 왼 옷섶의 밖에 있는 데에 둔다. 그러므로 그 옷섶을 가린 뒤부터 계산하면 전후가 서로 반이 되어 소매가 上衣에 붙인 곳이 正히 어깨 아래에 있어 자연히 平均方正하니, 朱子의 이른바 '要緊'이란 것이 이에서 그 옳음을 알겠다. 그러면 심의의 제도는 이와 다름이 없는가? 겨드랑이 이전부터 두 옷깃을 합하여 계산하며 그 둘레가 뒤와 같고, 오직 그 전후가 서로 半이 됨으로 그 가린 옷섶 뒤로부터 계산하면 그 넓이를 삼분하여 하나는 앞에 있고, 둘은 뒤에 있고, 그 상의에 붙인 곳은 절로 두 젖의 아래에 있게 된다. 이를 平正이라고 할 수 있겠는가? 이를 시복과 다름이 없다고 할 수 있겠는가? 만일, 시속의 服에 습관 되어 그렇다고 하면 더 말할 것 없이 납득이 간다. 만일, 참말로 평정하여 시복과 다름이 없다고 한다면 납득할 수 없다. 어찌 생각하는가?[206]

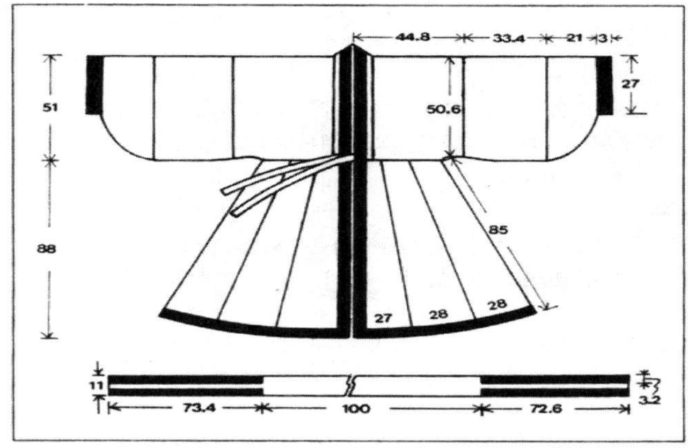

(그림-21) 洪鎭宗(1647~1702)의 심의유물(고려대학교 박물관 소장, 단위:㎝)

---

206) 홍대용, 『湛軒書』내집 1권「家禮問議」;『국역 담헌서』Ⅰ, pp. 61-2, 민족문화추진위원회.

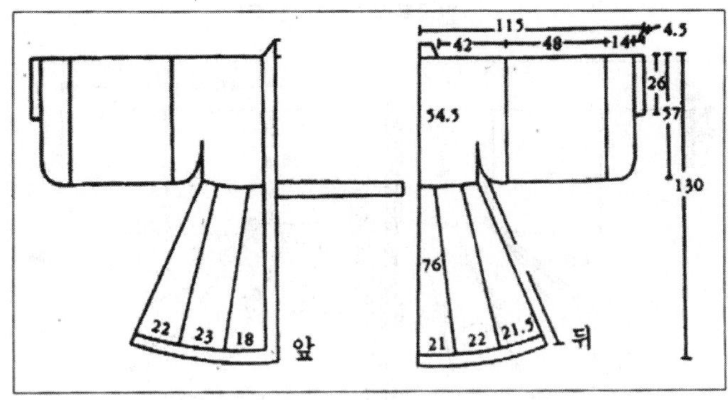

(그림 - 22) 洪義俊(1761~1842)의 심의(석주선기념 민속박물관 소장, 단위:cm)

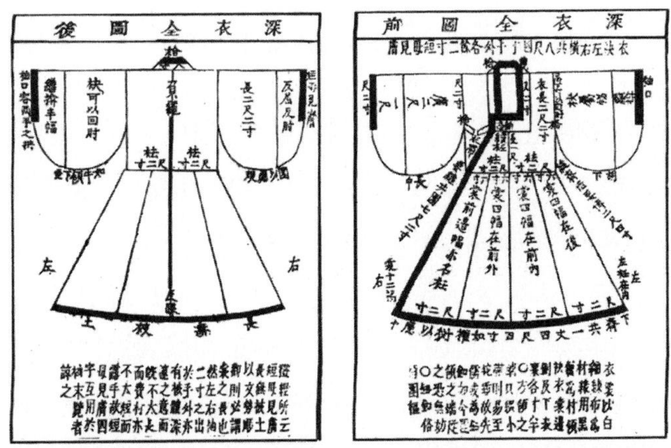

(그림 - 23) 許傳(1797~1886)의 심의제도, 『士儀』, 『士儀節要』

시복(時服)이란, 당시의 조복(朝服), 단령(團領), 도포(道袍), 철릭(天翼) 등을 말한다. 홍대용은 심의가 시복과 비교하여 평균방정(平均方正)하지 않다고 비판하였다. 시복은 한쪽 겨드랑이에서부터 시작하여 상의의 둘레 치수를 계산하고 그 치수를 삼등분하면 1/3은 뒷길에, 1/3은 오른쪽 섶 길에 두고 1/3은 왼쪽 섶의 길에 두어

두 옷깃을 합하면(交領) 앞과 뒤의 둘레가 서로 반이 되어 평정(平正)하다고 하였다. 그런데 당시 심의는 그 둘레를 삼등분하여 계산하면, 1/2은 뒷길에 있고, 1/4은 오른쪽 섶 길에 두고 1/4은 왼쪽 섶의 길에 두어 시복과 다르다고 하였다. 이것은 (그림 - 21)의 홍진종(洪鎭宗)의 직령심의에서 보듯이 뒷길에는 상의 6폭이 있고, 앞길의 좌우에 각각 상의 3폭이 의에 통섭된다. 즉 옷섶을 합하면(交領) 전체 허리둘레에서 뒤의 둘레가 절반을 차지하고, 앞은 각각 1/4 폭을 차지한다는 것이다. 이는 평정하지 않다. 이것은 그가 주자의 '요긴(要緊)'[207]이라는 용어를 사용하였듯이 몸의 중심에 맞지 않는다는 것이다. 또한 좌우 옷섶을 서로 내외라는 개념을 사용하여 옷은 안과 밖을 구별하여야 하고 이 구분이 있은 후에야 전후가 서로 같게 된다는 것이다. 그가 제시한 심의형태는 허전(許傳, 1797~1886)의 심의제도에 나타난다. 서인 - 노론계의 심의론에도 부분적인 변화를 보여 (그림 - 22)에서 보듯이 '파액(破額)'을 하기에 이른다.

또한 시복은 길과 소매를 구분하여 몸에 맞으나 심의는 진동이 길과 소매의 구분 없이 매우 넓어 신체에 맞지 않아 평정하지 않다고 하였다. 이러한 그의 의견은 서인 - 노론계인 홍진종과 기호남인인 허전의 심의를 비교해 보면 알 수 있다. 홍진종의 심의는 진동 둘레가 50.6cm인 데 반해 허전은 1자2치(약 27cm)로 되어 있다.

홍대용은 심의의 개량을 요구하였다. 그는 심의가 시복과 마찬가지로 평정하다는 종래 주자학자들의 주장을 비판하면서 그들이 '예(禮)'를 앞세우면서 문의 폐단에 빠져 경험적 현실을 외면하는 사상적·학문적 태도의 모순을 지적하였다.

---

207) 몸의 중심.

나. 박지원의 심의관

박지원(朴趾源, 1737～1805)은 홍대용과는 다른 각도에서 심의 논쟁의 문제점을 지적했다. 그는 「구외이문(口外異聞)」에서 심의의 재질에 대해 언급하였다.

> 우리나라에서 심의[208]를 반드시 삼베로 만들고, 무명으로 만들지 않는 것은 이는 그릇된 일이다.……어째서 대포(大布)라 부르냐 하면, 옛날 순수하게 흰옷에는 포백(布帛)의 무늬가 알맞는다 하였으니 무명은 모든 직물에서의 바탕인 동시에 오채(五彩)의 찬란한 빛을 꾸미기는 어려우나, 그 바탕이 검소하고 그 빛이 순수하여 무늬 아닌 무늬가 있으므로,
> "대포의 옷(『좌전(左傳)』에 나오는 구절)"이라는 말이 곧 이를 이름이었고, "완전하고도 아무런 허비가 없음이 선의(善意)[209]의 감이다" 하였으니, 완전하고도 허비가 없다는 말은 무명베를 이름이었고. 대포의 옷이란 심의(深衣)를 이름이다.……내가 입고 있는 면포겹옷을 중국사람들은 뒤적거려 보고는 올 짜인 것이 매우 정밀한 것을 진기하게 여겨, 감으로 사기를 요구하는 이가 많았다. 나는,
> "중국엔 어째서 가는 베가 없는가요." 하고 물었더니 그들은 모두 탄식하면서,
> "중국은 대체로 여러 가지의 비단을 입어서 대포로 옷을 지어 입기를 부끄러워하고 보니, 옛날 성인이 만든 원대하고도 경제적인 제도를 버려두고 연구도 않은 지가 오래랍니다. 그러므로 비록 포대나 전대를 만들 때는 베를 짜기는 하나, 굵고 거칠어서 이것으로는 선의의 감이 될 수 없답니다." 한다. 나는 "선의란 어떤 옷인지요." 하였더니 그는 "선의란 좋은 옷입니다. 천자로부터 서민에 이르기까지 다들 상상품 좋은 옷 한 벌씩은 가지고 있어 무늬로써 귀천을 표시합니다. 그러나 심의란 것은 귀천이 이나 남녀의 구별이 없고, 길흉의 구별도 없이 꼭 같은 복장입니다. 이를 대포로써 만드는 것은 그 검소함을 표시하는 것이니, 이것이 어찌 좋은 옷감이 아니겠습니까."
> 한다. 우리나라 유가(儒家)에서는 더욱이 심의를 중히 여겨, 이에 대해 그림을 그린다 설명을 한다 하여 서로 부산하게 다투기도 한다. 소매와 깃

---

208) 선비가 입는 웃옷. 흰 베로 만드는데 소매를 넓게 하고 검은 비단으로 가를 두름.
209) 화려한 옷, 正裝.

따위를 두고 내가 옳다거니 네가 그르다거니, 한 치 안 푼을 서로 고집하
고 있지마는 면포와 마포 중에서 무엇이 심의의 옷감인지도 모르니, 어찌
우스운 일이 아닐까 보냐.210)

박지원은 오랑캐라 여기는 청인들이 조선의 주자학자들보다 진
정한 심의의 의미를 안다고 탄식했다. 그는 심의는 본래 천자로부
터 서민에 이르기까지 모두 좋은 질의 옷을 입는다는 것이고, 다
만 귀천의 표시는 무늬로 한다는 것이다. 심의는 귀천·남녀·길
흉 등이 구별 없다. 이것은 검소하고 빛깔이 순수하며 완전하고
낭비가 없어 선의의 다음가는 옷이라는 것이다. 그의 심의관은 『예
기(禮記)』「좌전(左傳)」을 중심으로 형성하였다. 그는 심의소재로
무명이 합당한 이유를 무늬나 빛깔이 없어 검소하고, 질겨 세탁이
편리하며 부담 없이 입을 수 있기 때문에 베보다 재질 면에서 우
수하다는 견해다. 그는 대포(大布)의 옷이 심의이고 무명을 말한
것이라고 유추하였다.

그러나 그의 의도는 무명의 실용성만을 강조한 것이 아니다. 종
래 주자학자들이 심의를 중히 여긴다면서 치수를 고집하고, 겉·
겹 옷에 대해 논쟁을 벌이는 그들의 태도를 비판한 것이다. 박지
원은 그들의 태도가 오히려 옛 법을 어기는 것이므로, 그 진위를
제대로 이해해야 한다면서 심의의 의미를 명료히 드러내어 시대적
요구에 부합하는 것이 중요하다고 주장하였다. 예(禮)란 시대에 따
라 변하기 마련인데 기껏 그림의 해설이나 치수, 재질에 매어 현
실을 외면하는 그들의 허위의식을 박지원은 비판하였다.

다. 이덕무의 심의관

북학파인 이덕무도 같은 맥락에서 심의의 개량을 제안하였다. 「예

---

210) 朴趾源, 『熱河日記』, 제20권 「口外以問」; 『(신편국역) 열하일기』 Ⅳ 「口外以問－深
衣」, 민족문화추진회.

기억(禮記臆)」을 통해 그의 심의관을 검토할 수 있다.

> 매우 간편한 옷이다. 그러므로 상하가 같은 이름으로 사용하는 것을 혐
> 의치 않고, 길흉에 같은 제도를 사용하는 것을 혐의치 않으며, 남녀가 같
> 이 입는 것을 혐의치 않으니 그것은 치수에 구애치 않고 인체의 장단에
> 따를 뿐이기 때문이다. 지금 사람은 얽매어서 '넓고 길게 만듦으로' 그 넓
> 고 긴 것을 감당하지 못하여 거의 수족을 제대로 움직이지 못하는 형편이
> 다.……
> 　심의에 대한 설은 시대가 너무 오래된 것이라 상고할 수 없다. 우리나
> 라 한백겸[211]이 제정한 것은 이것과는 서로 반대된다. 한백겸의 설은 대
> 략 "임(袵)으로 옷 앞의 두 옷깃을 삼아 두 가닥을 아래로 드리워서 치마
> 와 연속시킨다. 그러므로 '속임'이라 한 것이다. 두 임(袵)은 서로 가리울
> 수 없는 것이니, 결뉴(結紐)를 써서 좌우를 교채로 걸어야 한다. 그러므로
> '구변'이라고 한 것이다." 하였다. 또, 심의에 "굽은 옷깃은 곡척(矩)과 같
> 아서 그로써 모진데 응한다."[曲袷如矩 以應方]……
> 　유형원(柳馨遠)도 역시 한백겸의 설을 취하였다.[212] 대저 한백겸이 제
> 정한 것은 비록 옛 적의 심의제도에 합한 것인지는 알 수 없으나 이것은
> 이것들로 하나의 옷이 되니 엄연히 입을 만한 것이다.[213]

이덕무(李德懋, 1741~1793)는 심의가 간편한 옷이라고 말한다. 그 이유는 소박·검소해서 등급규정이 없고, 남녀·길흉제도의 구별을 하지 않는다는 점을 들었다.

그는 한백겸의 심의설이 정현(鄭玄)과는 다르지만 시대가 너무 오래되어 그 진위를 알 수 없다 하고, 한백겸의 심의도 옷이 되니 입을 만하다고 하였다. 그는 한백겸의 심의가 홍대용이 지적한 대

---

211) 韓百謙: 조선조 선조 때 사람으로 易學에 밝아 선조 때 『周易傳義』 교정을 맡아보았고,
　　『東國地理志』를 저술하여 實學의 선구자적 역할을 하였다. 저서에는 『箕田考』와 『久菴
　　遺稿』가 있다.

212) 磻溪……취하였다. 유형원은 그의 『磻溪隨錄』 제25권 續篇上에서 "심의는 한씨의 설
　　에 의한다."(深衣衣韓氏說)는 제목 아래 그 全文을 인용하였다.

213) 李德懋, 『靑莊館全書』 제8권, 「禮記臆」 2; 『국역 청장관전서』 Ⅱ, pp.144-7 참조.

로 평정하지는 않지만 옛것을 고집한다는 이유로 당시 주자학자의 모습에서 벗어난 한백겸의 학문자세를 높이 평가했다.

이덕무는 허리띠가 배꼽에 위치해야 하는 이유를 '제일(齊一)'[214]의 의미로 해석하고 홍대용의 '요긴평정'과 같은 의미로 위의(威儀)를 말한다. 위의란, 마음속에 있는 계칙(戒飭)[215]이 밖으로 드러나 위의가 되는 것으로 계신(戒身)하고 수칙(修飭)하여 공부가 안에 쌓이면 밖에 나타난 용모에 자연 남이 복종할 만한 위엄과 본받을 만한 거동이 있게 되니 계칙은 뿌리요, 위의는 꽃이니, 계칙은 안에 있는 위의요, 위의는 곧 밖으로 나타난 계칙이라는 것이다.[216] 위의는 자세와 용모가 온당함을 말하는 것으로 이것은 선비의 지위와 역할에 관한 당시 실학자들의 고민과 관련이 있다. 즉 허리띠의 '제일'은 군자의 옷차림을 가리킨 것이다.

그가 「이목구심서(耳目口心書)」에서 「좌전(左傳)」의 註에 "제(齊)는 제(臍)와 같다." 하였는데, 이를 상고하면서 배꼽은 콩팥과 가지런히 위치하고 있으므로 배꼽 제(臍) 자에 가지런할 제(齊) 자가 붙은 것이다라고 하였다. 이어서 장부는 모두 5행을 타고 생겨서 각기 기관들이 5행을 갖추고 있다고 했다. 이러한 오장과 5행론의 의미는 군자의 위의와 결합하여 심의관으로 형성되었다. 여기에서 5행의 의미는 주자학자들의 5행신비설이 아니라 오행은 인체의 기관인 장부와 같이 물질적인 것이지 신비로운 것이 아니라는데 그 핵심이 있다. 그가 말하려는 오행의 물질적 의미는 이후 정약용의 오행재물설과 연장선상에 있게 된다.

---

214) 가지런하고 한결같음.

215) 경계하고 바르게 닦는 것.

216) 최한기, 『기측제의』, 「추측론」 제4권, 추동측정.

북학파의 실리적 심의관의 구조적 경계는 종래 주자학자들의 심의논쟁의 분화와 쟁점을 신랄하게 비판하고 새로운 구상적 모델을 제시하고자 시도했다는 점이다. 의리역(義理易), 신비역(神秘易)에서 벗어나 기존의 상수학의 도식을 버리고 심의제도의 개량을 시도하려는 그들의 의도를 짐작할 수 있다. 이러한 실리적 경향은 정약용의 심의설에 계승되었다.

(5) 정약용의 심의관

1) 정약용의 홍범9주론

기존의 홍범9주도는 우(禹)의 낙서(洛書)에 원형(圓形)으로 구주(九疇)를 배열한 것인데(그림 - 2), 다산은 정전형(井田形)으로 만들어 구주의 배치를 조정하고 기존의 홍범9주도를 해체시켜 재구성하였다.[217]

첫째, 종래 '류(類)'로 해석되던 구주의 주(疇)를 '전구(田區)'로 해석하고, 방형(方形)을 사용하되 원법을 사용하지 않고 구주를 정방형(井方形)으로 배치시켰다. 둘째, 하늘에 속한 것은 위에, 사람에 속한 것은 아래에 배치하고 중간에 군주와 관련된 요소를 배열하였다. 정약용의 홍범도에서 1 - 오행은 하늘이 준 재물이고 3 - 팔정은 그것을 사람에 활용한 것으로 재물의 측면에서 상하가 상응한다. 4 - 오기와 6 - 삼덕은 위로 천시(天時)를 본받고 아래로 사람을 부리는 관계를 갖는다. 7 - 계의와 9 - 복극은 길흉이 드러

---

217) 김문식, 『조선후기 경학사상 연구』, 일조각, 1996, pp. 225 - 6 참조. 다산의 홍범 연구는 『與猶堂全書』 제2집 「尙書古訓」 권4에 잘 나타나 있다.

나지 않았을 때는 하늘에 물어보고 화복이 이미 드러나면 아랫사람을 제어하는 군주의 처신에서 조응한다. 결국 상하 조응은 군주를 매개로 한 것이며 이는 음양관을 나타낸다. 또한 좌우로도 조응하고 있다. 2 - 오사와 8 - 서징에서 군주의 처신(事)이 그 징험(徵)을 드러내는 것으로 상통하고 있다. 1 - 오행과 7 - 계의도 하늘에 속하는 것이고 팔정과 복극도 인사(人事)에 관련된 것으로 원인 결과 혹은 체용(體用)의 관계로 되어 있다. 셋째, 이러한 조응관계는 황극을 중심으로 배열되었다. 구주의 존비순서도 군주에게 얼마나 긴요한가에 따라 정해졌다. 즉 5 - 황극이 제일 높고 다음이 임금에 가까운 4 - 오기와 6 - 삼덕이고, 그 다음이 2 - 오사와 8 - 서징이며, 그 다음이 3 - 팔정과 7 - 계의이고 마지막으로 1 - 오행과 9 - 복극이다. 여기서 황극의 수를 5로 보면 3·7보다는 1·9가 멀기 때문에 1·9를 최하위에 둔다. 이처럼 철저히 황극을 중심으로 구주의 배위(配位)를 결정한다.

七稽疑	四五紀	一五行
八庶徵	五皇極	二五事
九福極	六三德	三八政

(그림 - 24) 丁若鏞의 洪節九疇

정약용의 홍범이해의 특징은 신비역(神秘易)을 배격하여 음양설만을 수용하고 오행설을 부정한다. 오행을 만물의 근원으로 보고 "오행(五行)이 나머지 팔주(八疇)의 체(體)이고 팔주는 오행의 용(用)이다."라는 주장을 비판하여 오행은 인간이 이용하는 하나의 재물이라는 '오행재물설(五行材物設)'을 제기하고 굳이 오행의 용(用)을 찾는다면 팔정이라고 하였다. 또 오행을 하나의 원리로 이해하여 빛깔이나 인간의 오장(五臟)에까지 연관 지우는 것을 비판하고 "오행에 늘어놓은 것을 종합해 보면 모두 이용(利用)을 위주로 하였고 그 본생(本性)을 논한 것이 아니다."라며 '오행실용설(五行實用設)'을 주장한 것이다.[218] 이는 그가 역학에서 음양설만 수용하고 오행설을 부정한 것[219]과 일치한다. 그는 오행의 신비적 해석을 비판한 것이다.

또한 홍범9주도에서 5 - 황극을 중심으로 두 수의 합이 지수(地數)의 종수(終數)인 '10'을 나타냄으로써 모든 주가 군주의 권력에 집중되어 있다. 여기서 주목할 점은 원(圓, 그림 - 7)을 제거하고 방(方, 그림 - 24)으로 구상함으로써, 군주의 권한이 실질적으로 강화되도록 표현한 것이다. 기존의 팔정은 직관을 담당한 신하들의 일로 보는 설이 유력했으나 정약용은 이를 부정하고, 군주의 재정에 관한 일로 이해한 것이다. 황극과 오복육극에서 기존에는 군주가 수신적인 모범이 되어야 한다는 측면이 강조되었으나 정약용은 군주를 모든 권한이 수중에 장악된 존재로 이해하였다.[220] 종래 군주가 지켜야 할 덕목으로 강조되어 오던 삼덕도 군주의 덕이 아니라 신하의 덕이라 본 것이다.[221] 그러므로 그의 심의관은 앞 세대의 홍범9주의 전통을 이

---

218) "總之五行所列 皆主利用 故不論其本性." 「尙書古訓」, pp. 30 - 3.

219) 이을호, 앞의 책, pp. 337 - 8.

220) 위의 책, p. 35 - 6

221) "鏞案 三德者 臣德也 肅又哲謀 聖君德也此臣德也." 위의 책, p. 39.

어받되 그 도수학적인 경향에서 연유하는 신비적 측면을 제거하고 황극의 주도성을 부각하여 권력의 실질적 측면을 강조한 것이다. 그가 노론계의 홍범구주론을 비판하고 초기 실리론자의 개혁적 시각을 받아들인 것은 그가 살았던 시대가 사단칠정론·호락논쟁 등 치열한 논쟁이 어느 정도 정리된 뒤의 시기였기 때문일 것이다.

2) 홍범9주의 재구성적 해체에 따른 심의관

정약용은 경학 연구에 몰두한다. 『예기(禮記)』「심의(深衣)」,「옥조(玉操)」편에서 심의는 몸을 깊숙하게 가려서 보이지 않게 하는 의복이라고 하였다. 별도의 포(布)를 써서 양 옷깃에 이어 임(衽)을 만드는 것이 속임이라고 주장하였다.[222] 이러한 주장은 홍대용이 심의와 시복의 제도를 비교하면서 좌우가 겹친 시복의 온당함을 지적하였던 것과 같으며 이후 박규수나 노상익의 심의제도에서도 그대로 적용되어 나타난다.

그는 원래 옛 의상제도에서 바뀌지 않은 것이 있는데, 치마에는 앞 3폭과 뒤 4폭이 본래의 제도라고 설명한다. 심의의 치마가 12폭이지만 옛 치마의 제도를 그대로 사용하여 앞의 좌우에 3폭씩 두고 양옆에 1폭씩 두어 옛것을 그대로 계승하여야 한다고 하였다. 또 양옆을 1폭씩 두고 주름을 잡는 것이 구변(鉤邊)을 해석하는 중요한 단서로 보았다.[223] 즉 전통적인 방식에 의해 심의제도를 해석하고 상(裳)이 의(衣)에 통섭된다는 음양관을 그대로 수용하고 있다.

---

222) 손남숙, 「다산의 염습의 제도에 관한 연구」, 세종대 박사학위논문, 1999, p.130.
223) 윗글, pp.135−6 참조.

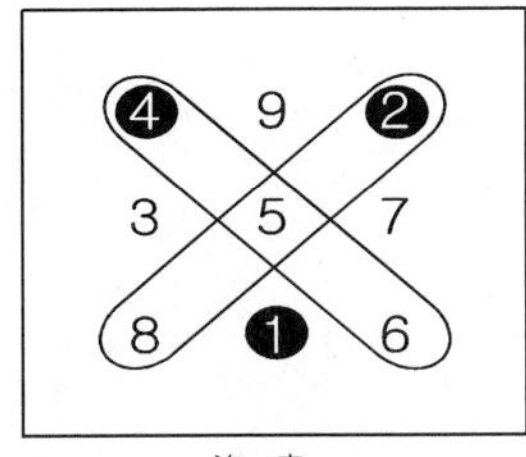
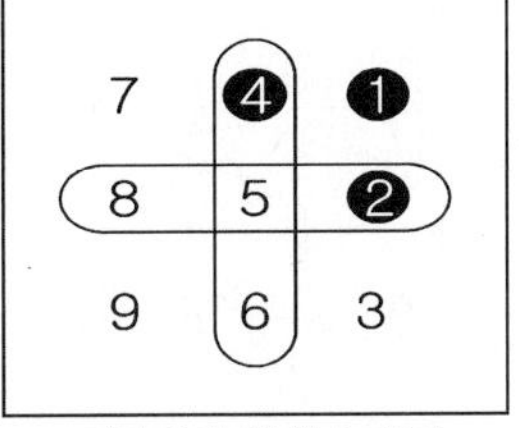

(그림 - 25) 정약용의 오행설 부정

    그는 1(水) - 2(火) - 4(金)의 관련설을 부정하여 5(土)를 중심으로
새롭게 해체시켜 재구성하였다. 홍범구주도(그림 - 2)에서 측면에
놓였던 2 - 5 - 8, 4 - 5 - 6을 시계방향으로 45도 회전시켜 놓으면
서 오행 신비를 제거하였다.(그림 - 25) 결국 정약용은 의리론자들
이 고대 역사상을 신비역으로 풀이하면서 오행설을 심의의 치수로
나타내었던 그들의 방법론을 비판한 것이다. 이는 심의제도에 일정
한 치수가 있는 것이 아니라 인체에 따라 다르다[224]고 주장하기에
이른다.

    정약용은 형태상으로 직(直) → 방(方) → 원(圓)에서 의리론자들의
원의 개념을 해체시키고 직 → 방으로 인식전환을 시도하였다. 그
의 홍범구주도를 보면 7 - 5 - 3, 1 - 5 - 9의 대각선의 합이 15를
이루어 방을 이룬다. 결국 낙서에서 대각선의 합이 15일 때 방을
이룬다는 전통적인 방식을 그대로 가져오고 여기에 의리론자들이
오행상극의 원리로 표현한 원법(圓法)을 제거한다. <그림 - 26>에
서 다산의 의도를 확인할 수 있다.

---

224) 순남숙이 연구한 다산 심의설의 해석을 참조하였다. 순남숙은 다산이 제시한 방법은 먼저
     심의를 입을 사람의 허리둘레의 길이를 8등분한 다음 그 가운데 7등분은 앞의 3폭과 뒤
     의 4폭으로 배당하고 나머지 1등분은 양옆의 鉤邊의 2폭으로 배당하는 법이라고 하였다.

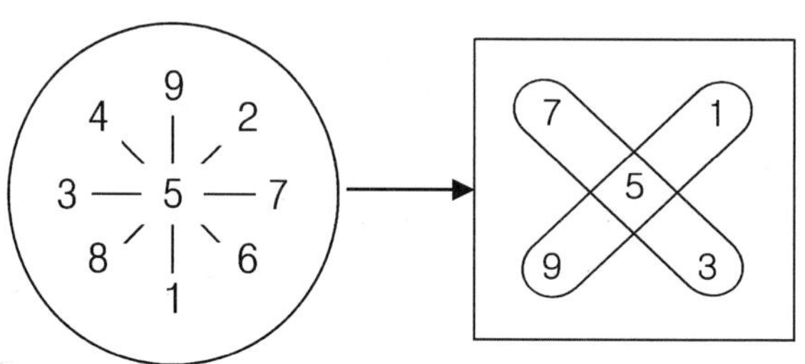

(그림 - 26) 정약용의 圓에서 方으로의 인식전환

심의에서 황극(土)은 의리 심의론에서 지적했듯이 깃에서 표현된다. 16세기 실리 심의론자인 한백겸이 기자 정전제의 구현을 방령(方領)에 담아내었듯이, 정약용 또한 실리적인 경향을 나타낸다. 그는 우리나라의 풍속이 옷깃 위에 별도의 모난 깃을 꿰매었는데 곡겁(曲袷)의 제도는 이 같은 것에 지나지 않다[225]고 하였다. 즉 옷깃 위에 별도로 모난 것을 꿰매어 이것을 방령이라 하고, 그 나비가 2치 이므로 치수인 2-5-8의 합이 15인 방을 이룬다는 것이다. 정약용은 형태상 직령으로 한백겸과 다르나 그들이 살고 있던 시대에서 보면 당시 의리론자들과는 달리 실리적인 경향을 나타내고 있음을 우리는 짐작할 수 있다.

따라서 정약용은 초기 실리 심의론자들과 북학파의 개혁적 의지, 개량적 시도를 계승하여 자신의 심의제도관에 그대로 담아내었으며, 전통적인 방식을 토대로 하여 도래하는 새 시대의 구상을 위해 자신의 새로운 구체상을 확립해 나가고자 하였다.

---

225) 순남숙, 앞의 책, p.142.

IV — 북학파와 조선 후기 복식관

1. 실학적 복식관의 구조

어떤 성격의 문화를 형성하느냐는 복식을 어떻게 이해하고 어떤 경향을 지향하는가를 결정하는 중요한 문제이다. 실학자들의 저서를 통해 그들의 사상이 실학적 학문관을 바탕으로 형성되었으며, 그들의 학문과 사상을 포괄하는 성격이 실학적 복식관을 결정하는 요소로 작용하였음을 알 수 있다. 그들은 분명 실학과 복식관을 포괄하는 성격을 가지고 있음에 틀림없다. 다만 문제가 되는 것은 그들이 말하는 실학적 복식관이 어떤 내용과 의미를 가지고 있는가 하는 것이다. 이 문제는 그들의 '실학적 복식관'의 구조를 밝히고 당시 노론계 일반의 전통 주자학자들의 경우와 대비시키면서 해결될 수 있을 것이다.

실학자들의 복식관은 당시의 풍속에 대한 비판적 시각에서 형성된 것이다. 따라서 그들의 실학론에는 복식에 대한 변별 의식과 지향성이 강하게 담겨 있는 편이다. 우리는 우선, 다음의 글에서 그들의 문화적 지향을 확인해 볼 필요가 있다.

> 正心, 誠意는 실로 學과 行의 體이다. 開物成務는 學과 行의 用이 아니겠는가? 損讓升降은 실로 開物成務의 急務이니, 律曆, 算數, 錢穀, 甲兵은 어찌 開物成務의 大端이 아니겠는가? 지금 당신은 律曆, 算數, 錢穀, 甲兵을 小道라 하니 그럴듯하지만 홀로 그것을 자임하지 않고 가르침을 베풀되 損讓, 升降의 주석이 주석에 머문다. 나는 당신의 與奪과 扶抑이 中正하여 편벽됨이 없는 줄을 잘 모르겠다……226)

---

226) 『담헌서』 「與人書二首」. p. 252.

　이것은 홍대용이 직제(直齊) 김종후(金鍾厚, ?~1780)와의 논쟁에서 한 말이다. 『가례집고(家禮集考)』라는 예서를 편찬한 바 있는 김종후가 홍대용의 학문경향에 대해 비판하자 홍대용이 반박하는 대목이다. 여기에서 예 위주의 사고방식에 젖어 있는 김종후와 홍대용의 분명한 입장 차이를 확인할 수 있다. 그는 정심(正心), 성의(誠意)와 개물성무(開物成務)를 학문 및 실천의 체와 용으로 분류하고 다시 손양(遜讓), 승강(升降)과 율력(律曆), 산수(算數), 전곡(錢穀), 갑병(甲兵)을 개물성무의 급무와 대단(大端)으로 분류한다. 여기에서 정심, 성의는 유자의 내면적 수양을 의미하고 개물성무는 사회적 실천(적용)을 의미하며 손양, 승강이 사회적 구현 가운데 도덕규범(例: 人事)의 영역이라면 율력, 산수 등은 사회적 실천의 물사(物事) 영역이다. 그는 내면적 수양(修己)이 학문과 실천의 기본이고, 사회적 실천은 그 응용이라고 생각하였으며, 도덕규범의 사회적 실천이 사회의 시급한 과제인 반면 물사의 영역은 사회적 실천의 중요한 부분(大端)을 이룬다고 생각하였다.

　이러한 학문, 사상을 바탕으로 상대방의 예학 혹은 예 위주의 사고방식을 비판하였다. 그런데 여기에서 주목할 점은 사회적 실천은 용(用, 응용)으로, 응용(用)은 윤리와 물사의 영역으로 구분되어 실현된다. 그리고 수기(내면적 수양)는 윤리의 기본이 된다. 이에 따라 우리는 그의 실학적 복식관의 구조를 유추하여 도식화할 수 있다.

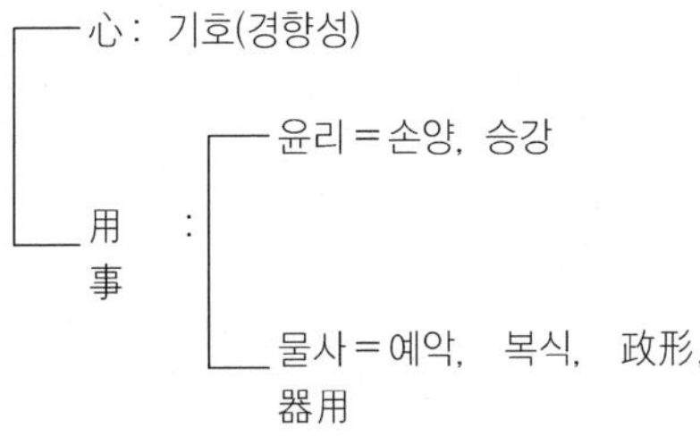

(그림-27) 실학적 복식관의 구조

이 장에서는 (그림-27)의 각 항목을 검토함으로써 실학적 복식관의 구체적 내용과 성격에 접근할 것이다. 먼저 심(心)이라는 내용을 살펴본다. 주희는 이(理)는 형이상이므로 현실적으로 존립이 가능하지 않고, 관념적으로 실재성(本體)을 인정한다. 이의 우위와 선재성을 확보하지 않고서는 윤리적 세계의 모형을 확보할 수 없었다. 이에 대해 정약용은 이는 능동적 주체가 아니라 피동적 객체이므로 인간사회의 현실을 해결하고 대체하는 데 무력하기 때문에 이를 보편적 중심에서 형이하의 차원으로 끌어내렸다. 결국 정약용은 주희가 본 자연세계에서 일어나는 규칙성과 통일성으로 인간사회를 설명할 수 없다는 논리에서 이를 해체시키고 체를 심으로 설정한 것이다. 당시 노론계가 수기 중심의 이기심성론에 빠져 있을 때, 실학자들은 이를 비판하고 인간사회의 실천적 영역에 주요 관심을 표명했다.

주희는 선악의 기준을 기질성의 순도 차이며, 이에 대한 확인은 이(理)를 객관화하는 어떠한 양식(예악, 성현)을 설정해 놓고 악을 제거해 나가는 것이라고 하였다. 그는 내면적 수양 정도에 따라 예의 기준과 성현에 가까워진다고 하였다. 즉 보편주의적 예의 관념을 주장했다. 반면에 정약용은 내면적 수양에 의해 악이 사라지는 것이 아니라 인간의 생물학적, 인간적 상황의 욕구에서 비롯된다는 것으로 보았다. 이는 분별주의적 예의 관념으로 볼 수 있다. 그래서 인간성의 본질을 사단으로 본다. 바로 이런 의미에서 홍대용의 심과 같은 개념이다.

다음으로 사(事)를 윤리의 영역과 물사의 영역(제도론)으로 나누어 살펴본다. 실학자들은 모든 유학자가 그렇듯이 도덕규범을 중시하였다. 연행 도중 중국인과의 대화에서 '의리지학(義理之學)'을 학문의 근본으로 언급하였다. 이것은 주자학의 윤리관념이라 할 수 있다. 그런데 실학자들은 도덕규범의 문제와 관련하여 매우 주목할 만한 견해를 가지고 있었다. 도덕규범은 시속(時俗)을 따르면 그만일 뿐 굳이 옛날의 궤적에 연연해 할 필요는 없다는 것이다. 홍대용은 맹자도 시속과 편리에 따라 체를 행했고, 주공의 제도나 주희의 예도 자기 시대의 풍속에 따른 것이라고 하였다. 심지어는 당시까지도 붕당 사이에 예민한 문제로 남아 있던 기해예송(己亥禮訟)과 관련해서도 어느 시제(時制)를 따르는 문제는 국가의 흥망이나 현(賢), 사(邪)와는 아무 상관이 없는 것이라 단언했다.[227] 이러한 언급 속에서 윤리의 시대적 상대성이라는 관념이 깊이 각인되어 있었다. 따라서 당시의 예학은 복고주의 성향을 나타내고 있었기 때문에 실학의 철학적·문화적 구도 속에서 그다지 중요한 위치를 차지하지 못했다. 다음의 글에서 이러한 경향을 확인할 수 있다.

> 시대를 따르고 풍속에 순응함은 성인의 방편이요, 다스림의 기술이다. 대저 가장 화락하게 잘 지내는 것은 성인이 원하지 않는 것이 아니건만 시대가 바뀌고 풍속이 변해져서 법이 행해지지 않는데, 만약 거스려 막는다면 그 혼란이 더욱 심해지게 된다. 이렇게 되면 성인의 힘으로도 어쩔 수 없는

---

227) 윗글.

것이다. 까닭에 이르기를 '지금 세상에 살면서 옛 道를 회복시키려고 하면 재앙이 반드시 자신에게 미친다'고 하였다. 정욕에 대한 느낌을 이미 금할 수 없게 되자, 혼인하는 예절로 부부로 짝지었으니 그 음탕함만 금했을 뿐이요, 좋은 집에 거처함을 금할 수 없게 되자 초가집을 짓되 갈고 깎지 못하게 하였으니 그 화려함만 금했을 뿐이며, 고기 먹는 습관을 이미 금할 수 없게 되자, 낚시만 하고 그물질을 못하도록 산과 못을 금하였으니 함부로 잡는 것만 금했을 뿐이요, 좋은 옷 입는 것을 이미 금할 수 없게 되자 노소와 상하의 제도를 부려하였으니 그 사치함만 금했을 뿐이었다. 그러므로 예악과 제도로서 성인이 인도해 주고 보충도 해주어 한 시대를 제어하는 방편으로 하였는데, 그것은 정욕의 뿌리가 뽑히지 않고 이욕의 근원이 막히지 아니하면 마치 방전처럼 끝내는 무너지리라는 것을 성인이 이미 알았기 때문이다.[228]

다음으로 물사의 영역을 살펴보기로 한다.

가) 내 생각에 『易』은 時宜를 귀하게 여긴다. 성인은 周나라를 따르겠다고 했지만 고금의 마땅한 바가 서로 다르고 三王의 體도 같지 않다. 오늘날에 살면서 옛 道를 돌이키려 한다면, 또한 어렵지 않겠는가! 평생을 다하고 세대를 바꿔가면서 자세히 쪼개고 나누되 실로 몸과 마음의 치란이나 집안과 나라의 흥망에는 아무런 관계도 없고 논란을 불러일으킨다는 지적이나 받기에 족하다면 律曆, 算數, 錢穀, 甲兵이 쓰임에 적당하고 세상에 필요하여 잘 익은 돌피의 구실이나마 하는 것만 못하다.[229]

나) 지금 우리나라는 度數가 모두 엉망이어서 尺度, 量衡이 집집마다 다르고 저자마다 틀린다. 그래서 財貨는 귀한 것과 천한 것이 정당한 값을 잃게 되고, 衣食은 화려한 것과 검소한 것이 일정한 제도를 어기게 되며, 심지어는 藥劑가 고르지 못하여 사람이 기신이 쇠약해지게 되고 卜駄(馬 등에 싣는 짐)가 고르지 못하여 말(馬)의 힘이 다하게 된다. 아, 이것이 어찌 檢察하지 않아도 될 수 있는 작은 일이겠는가? 日本은 도수에 밝으니, 「周官」이 정신이 오히려 남아 있는 것이다.[230]

---

228) 『담헌서』 내집 3권 「보유」; 『국역 담헌서』 Ⅰ, pp. 486 - 7.
229) 「여인서이수」, p. 245.
230) 『청장관전서』 Ⅱ 제7권 예기억, 솔 출판사역, p. 107.

가)에서 윤리로서의 예란, 언제나 시대에 따라 변하기 마련인데 그럼에도 불구하고 예학은 기껏 옛 규범이나 캐내어 분석하고 현실에 되살리려 시도할 뿐이라고 지적한다. 이러한 지적은 심의논쟁에도 잘 나타나 있다. 예에 대한 논쟁은 아무런 보탬이 되지 않고 분란만 일으키는 것일 뿐이라는 것이다. 이런 예에 비하면 율력, 산수에 대한 탐구가 오히려 현실에 매우 유용하다는 것이다.

나)에서 지금 도량형이 통일되지 않아 의식은 일정한 제도를 어기고 있다고 지적하면서 그는 이용후생에 도움이 되지 않는 시대적 상황을 비판하였다. 이들은 실사를 중시하는 입장에서 도덕규범을 포함하여 당시 제도론에 대한 그들의 견해를 밝힌 것이다. 19세기 실학자 박규수가 심의제도의 치수를 5행에 상관없이 고대 역사상에 근거하여 계산, 풀이한 것[231]은 실사를 중시하는 태도에 중점을 둔 것이다. 더 나아가 물사의 영역이 중시되는 것이야말로 당시 주자학자들과 실학자들의 복식관을 구별하는 중요한 점이다.

당시 주자학자들은 도덕규범과 물사의 영역 구분이 전혀 이루어지지 않고, 또 내면적 수양과 도덕규범의 실천을 구분하지 않는 것으로 나타났다. 결국 이러한 시각은 사회적 실천을 윤리실천 위주로 파악하고 물사를 윤리에 종속시킴으로써 권위주의적 윤리의식—도덕 중심적 사고방식—과 연관된다. 즉 모든 제도는 윤리에 종속되어 있다. 그러나 실학적 복식관은 윤리와 복식을 분명히 구별하고 특히 물사의 영역을 중시함으로써 주자학자와 시각적 차이를 드러낸다. 즉 실학자들은 복식제도를 윤리에서 분리시킨다. 종래 주자학자와 실학자의 윤리와 복식관계 비교를 정리하면 다음과 같다.

---

231) 朴珪壽, 『居家卒服考』.

〈표 - 10〉 윤리와 복식관계 비교

성리학	실학
윤리에 물사의 영역 종속 | 윤리에 복식제도 종속 | 보편주의적 예관념 | 권위주의적 윤리의식	윤리와 물사의 영역 구분 | 윤리와 복식제도 구별 | 분별론적 예관념 | 인본주의적 윤리의식

2. 윤리 변화와 복식관

물사(物事)의 영역을 중시하고 윤리와 물사를 구별하여 윤리와 복식제도를 구분 인식한 것은 실학적 복식관에 나타난 중요한 특징이다. 당시로서는 이단이었던 그들의 사상은 <표 10>에서 보듯이 종래의 주자학자의 복식관과 구별된다. 앞에서 다룬 주자학과 탈주자학적 성격의 대비는 복식관의 대비로 설정된다. 따라서 북학파의 복식현실의 비판내용을 분석하는 것은 사상적·학문적 대비와 같은 맥락이다.

북학파가 물사의 영역을 중요하게 인식한 것은 당시 실학자들의 생각이며 이러한 시각은 복식에도 적용된다. 복식은 사회와 문화를 반영한 제1형태로서 세계관을 반영하고 그 형태는 상징의 형상으로 나타난다. 따라서 복식관은 실학자들이 경험적 현실을 대상으로 한 복식인식과 실천의 방법론이다.

(1) 지원설과 인물무분론

이 단원은 실학자들이 기존의 윤리관념의 절대성을 부정하고 윤리기준을 상대적으로 파악함으로써 실학적 복식관을 형성하였다는 생각에서 출발한다. 실학자들의 윤리관념은 우주·자연관의 구성원리와 구성요소에 의해 전통적 윤리와 차이를 노정한다. 따라서 이러한 차이는 당시 조선 유학사의 주요 쟁점인 인간을 자연과 동일하게 볼 것인가, 다르게 볼 것인가의 문제에 관한 논의의 변화에서 볼 수 있다. 인물성동이론(人物性同異論) 문제는 18세기 인물성동이 논쟁에 대한 실학자들의 반성적 작업에 의해 사상적 인식전환의 계기를 마련한 것이다. 따라서 그 시대를 살면서 반성적 작업에 몰두했던 홍대용, 이덕무를 중심으로 인식전환이 어떻게 이루었는지 검토하기로 한다.

홍대용은 당시 호락논쟁에서 김원행(金元行) 문하생이었던 학맥의 영향으로 인물의 동일성이라는 관점을 「의산문답(醫山問答)」에서 그대로 유지하였지만 실제 논의의 방식과 사상적 함의에 있어서 양자의 논의는 일정 정도 차이가 있었다. 그는 「의산문답」에서 인물의 동이 문제를 자신이 피력할 새로운 세계관의 근본이라는 의미로 규정하였다. 이 문제가 자연관, 사회관 등을 망라하는 세계관 전체의 기본 관점과 방법을 담고 있다고 본 것이다.

인간과 동물의 본연지성은 같고 기질지성이 다르다는 주희의 주장은 인신소천지론(人身小天地論)이다. 사람의 몸은 작은 천지이고 사람만이 자연계의 형상과 기능을 모방한 특별한 존재이다. 사람의 둥근 머리는 하늘을 모방한 것이고, 모난 발은 땅을, 피부의 털은 산림을, 정혈(精血)은 강과 바다를, 두 눈은 해와 달을, 호흡은 바람과 구름을 각각 모방했다. 그리고 사람만이 나이가 들면서 지혜가 쌓이고 감각기능이 완벽해지며, 인의예지신의 다섯 가지 도덕적 본성도 빠짐없이 갖추고 있다는 것이다.[232] 인신소천지론은 논의의 중심을 인간에 두고 인간만이 자연적인 완전성을 갖추고 있다는 주장이다. 이것은 주자학자들이 인간의 본성을 자연과 일치시킴으로써 천리의 순선(純善)함으로 인성의 본선(本善)을 보증받으려 했던 것과 같은 맥락이다. 홍대용은 「의산문답」에서 실옹의 입을 통해 인신소천지론을 강력히 부정하였다.

> 아! 그대의 말과 같다면, 사람 몸이 物과 다른 것은 거의 없다. 피부에 털이 나거나 精血로 교감하는 것은 초목도 사람과 같으니, 하물며 금수이겠는가! 내가 다시 그대에게 묻겠다. 생명체에는 세 종류가 있으니 사람과 금수와 초목이다. 초목은 倒生하는 까닭에 知는 있되 覺이 없고, 금수는 橫生하는 까닭에 覺은 있되 慧가 없다. 생명체의 세 종류는 엉크러지고 뒤섞여서 서로 번갈아가며 못하기도 하고 낫기도 한데, 그래도 귀천의 등급이 있겠는가?[233]

홍대용은 금수, 초목들이 기질에서 기본적으로 사람과 다르지 않다고 보았다. 초목에는 지(知)만 있고, 금수에는 지(知)와 각(覺)이 있으며, 사람에게는 지·각·혜가 모두 있다는 점에서 세 생물의 차이가 있음을 인정한다. 만물에는 그 차이가 있으나 이것은 속성의 차이이므로 사람의 우월성을 의미하여 생물 영역에 귀천의 등급을 나타내는 것은 아니라는 것이다. 즉 사람과 금수, 초목 사이에는 귀천의 등급을 인정할 수 없다. 이덕무도 홍대용과 동일한 생각에 있다는 것을 다음 글에서 확인할 수 있다.

---

232) 김문용, 『홍대용의 실학사상에 관한 연구』, 1995, p. 92.
233) 『담헌서』, 「毉山問答」, p. 325.

> 비록 모난 것이 있더라도 네모반듯한 것은 없다. 사람 몸뚱이의 털과
> 뼈, 구멍과 마디, 장부에 있어서 하나도 네모난 것이 없다. 이로써 초목과
> 금수도 모두 추측할 수 있으며, 과실과 새들의 알 따위는 더구나 동글동글
> 하니 하늘의 이치는 감추기 어려운 것이다.……이들은 대개 하늘의 명으
> 로 태어난 것인데, 하늘은 陽으로 둥근 까닭에 物이 모두 하늘을 닮은 것
> 이다. 그러나 사람이 만든 여러 가지 器物에 모난 것이 많이 있다. 둥근
> 것의 이치는 살아 구르므로 규모가 크고 모난 것이 이치는 局限해서 정한
> 것이므로 규모가 작다.[234]

이덕무는 금수와 초목도 인체와 같은 형상을 하고 있는데, 이것
은 하늘의 명령에 의한 것이라고 보았다. 그 형태를 '둥글다'고 표
현하고, 만물의 형상은 하늘을 본뜬 것이라 했다. 이것은 땅덩어리
가 둥글다는 '지원설(地圓說)'을 염두에 두고 한 말임을 짐작할 수
있다. 여기서 원은 평면상의 둥근 도형이 아니라 새들의 알과 같
이 구형의 입체를 가리키는 말이다.

홍대용의 자연관에서도 지원설을 어떤 요소보다도 중요한 논제
로 다루고 있다. 그가 「의산문답」에서 다룬 내용은 첫째, 만물은
형태가 모두 원형이므로 땅도 예외일 수 없다는 것이다.[235] 여기서
원형은 입체이고, 곡선의 형태를 띠는 의미로까지 확대해서 생각할
수 있다. 이것은 전통적인 천원지방설을 부정한 것이다. 그는 천원
지방이라면 둥근 하늘과 땅의 네 각이 서로 맞지 않은 문제가 있
어 그것은 하늘과 땅의 모양을 묘사한 것이 아니라 그 속성을 표
현한 것이라고 하였다.[236]

둘째, 사람의 발은 땅에 떨어지되, 머리가 하늘로 치솟지 않는
것을 '상하지세(上下之勢)'라 한 것이다.[237] 이것은 전통적인 지방

---

234) 『국역 청장관전서』 Ⅷ, 「이목구심서」 5.
235) 「醫山問答」, p. 327.
236) 김문용, 앞의 책, p. 54.

설(地方說)이 땅덩어리를 육면체-육합-로 생각하는 것을 부정한 것이다. 윗면을 제외한 다섯 면에는 만물이 붙어 살 수 없다는 문제를 해결하기 위해 도입한 개념이다. 즉 하늘-천지와 사방-과 발은 땅에 떨어지는데 머리는 하늘에 치솟지 않은 것과 같이 매우 커서 육합의 구분이 없다는 것이다. 이것은 하늘의 형상을 닮아 땅이 둥글기 때문이다. 이러한 논리에서 사람을 천원지방설을 바탕으로 한 소우주로 생각하는 전통적 관념의 오류를 지적하고, 땅의 세계에는 둥근 형상으로 육합의 구분이 없듯이 귀천 등급의 질서관을 인정할 수 없다고 주장하였다. 즉 자연관이 인간관에서 논의의 근거로 작용한 것이다. 따라서 세계관이 종래 주자학자와 북학파의 복식관에 어떻게 작용하였는지 두 시각적 차이를 통해 검토한다.

(2) 윤리부정에 의한 복식관

1) 천원지방설과 복식 형상

전통적인 천원지방설은 인체의 형상을 나타내며, 신체 이외에 각종 기물에까지 확대하여 적용하였다. 복식은 이 형이상학적 개념에 따라 상징의 형상으로 표현되었다. 아래의 윤두서(尹斗壽, 1533~1601)가 그린 기자상(箕子象)에 잘 표현되어 있다.

---

237) 「醫山問答」, p. 328.

(그림 – 28) 箕子象, 『箕子志』238)

---

238) 이 그림은 尹斗壽가 지은 『箕子志』卷首에 실려 있다. 卷首에는 箕子象 및 贊에 이어
     治朝鮮圖, 陳洪節圖, 井田圖, 祠堂圖 등 10개의 그림이 실려 있다.

(그림 - 29) 신라사절상 章懷太子 李賢 (654∼684)의 묘[239]

(그림 - 30) 조선시대 朝服, 『한국민족문화대백과사전』

　(그림 - 28)은 하늘의 형상을 본뜬 건(巾)과 땅의 형상을 본뜬 방리(方履)를 신고 있다. 이것은 인신소천지론(人身小天地論)인 천원지방설을 반영한 것이다. 연을 두르고 백사흑연(白紗黑緣)의 단포(短袍)를 걸치고 있는데, 포(袍)의 길이가 짧고 소매나비가 적은 것은 16세기의 일반 복식의 영향을 받은 것이라 추측된다. 기자상은

239) 1972년 중국 陝西省 乾縣에서 章懷太子 李賢(654∼684)의 묘가 발견되었고, 이 묘에서 전 면적 400평방미터에 이르는 정교한 벽화가 50여 조나 발견되었는데, (그림 - 28)은 그중 하나이다.

조선시대 조복(그림-30)과 형태가 같다. 또한 시대는 앞섰지만 벽화에 그려진 신라인의 광수포(廣袖袍, 그림-29)와 비슷한 형태이다. 여기서 우리는 고대·중세인의 예관념의 방법론이 여전히 계승되고 있음을 확인할 수 있다. 윤두서는 한백겸과 같은 시기에 살았고 기자상은 기자의 정전제와 『서경』에 대한 학문적 관심이 고조되었던 16세기의 사상적·학문적 개념을 복식 형상에 그대로 반영한 것이다. 기자가 예의의 나라인 중국에서 건너왔으므로 조선은 곧 소중화(小中華)이고, 오랑캐와 다르다는 소중화 의식을 함축하고 있다. 따라서 우주 자연관이 인간의 역사 과정에서 인식의 틀로 작용한 것이다. 결국 이러한 생각은 18세기 조선 지식인계의 사상적 경향에도 그대로 답습되었다.

2) 윤리 부정과 복식관

가. 방법론적 전환

실학자들의 인물 동일성에 관한 주장은 윤리에 대한 부정으로 볼 수 있다. 윤리는 개념상으로 보면, 윤(倫)과 이(理)의 결합으로 이 결합은 자연과 사회의 정신적인 본체를 구성하고 있어 운행의 우주 질서를 규정한 것이다. 이러한 윤리의 철학적 해석은 인간관과 부합되는 것이며, 통치의 현실적인 필요에 부합하므로 예교는 바로 이러한 윤리철학 정신의 구체적인 구현이라고 3장에서 이미 논의한 바 있다. 그러므로 예의 본질은 등급에 따라 차별화하는 것으로 상하귀천의 등급을 인정하는 것인데 실학은 귀천의 등급을 인정하지 않는다.

이것은 세계관의 변화로 곧 윤리관념의 변화를 말한다. 또한 예교가 윤리의 구체적인 구현이라 함은 복식의 제도가 윤리의 철학적 개념을 형상화한다는 것을 의미한다. 윤리가 윤리철학으로 확립됨으로써 우주론적 세계관을 나타내는 천원지방설과 인신소천지론은 자연과 인간에게만 적용되는 것이 아니라 복식을 비롯한 각종 문물의 제도에까지 확대 적용된다.

홍대용은 윤리를 부정한 후 인물의 동일성 문제를 신체 이외에 예의(禮義)를 비롯한 각종 문물의 측면으로까지 확대하여 적용하였다. 그가 「의산문답」에서 허자(虛子)의 입을 통해 상정한 일반적인 견해에 따르자면 금수와 초목은 예의도 없고, 복식·의장 제도도 없으며, 예악·형정을 쓸 줄도 모른다. 말하자면 신체의 형상과 능력 면에서 금수·초목과 구별되는 인간은 사회적·문화적 측면에서도 자연히 그들과 구별된다는 것이다.[240] 그는 실옹의 입을 통하여 만물의 차별을 논박하였다.

> 그대는 진실로 사람이다. 五倫과 五事는 사람의 禮儀이고, 무리지어 다니며 먹고 사는 것은 금수의 禮儀이며, 떨기로 나서 가지를 뻗는 것은 초목의 禮儀이다. 사람으로 物을 보면 사람이 귀하고 物이 천하며, 物로 사람을 보면 物이 귀하고 사람이 천하다. 하늘로부터 보면 사람과 物이 고르다.[241]
> 그대의 미혹이 심하도다!……구름이 다섯 색을 내는 것은 龍의 의장이요, 온 몸을 두른 무늬는 鳳의 복식이요, 바람과 우뢰가 진동하는 것은 龍의 兵 꼐이요, 높은 언덕에서 조화롭게 우는 것은 鳳의 예악이다.……이 때문에 옛 사람이 백성에게 혜택을 베풀고 세상을 다스리는 데는 物에서 본받지 않음이 없었다. 君臣의 예절은 대개 박쥐에게서 따왔고, 그물을 설치하는 것은 대개 거미에서 따왔다. 그러므로 성인은 만물을 스승으로 삼는다고 한다. 그런데 지금 그대는 어찌 하늘로 物을 보지 않고 사람으로 物을 보는가![242]

---

240) 김문용, 앞의 책, p. 93.

241) 「毉山問答」, p. 326.

242) 「毉山問答」, pp. 326-7.

그는 예의란, 사람뿐만이 아니라 만물도 제 나름대로의 생활태도가 있다고 한다. 오직 사람에게만 예의와 문물이 있는 것이 아니다. 특정한 예의와 문물을 절대화하여 그 유일한 기준으로 삼은 것이 아니라 상대화한다는 데 그 차이가 있다. 만물은 나름대로의 의장, 복식, 병형, 예악 등을 가지고 있는 것이다. 문물이란 것도 애초에는 자연의 금수와 초목에서 따온 것에 불과하다. 따라서 인간사회의 문물을 절대적인 기준으로 삼아 만물을 평가할 수 없다는 것이다. 이렇게 하여 홍대용은 사람과 자연의 귀천 등급을 인정하지 않는 상태에서 그 논리 영역을 사람이 만든 문물에까지 확대시켜 적용하였다. 문물의 가치적 평가 기준의 절대성을 부정하고 상대성으로 평가한다. 이것은 이(理)를 성(性)이라 하며, 성의 내용을 윤리적 덕목인 인의예지로 표현하고 절대적인 기준으로 생각하는 전통적인 윤리관을 부정한 것이다.

그러면 실학자들이 말하는 인의예지란 무엇을 말하는가? 이와 관련하여 홍대용은 "비나 이슬이 내리고 나서 싹이 돋는 것은 측은지심(惻隱之心)이고, 서리나 눈이 내리고 나서 나뭇잎이 떨어지는 것은 수오지심(羞惡之心)"243)이라고 언급한다. 측은지심, 수오지심 등의 사단(四端)은 맹자 이래로 순수한 도덕심이나 도덕적 감정으로 인정해 오던 것이나 그는 사단을 자연계의 모든 현상으로 확대하여 적용시켰다.

인의예지란, 바로 자연에서 생명의 원리 이외의 다른 것은 아니라는 것이다. 이것을 '원형부정(元亨利貞)'이라 했다. 종래의 주자학자들이 인의예지와 자연에서 생명의 원리를 일치하여 인의예지라는 윤리적 덕목이 자연적이고, 본래적인 것으로 절대화하였지만

---

243) 「心性問」, p. 2.

그는 인의예지를 생명의 원리로 완전히 환원시켰다. 따라서 그에게
서 인의예지는 더 이상 윤리적 덕목으로서의 의미를 갖지 못한다.
정약용은 윤리를 부정하고 인의예지를 기호(嗜好)로 표현했다. 이
와 같이 실학자들은 방법론적 인식의 전환을 시도했던 것이다.

전통 윤리관을 부정함으로써 인식전환을 시도한 북학파는 복식
인식에 있어서도 구체상을 어떻게 제시했는지 다음 글을 통해 살
펴보기로 한다.

나. 복식의 윤리적 기능 제거

가) 천한 사람은 草帽를 쓰는데, 초모라는 것은 農笠을 말한다. 빛깔은
황백색인데 모양은 우리나라의 毯笠244)과 비슷하다. 대개 모자의 품
종에는 사치한 것과 검소한 것이 있으나 그 모양은 천자로부터 서민
에 이르기까지 조금도 다를 법이 없다. 다만, 초모만은 여러 밭고랑에
서 김매기 할 때 해를 가리우는 데 편리한 모양으로 아직도 중국의
옛 제도를 그대로 보존하고 있다.245)

나) 갓은 농부의 雨具였는데, 우리나라 사람들은 대소귀천을 막론하고 四
禮 때면 다 쓰는 것은 말할 것도 없고, 비오지 않을 때도 쓰니 이는
매우 무의미한 일이다. ……이익의 『성호사설』에는 고깔(弁)의 유제
라 하였으나 이 역시 그렇지 않다. 고깔은 紅姑랑(꽈리)과 같이 생겼
으므로 홍고랑을 일명 皮弁草이라 하니, 지금의 갓은 위는 평평하고
아래 갓 양태는 넓은데, 어찌 고깔이라 보겠는가? 옛날에 풀로 갓을
만들어 피했던 것일 따름이다.246)

---

244) 毯은 짐승의 털을 물에 빨아 짓이겨 평평하고 두툼하게 만든 천이며, '毯笠'은 조선시대
　　반가의 군노나 하인이 착용하던 벙거지를 말한다. 궁중 또는 일반 벙거지는 아무 장식도
　　없는 만듦새로 그 재료는 돼지털을 사용하였다.

245) 『국역 담헌서』 I, p. 323.

246) 『국역 청장관전서』 X, p. 180.

가)는 홍대용이 연행에서 중국의 모(帽)제도를 보고 기록한 것이다. 중국인의 모자의 모양이 천자로부터 서민에 이르기까지 한결같다는 홍대용의 표현은 하늘로부터 만물을 바라보면, 만물은 균등하다는 가치론적 무차등성에서 연유한다. 제3의 관점에서 만물을 평가하면 만물은 각기 다양한 형태와 능력을 가지고 있어 서로 다르지만 거기에는 귀천을 비롯한 가치의 차등이 존재하지 않는다는 것이다. 그는 관점의 상대화를 통해 가치의 절대성을 부정하고 관점의 객관화를 통해 인식 및 가치 평가의 시대성을 확보한 것이다. 따라서 중국의 모(帽)는 하늘의 관점에서 보면 사람에게 귀천을 비롯한 가치의 차등이 존재하지 않는다는 것이다.

(그림-31) 宋代 農笠 傳張擇端, ≪淸明上河圖≫부분247)

(그림-32) 元代 農笠, ≪右玉寶寧寺水陸畫≫248)

247) 沈從文, 『中國古代服式硏究』, 上海書店出版社, 1997 참조.
248) 윗글 참조.

(그림-33) 明代 農笠 明刻版畫,
≪孔聖蹟圖≫249)

(그림-34) 淸代 農笠 淸初刻,
≪康熙耕織圖≫250)

　　홍대용은 또 지적하기를 농립(農笠)은 그대로 이어져 내려와 중국이 오랑캐의 나라가 된 지금도 변함없이 화제(華制)를 계승하고 있다고 하였다. (그림-31, 32, 33, 34)에서 보듯이 송에서 청에 이르기까지 농립은 계승되었다. 그리고 사람에 따라 각기 자기 나름대로의 생활방식과 환경에 따라 형성된 차이는 인정하여 모자의 품종은 사치한 것에서 검소한 것까지 다양하다고 하였다. 말하자면, 사람에게 씌워진 차등적 질서관념은 없어야 하고, 다만 재질은 같되 무늬에 의해 등급을 나타내듯이 재질에 따른 차이는 나라의 생산력 발전을 위해 필요한 것이라는 견해이다. 그가 초모(草帽)인 농립을 사람에 대한 가치 평가의 기본으로 선택한 것은 종법 농경 사회에서 생산활동의 근본을 농촌으로 바라보는 실학자의 사민론(四民論)의 영향 때문이다. 여기서 그의 의도는 전통적 윤리관념을 더 이상 변화하는 시대적 흐름에 합류시킬 수 없다고 생각한 점이다. 명·청의 교체 이후 복식제도는 청의 것으로 변한 상황에서

---

249) 윗글 참조.

250) 윗글 참조.

기존의 세계관으로는 변화하는 역사적 현실을 감당할 수 없다는 전제하에 또 다른 질서감각을 구성하기 위한 방법론적 전환을 시도한 것이다.

홍대용과 같은 논제에서 이덕무는 생활 기능 면에 접근하여 사물의 효용가치를 주장하였다. (나)에서 갓의 본래 쓰임새는 우구(雨具)로서 사용되었는데, (그림-38)에서 보듯이 지금은 그 쓰임새에 맞지 않게 기후에 상관없이 누구에게나 착용되고 있다고 비판한다. 시속에 따라 갓을 모든 신분이 사례(四禮)에 쓰게 되면서 본래의 기능은 상실되고, 갓의 형태는 농립인 우구에서 쓰기에도 불편하고 과장된 볼품없는 제도로 되어 버렸다고 생각한 것이다. 여기에서 잘못된 시속은 고쳐서 백성의 이용후생에 복무해야 한다는 그의 강한 의지가 피력되어 있다. 그가 「양엽기」에서 피력했듯이 당시 갓의 폐단에 의해 그것의 개조를 주창하였으며, 개조를 위해서 몽고, 일본, 청의 갓을 조선 것과 비교 분석하고 그 대안을 제시한 것을 보면, 복식제도 개혁에 관한 그의 강한 의지를 짐작할 수 있다.

(그림-35) 고구려 龕神冢 벽화 쪽

(그림 - 36) 정당벌립. 국립민속박물관 소장

(그림 - 37) 조선의 벙거지. 육군박물관 소장

(그림-38) 조선의 笠帽, 金得臣, ≪路上謁見圖≫, 〈帽裙〉 부분

　　이덕무는 갓의 유래에 대한 연구에서 고고지식학에 대한 그의 열정을 남김이 없이 보여준다. 그의 방법론적 자세는 훈고적 자세이며 문장의 의미를 명료히 나타내어 모호함이 없이 텍스트 전체의 의미를 부각시킨다. 그는 갓의 유래에서 갓이 이익이 고증한 고깔(弁, 그림-39)에서 유래가 된 것이 아니라 화제의 농립(그림-31, 33)에서 온 것이라고 지적한 것이다. 고깔은 홍고랑(꽈리, 그림-41)과 형태가 같아서 이를 피변초(皮弁草, 그림-40)라 하는데 지금의 갓과 그 형태가 다르기 때문에 농립에 유래를 두었다. 농립과 변은 다만 재질을 풀로 만들었다는 것이 같을 뿐이라고 하였다. 결국 그는 훈고적 자세로 갓이 화제에서 유래했다는 가설을 명쾌

하게 검증해 냄으로써 실학의 학문적 체계화에 공헌한다.

(그림 – 39) 弁(고깔),
『東洋服裝史論考』251)

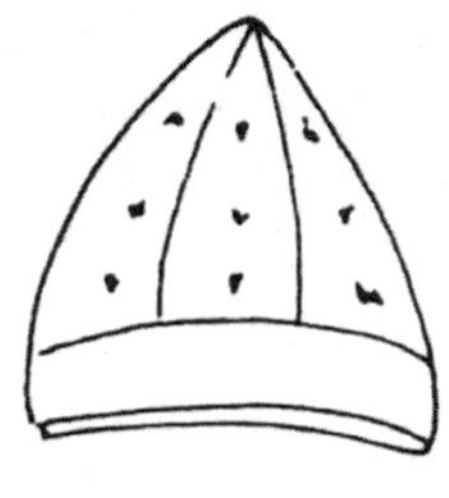

(그림 – 40) 皮弁,
『한국복식문화사전』252)

(그림 – 41) 紅姑郞(꽈리),
『한국민족문화대백과사전』253)

---

251) 杉本正年, 「東洋服裝史論考」, 문광희 역, 경춘사, 1995.
　　弁은 절풍의 원형이라고 하나 한국어로서는 변을 '곳갈'이라고 발음한다. '곳'은 첨단이라
　　든가 돌출하고 있는 모습이고, '갈'은 모자라는 의미이기 때문에 변 모양의 관을 곳갈이라
　　고 한 것은 그 모습에서 생긴 말이고, 그 형상은 明代 王折의 『三才圖會』에 보인다(윗
　　글, p. 327).
252) 김영숙, 「한국복식문화사전」, 미술문화, 1998. p. 396.
253) 한국정신문화연구원, 『한국민족문화대백과사전』, 웅진출판사, 1993, p.159.

다. 새로운 질서감각에 따른 복식제도의 개량 모색

이어서 이덕무는 복식의 역사적 기능에 대한 자신의 생각을 적었다.

四時를 통하여 항상 착용하여 겨울에는 갖옷 입고, 여름에는 葛袍를 입는 것처럼 계절에 따라 입는 뜻이 전혀 없으니 여름에 전립 쓰고 겨울에 부채 부치는 것처럼 참으로 정반대라 하겠다.[254]

옷을 사시에 따라 착용해야 하는 것은 조선과 중국이 농경사회이므로 농사를 짓는 절기에 맞춰서 입는 것이 보편적이라고 생각한다. 즉 그는 농경생활을 하는 민족에게 있어서 계절 감각은 생명활동의 기본이라는 것이다. 그럼에도 불구하고 더운 여름에 따뜻한 전립을 쓰고, 추운 겨울에 시원한 부채를 사용하는 세태는 납득할 수 없으며, 사람에게도 유용하지 못하여 실용적이지 않다고 주장한다. 박지원과 홍대용의 연행록에서도 중국인들이 부채를 좋아하면서도 조선인이 부채를 겨울에 들고 다니는 모습을 보고는 비웃음을 샀다는 이야기가 적혀 있다. 양반들이 부채를 들고 다니는 것은 그들의 허위의식에서 비롯된 잘못된 습관이 아니냐는 반문을 넌지시 우리에게 던진다. 우리는 북학파의 저서를 통해 낡은 습관은 버리고 이로운 것은 발전시켜 나가야 한다는 그들의 생각을 읽어낼 수 있다.

박지원은 「도강록(渡江錄)」에서 추운 겨울에도 부채 들고 다니는 유자들의 모순된 모습을 이렇게 썼다.

수백 명의 구경꾼들이 몰려와 도포와 갓을 보고 탁발승과 비슷함을 놀렸다.[255]

---

254) 『국역 청장관전서』 X, p.184.

255) 「銅蘭涉筆」, 윗글, 권26.

> 대개 중국의 여자와 승려, 도사들은 옛날 의관제도를 그대로 가지고 있
> 는데, 우리나라의 의관은 많은 것이 신라 때의 옛 제도로 이어온다. 신라는
> 처음에 중국의 제도를 모방하였으니 세속이 불교를 숭상했기 때문에 민간
> 에서 중국의 승려 옷을 많이 본받은 것이다. 이제 1천여 년이 지났지마는
> 오히려 고칠 줄을 모르는데, 드디어 중국의 승려들이 우리나라의 의관을
> 좋아하여 본받는다고 하니 어찌 그럴 리가 있겠는가?[256]

청으로 교체되었어도 중국은 승려나 도가들이 옛날 의관제도인
도포(道袍)를 그대로 보존하고 있었고 우리의 도포차림을 보고 그
들이 중의 옷이라 비웃음을 산 것은 당연하다고 생각하였다. 또 우
리나라 도포의 유래는 불교를 숭상한 신라가 당을 모방하여 중국의
승려 옷을 본받은 것이라 하였고, 화제에서 온 불교와 도교의 의관
제도에서 유래된 것이라 하였다.

(그림-42)과 (그림-43)에서 보듯이 청의 도포제는 (그림-44) 조
선의 승의(僧衣)와 같은 형태이며 일반 도포(그림-45)와 마찬가지로
인체의 실제 치수를 무시한 비기능적인 외형을 보여준다. 여기서 주
목할 점은 기존의 도포제가 더 이상 변화하는 질서감각에 조응할 수
없다는 그의 지적에 있다. 결국 그는 복식개량의 필요성을 제기하기
위해 도포의 유래설을 텍스트로 정하고 당시 양반도 생산활동에 참여
해야 하는 역사적·사회적 조건 속에서 지금의 복식제도가 시대적 한
계를 분명히 노정하고 있음을 간파한 것이다.

---

256) 「동란섭필」, 권26.

(그림-42) 淸의 道袍制, 『三才圖會』257)　(그림-43) 僧衣, 『三才圖會』258)

---

257) 『三才圖會』; 黃輝, 윗글, 圖 236, p.190.
258) 『三才圖會』, 「僧史略」; 黃輝, 윗글, 圖 235, p.189.

(그림-44) 조선 僧衣, 김홍도 作, ≪占卦≫ 부분, 『단원 김홍도』, 국립중앙박물관, 1992.

(그림-45) 道袍, ≪蓮堂宴遊≫ 부분, 간송미술관 소장

또한 그는 우리나라의 도포가 불교에서 도입된 것인데 억불숭유를 국책으로 하는 지금 유자들이 이 옷을 착용하는 것은 모순된다고 하였다. 중국에 청이 집권한 지금 이제 중화의 문화가 아니니 종래의 주자학자들이 화제를 지킨다는 의리명분만을 내세워 청에서 중의 옷으로 불리는 것도 모르고 입는 것은 한심한 노릇이라고 개탄하였다. 이러한 비판은 실학자들의 다른 저서에서도 동일하게 나타난다.

이덕무는 홍대용이 연행에서 도포, 혁대에 갓을 착용하고 가니 사람들이 모두 손가락으로 가리키며 걸승(乞僧)이라 했다고 말하면서 스스로 예의의 복장으로 여긴 것이 겨우 걸승이란 이름을 전파

시켰으니 한탄스러운 일이라고 적고 있다.259) 그들이 말하려는 의도는 종래의 주자학자들이 화제(華制)에 대한 의리명분에 입각하여 도포, 갓을 예의의 복장이라 여기나 이러한 시각은 시대의 흐름에 역행하는 것이라는 지적이다. 또한 우리나라에서는 유(儒)와 석(釋)의 등급을 매우 엄격히 정해 놓고 유를 숭상하고 불을 억압하면서 승려의 옷을 일반복으로 입는 것은 모순이라고 지적하였다.260) 주자학자들의 의리명분론이 이와 같으니 새로운 질서감각에 맞게 복식제도를 개량하는 것이 옳지 않은가란 여운을 남긴다. 이덕무는 중국인이 도포 차림을 보고 비웃듯이 옛것과 시속에 따르는 두 경향 중 한쪽에 치우치면 큰 폐단을 낳는다고 생각했다.

세속에서 벗어난 선비는 일마다 옛것을 따르려 하고, 세속에 흐른 사람은 일마다 지금을 따르려 하는데 이는 다 과격하여 中道를 얻기 어렵다. 여기에서 옛것을 참작하고 지금을 헤아리는 좋은 방도가 얼마든지 있으니 사군자가 中正한 학문을 하는 데에 무슨 해로움이 있겠는가? 옛날에는 엉금엉금 기어가서 조상한 사람이 있었고, 또 요즘에는 한 선비가 몸가짐이 단정하고 옛것을 무척 좋아하여 쑝子는 우리나라에서 쓸 바가 되지 못한다 하고는 버드나무 껍질을 말아 관을 만들어 쓰고 길가에 나갔다가 사람들의 웃음거리가 되었다고 하니, 옛것을 따른 데의 폐단도 진실로 해괴하지만 지금만을 따르는 폐단이야 어찌 이루 다 말하겠는가?261)

그는 옛것을 참작하고 지금을 헤아리는 좋은 방도를 연구하는 것이 선비의 일이며, 이것이 선비가 학문을 하는 목적이라는 것이다. 고례(古禮)와 세속 중 한쪽에 치우치면 과격하여 폐단을 낳을 것이기 때문에 중도를 얻으려면 두 경향을 잘 분석하여 낡은 것은

---

259) 「盎葉記」 8.: 『국역 청장관전서』, X p.183.
260) 「嬰處雜稿」 1.: p. 27, 『국역 청장관전서』, Ⅱ p. 25..
261) 윗글, p. 27.

버리고 새로운 것은 취하여 계승해 나가는 합법칙성을 원칙으로 해야 한다고 생각한다. 이러한 견해는 종래 주자학자들의 절대적인 윤리관념을 부정한 것이다. 즉 그들의 예 관념을 비판한 것이기 때문이다. 그래서 주자학자들의 옛것(華制)에 대한 의리만을 강조하여 세속을 무시하는 경향은 세속을 따르는 경향보다 더 큰 폐단을 낳는다고 하였다.

라. 종래 성리학자의 방법론 비판

이어서 이덕무는 세속의 부녀 복식에 나타난 폐단을 지적하고, 다음과 같은 의견을 제시한다.

> 부녀들의 머리를 땋은 큰 다리와 짧고 좁은 옷은 몽고의 유풍이니 거론할 것도 못 되거니와 族兜, 北髻는 이 또한 무슨 장식인가?
>
> 蔮髻[262]와 神衣[263]를 사대부 집에서 이따금 사용하였는데, 속된 풍속에서는 그것을 비웃는 자가 많으니 그것은 습속에 고질되어 禮의 뜻을 알지 못하기 때문이다. 가난한 집 여자는 시집간 지 오래되어도 원래 다리를 마련하지 못할 처지라 맨머리로 지내는 자가 많은데, 맨머리로 오랜 세월을 지내는 것보다는 차라리 궤계를 쓰는 것이 낫지 않겠는가? 또, 많은 돈을 들여서 오랑캐 부녀의 치장을 마련하는 것과 적은 돈을 들여서 예복을 마련하는 것은 그 경중 득실이 어떠한가?
>
> 장부가 쓰는 쏬子도 역시 오랑캐의 풍속이나 하루아침에 입자를 벗고 다님으로써 남의 눈을 놀라게 할 수는 없지만 부인은 閨門 안에서 날을 보내니 풍속을 놀라게 할 염려가 없다. 더구나 국가에서 새로운 변체 금지령을 내렸으니 구차하게 법을 범해서는 안 된다. 한번 禮俗을 돌이키는 것이 무슨 불가한 일이겠는가?[264]

---

262) 부인의 머리장식. 철사로 둘레를 만들고 바깥쪽에 머리털로 싸서 만든다.

263) 조선시대 여자들이 혼례복으로 착용했던 예복. 상하를 연결한 袍로 玄色緋緞으로 겉을 하고, 흰 비단으로 안을 하며, 분홍색의 끝단을 대었다: 四禮便覽 卷 2 婚禮.

264) 「士小節」 제6부의 1 복식.: 『국역 청장관전서』 Ⅵ, p.125.

(그림 - 46) 加髢, 신윤복 作, ≪蓮堂宴遊≫ 부분, 간송미술관 소장

(그림 - 47) 䯻髻 『衣』, 석주선 著265)

가체(加髢, 그림 - 46)의 사치가 심해져 사회적 폐단에까지 이르게 되자, 국가에서는 금지령을 내리고 족두(族兜)·북계(北髻)로 예속을 바꾸기 위한 정책을 시행하였다. 나라의 도덕규범을 바로잡기 위해서는 국가의 정치적 통일을 구현해야 하며, 이를 위해서 제도를 구현하는 것은 중요하다. 그러나 가체의 풍습도 몽고의 영향인데, 개정안으로 제시된 족두와 북계도 몽고의 유속이니 이러한 제도는 모순이라고 생각한다. 나라에서 화제로 개정하기 위해 여러 번 시행했으나 바꾸지 못하였는데, 지금의 정책도 여전히 화제가 아니라고 주장한다. 그는 실제 전통적인 국가 제도와 종래 주자학자들의 주장은 모순된다고 논박한다. 따라서 고례로 따르자면, 화제인 궤계(䯻髻, 그림 - 47)와 염의(袡衣) 제도가 났지 않은가고 나름대로의 개혁안을 제시한다. 실학자들은 전통적인 주자학자들의 패러다임 자체를 정면으로 비판하며 나름의 체계를 전통적 방식에 의해 재구축한 것은 또 다른 하나의 근본적인 질서감각을 새롭게 모색해 나가는 과정이

─────────────

265) 단국대학교 석주선 기념민속박물관, 『북한지방의 전통복식』, 현암사, 1998.

였다. 그리고 이러한 작업은 나아가 이에 조응성을 유지하는 새롭고
도 구체적인 복식제도의 구상과 실천으로 연결된다.

(3) 화이론 해체와 복식관

1) 조선 후기 대외인식의 변화

조선의 국제외교의 기본 틀은 주자학에 바탕을 둔 화이론이다.
중국을 중심으로 차등적인 국제관계를 설정하는 고대 중국의 중화
사상에서 출발하였다. 한(漢)족이 살던 지역을 '내(內)', 그 종족 및
문화를 '화(華)'로 하고 주변지역이 살던 지역을 '외(外)', 그 종족
및 문화를 '이(夷)'로 구분하면서 화이론은 형성되었다. 266)중국의
문화적 우월주의는 윤리인 예 관념과 결합되면서 중국의 주변국이
중국에 조공과 봉책을 받는 사대조공제도로 외교관계는 정립되었
다. 동아시아의 국제질서는 주자학에 의해 화이론이 더욱더 체계화
되었고 그 영향력은 조선에 확고히 뿌리내렸다. 16세기에 들어서
면 주자학에 의해 중화는 명, 소중화는 조선으로 보고 양자는 군
신관계로 변화하였다. 이 중화주의적 세계관은 유교적 명분론에 따
라 동아시아의 국제질서를 화이론(華夷論)에 따라 편성한 것이었
는데, 여기서 명은 중국과 그 주변국가 간의 힘의 균형 상태를 유
지하는 중심적 정치세력으로 기능할 뿐만 아니라 가장 선진적인
중화문화의 보지자(保持者)로서 주변문화를 자기의 문화적 영향권
속에 포섭하는 역할을 수행하였다. 이러한 세계관 속에서 조선은

---

266) 한국사연구회, 『한국실학의 새로운 모색』, 경인문화사, 2001, p. 146 ;하우봉, 「조선
    후기 실학파의 대외인식」참조.

존명사대의 입장을 취하면서 안정적 국제관계를 유지하고 그 위에서 중화=명의 선진문물을 적극적으로 수용하여 갔다.

임진왜란 때 명이 조선을 도움으로써 조선의 대명관계는 명분만이 아닌 실질적 호혜관계임이 확인되었는데 이로써 존명적 태도의 확고한 정당성을 가지게 되었다.

명·청이 교체되는 17세기 전반 정묘(1627, 금의 침입)·병자호란(1636, 청의 침입)에서 오랑캐의 무력에 무참히 굴복당함으로써 소중화로 자부하던 조선의 문화적 자존심이 크게 훼손되었고 곧이어 명이 오랑캐에 의해 멸망함으로써 기존의 중화주의적 국제질서는 재편의 계기를 맞게 되었다. 당대의 이념적 지주였던 주자학과 그 명분론에 입각하여 명에 대해서는 대명의리론을 견지하면서, 망국 명을 문화의 상징으로서 추앙하는 관념적 성격을 띨 수밖에 없었다.

이제 중화문화의 본류인 명의 멸망으로 오랑캐의 압제 속에서도 중화문화를 유지하고 있는 것은 소중화 조선뿐이라고 생각한 까닭에 명의 후계자로서 중화문화의 유일한 계승자로 자처하였다. 이러한 의식은 조선 문화의 자존의식(自尊意識)으로 귀결되었다. 이는 오랑캐에 종속된 조선 지식인이 오랑캐 청에 저항하여 자신을 지탱할 수 있는 최소한의 근거라는 실천적 의미를 갖는 것이었다.[267] 요컨대 17세기 송시열을 중심으로 주창되었던 대명의리론은 조선의 문화자존의식·반청적 북아대의론(反淸的 北伐大義論)과 굳게 결합되어 있었으며 이러한 사상적 지향은 주자학의 의리지학(義理之學)에 의해 더욱 뒷받침되고 있었다. 효종이 송시열의 숭명배청을 적극 옹호하고 그와 북벌론으로 계획한 것은 문화에 대한 보수성을 나타낸 것이며 이름하여 문화전쟁이라 할 수 있다. 대명의리

---

267) 최완수, 『澗松文華』「謙齋眞景山水稿」 21, 1981 참조.

론과 북벌론은 표리관계였다.

박지원에게 일정정도 영향을 미쳤던 황경원(黃景源, 1709~1787)은 송시열을 계승하여 대명의리를 극도로 강조하면서[268] 절대화하는 입장에서 당시 조선사상계의 광범위한 지지를 받고 있었다. 그런데 여기서 명의 실체가 국가로서가 아니라 하나의 문화적 기준으로만 관념화되고 있었던 것은 대명의리론에 대한 조선사상계 일반의 변화된 상황을 보여주는 것이었다.

이러한 흐름에서 17세기 대명의리론처럼 문화자존의식과의 일체성은 그대로 유지되었으나 조선을 중화로 보는 조선중화의식이 대세를 형성하면서, 명은 하나의 문화이념의 상징물로서 현저히 관념화되고 존명사상에서도 조선의 문화자존의식이 훨씬 더 부각되고 있는 셈이었다. 따라서 이런 문화자존의식, 문화적 자신감 위에서 조선의 문화는 그 자체로 가장 우수한 것이며 조선의 물산도 조선의 경제생활에 충분한 것으로 인식될 수밖에 없었다. 1748(英祖24)년 황경원이 입연(入燕)하는 친우에게 준 글에서 우리의 생활은 우리 문물만으로 충분하니 청 문물을 받아들일 필요가 없다고 했던 것과 같은 패쇄적 태도는 이러한 그의 입장에서 비롯된 것이다.[269]

그러나 송시열을 중심으로 한 대명의리론을 근본적으로 뒤흔들어 놓은 사상적 지향은 집권 노론층 내부에서 일어났다. 18세기 후반에 이루어진 노론 낙론계의 북학론이다. 이 시기 노론 주자학 진영의 내부에서 형성, 발달한 북학론은 대외관계 변화의 흐름에 새로운 질서로 청과의 관계를 풀 수 있는 논리를 세웠던 것이다. 이들은 오랑캐의 나라인 청의 문화수준을 긍정하는 가운데 조선의

---

268) 『梅山先生文集』 卷10, 「答李子岡」 참조.

269) "今國中絺紵絮帛 足以爲服 粟米麥菽 足以爲食 鐵冶之饒 足以成器 銀幣之利 足以治用 又何必齎貨千里他國之物哉." 「送鄭副使亨復入燕序」 『江漢集』 卷7.

문화가 그다지 높지 않다는 것을 자각하였다. 조선 소중화론[270]으로부터 벗어나 자기 존재가 이적(夷狄)임을 확인하고 그 위에서 화·이 각각 대등한 주체로 인정하는 주장은 노론층 내부의 자기반성을 통해 이루어진 매우 획기적인 논리였다. 이 주장은 화이론에 입각하여 국가 간의 관계를 차등적으로 분별하는 기존 대외관계의 명분론적 인식을 거부하는 것이면서 명이 없는 국제적 현실을 인정한 위에 자기 문화의 특성을 뚜렷이 인식한 것이다. 이들은 이로부터 청문물 수용론을 적극 개진해 나가는 현실적이면서도 공리(功利)적인 사유의 면모를 보여 주었다. 이것이 호론계의 주자학과 다른 점이다.[271]

그리하여 북학론의 풍미는 궁극적으로 17세기 이래 조선사상계에서 고지되어 왔던 대명의리론-문화자존의식－북벌대의론의 삼위일체적 일관성을 해체시켜 조선 유학계의 명분론적 세계관의 붕괴로 귀결될 수도 있었다.

대명의리론의 변질·허구화와 그로부터 유리된 문화자존의식의 쇠퇴는 이처럼 사상내적인 변화 과정을 밟아 전대의 중화주의적 세계관의 해체에 결과한 것이지만 그것은 산림(山林)의 쇠퇴와 주자학에 대한 신뢰의 약화라는 19세기에 조선사상계의 추세와도 궤를 같이 하는 주자학적 명분론의 붕괴과정이었다. 그리하여 조선사상계가 조선사회 운영의 원리로 제기하였던 주자학적 명분론의 전반

---

270) "古者 以地辨華夷 其某地之東曰 東夷……中日 各有界限 無相踰也 故我得爲夷也 今也 夷狄入中國 中國之民 君其君俗其俗 婚嫁相媾 種類相化 於是 地不足辨之而 論其人也 然則當今之世 不歸我中華而誰也": 韓元震『南塘集』, 卷6, 雜著. "地之無 內外 人之無華夷 皆如是也 惟我東方 自太師東來 八條敷敎以後 民俗丕變 己有小 中華之稱矣" 金履安, 「華夷辯」『三山齊集』 卷10.

271) 유봉학, 앞의 책, 1995, pp.142-143; 정호훈, 「조선후기 실학의 전개와 개혁론」, 『동방학지』제 124집, 연세대학교국학연구소, 2004, p. 370 참조.

적 동요 위에 대명의리론은 급속히 조락해가고 있었다. 19세기가 오게 되면 낙론의 홍직필(洪直弼, 1776~1852)처럼 스스로 배신(陪臣)의 단계에서 한 단계 더 나아간 대명유민(大明遺民)으로 설정하여 대명의리론을 더욱 강화하는 움직임도 나타나나, 19세기 산림과 주자주의 약화로 허구적 명분론의 강화가 더 이상 사상계의 주류로 군림할 수 없었다. 이미 이때에는 대명의리론의 상징이었던 명의 숭정연호습용(崇禎年號襲用)에 대해서도 공공연한 비판이 제기되고 있는 터였다.272) 그리하여 오희상(吳熙常, 1763~1833)이 사대부들이 화이를 분별하지 못하게 되었다고 개탄했던 것273)은 이런 세태에 대한 것이다.

이제 17세기 이래 조선유학자들의 확고한 사상이었던 대명의리론은 새로운 질서감각에 더 이상 버틸 수 없게 되었다.

2) 화이론 해체

17세기 이래 청을 오랑캐로 보아 '북벌'을 주장하였던 노론 중심의 사상적 흐름 속에서 그에 정면으로 도전하여 '북학'을 주장하고 그를 뒷받침할 설득력 있는 논거를 마련하여 결국에는 조선 중앙학계의 학풍을 '북학'으로 돌려놓은 단서를 제공한 것은 바로 홍대용, 박지원, 박제가 등이다. 이들은 청문물의 우수성을 직시, 청의 중국지배의 필연성을 확인하면서 북벌의 대상이 아니라 북학의 대상으로 청을 설정하였는데 이는 청에 대한 긍정적 태도의 일단이면서 실제로는 다음 시기 청을 그대로 중화로 인식하게 되는 단

---

272) 일례로 들면 姜世靖이 崇禎年號를 淸의 年號로 바꾸었던 사건 등이 있다(『純祖實錄』 권5, 순조 3년 12월, 壬申條 참조).

273) 吳熙常, 『老洲集』 권 3, 「答致愚」.

서가 되는 것이다.

중화주의적 세계관이 화와 이를 우열의 관점에서 보는 것이라면 그것에서 벗어나 차등 없이 화와 이를 보았을 때 조선 주체가 화이건 이이건 간에 조선의 독자적 입장이 확보되는 것이었고 다음 단계로는 그것이 중국, 일본 등 모든 주변국가 상호관계에도 마찬가지로 적용될 가능성을 지니고 있었다. 노론의 홍대용이 청의 번성을 '천시지필연(天時之必然)'이라 하여 필연적인 것으로 보고 결국 '화이일야(華夷一也)'의 사상을 피력하면서 조선의 문화적 자존을 확인하였던 것이나,[274] 남인으로서 이전의 이익이나 이후의 정약용에게서도 보였던 대외인식, 화이론[275]은 이러한 사상적 경향 위에 서 있는 것이다.

중국·청·조선의 객관화라는 영·정조시대 사상계의 일부 경향 위에서 청학인과의 교류, 청문물의 수용은 당시 연행기회를 가질 수 있었던 일부 지식인을 중심으로 하여 급속히 진행되어 갔다. 특히 순조 이후로는 정권의 핵심을 겸했던 세도벌열과 경화거족이 잦은 사행의 기회를 통하여 북학의 중심적 역할을 하였던 만큼 그 사회적 영향력 및 파급효과가 지대하였다. 이는 곧바로 조선학계의 학풍에는 물론이고 조선 유학자들과 조선 정부의 대청 태도 변화에 큰 영향을 미치게 되었다. 그리하여 철종대에는 선대의 반청의식이 몰각한 채 청에 대한 '사대지도(事大之道)'가 국왕 등에 의해 조정에서 거듭 다짐되는 상황이 전개되었다.[276] 이렇게 19세기 중

---

274) "自天視之 豈有內外之分哉 是以各親其人 各尊其君 各守其國 各安其俗 華夷一也" 「毉山問答」, 內集 卷4 補遺 『湛軒書』.

275) 박충역, 『조선정치사상사』, 삼영사, 1982, 제 2장 6절 참조.; 한영우, 「조선후기 기호학파에 있어서 정통론의 전개」, 『역사학보』 31 참조.

276) "大王大妃殿曰 道光皇帝三十年之間" 『哲宗實錄』, 卷2, 哲宗 元年 2月丁卯條.

반에서 개항 이전까지 조선의 대청태도는 전면적 동요를 맞고 있었던 조선사회의 대내외적 제 관계 속에서 그 변화가 불가피한 것이었음을 알 수 있다.

대청의식(大淸義識)의 변화에 이르기까지 그 단서를 제공했던 노론계 북학파는 홍대용, 박지원을 중심으로 전개되었고 이 새로운 학풍은 박제가·이덕무 등으로 계승되며 발전되었다. 홍대용의 화이관은 대체로 세 단계를 거치면서 변화한다.

첫 단계는 연행 이전의 단계이다. 홍대용은 낙학의 영향 하에 인성과 물성, 인심과 물심이 다르지 않고 사람과 만물이 가치상에서 차별이 있을 수 없다는 관점을 확립하였다. 인물성동이론을 주된 논제로 한 「서성지(徐成之)에게 답하여 심(心)을 논함」에 잘 나타나 있다.

> 寒帶 지방에서 짐승처럼 먹고 행동하는 자들이 비록 둥근 머리와 모난 발을 가지고 있더라도, 이 어찌 개나 말과 구별되겠는가? 비록 堯의 옷을 입고 孔子의 문하에서 노닌다 하더라도 이들은 결코 雜氣를 완전히 없애고 지혜가 만물에 미칠 수 없다. 이로써 그들에게는 사람의 자질(才)이 없다고 생각하니, 어찌 실제로 그러하겠는가!277)

여기서 그는 기후 풍토가 다른 지역에 사는 사람들이 문화적·정신적인 측면에서 짐승과 별반 다르지 않다고 인정한다. 이것은『춘추』의 존왕양이(尊王攘夷) 사상에 뿌리를 둔 역사 혹은 문화 분별의 한 방법론에서 비롯된 것이다. 말하자면 주(周)나라의 지역·종족·문화를 '중화', 그 외부의 지역·종족·문화를 '이적(夷狄)'으로 구별하여 '중화'의 배타적인 가치 우위를 주장한 것이다. 화이

---

277) "窮髮之界, 獸食而獸行者, 雖有圓臚方趾, 是與太馬奚擇哉? 是雖服堯之服, 遊孔子之門, 決下能去盡雜氣, 智周萬物矣. 以此而遂以爲未嘗有才焉, 是豈其情然哉!" 「答徐成之論心說」, 上 7面.

론은 중국의 예교문화 중심주의적 성격을 강하게 띠고 있기 때문이다.[278] 그러나 이 글의 초점은 거기에 있는 것이 아니라, 그들 역시 사람으로서의 능력을 갖추고 있다는 것이다.

이 때의 화이관을 보여주는 글로는「한중유(韓仲由)에게 답하는 글」이 있다. 여기에는 명에 대한 의리가 중요한 논점으로 자리를 잡고 있어 전통적 문화관인 소중화 의식을 결코 벗어나는 것은 아니었다.[279]

이러한 시각은 전통적인 주자학자에게 일반화되어 있던 것이다. 홍대용은 최대의 집권세력으로서 척화론(斥和論)의 명분을 계승한 노론가문에서 태어났으며 유명한 척화론자 김상헌(金尙憲)의 후손인 김원행(金元行)에게 수업하였다. 이러한 배경은 그로 하여금 젊어서부터 척화론, 더 나아가 화이론에 젖어들게 하는 데 큰 역할을 하였을 것이다. 그에게서는 35세 때에 이루어진 연행 이전에 이러한 전통으로부터 벗어나 있었다는 확실한 증거가 발견되지 않는다.[280] 그리고 사상적 전환의 중요한 계기가 되었던 연행의 과정에도 일단은 이러한 생각 속에 머물러 있었다고 볼 수 있다. 그는 항주인과의 필담에서 병자호란 당시의 척화론자인 김상헌(金尙憲, 1570~1652)을 우리나라의 대유(大儒)로 소개하였다. 그리고 중국이 풍물은 성하나 체발(剃髮)은 어색하다고 하면서, 우리는 작은 나라에 살지만 두발을 보존하고 있는 것이 큰 즐거움이라고 말하기도 하였다.[281] 그는 분명히 발달된 청조문물의 우수성에 대해 감탄하지

---

278) 예교문화 관념의 중요성에 대해 다음 글을 참고했다.: 이성규, 「中華와 民族主義」, 『철학』, 37집, 한국철학회, 1992 참조.

279) 임진년 再造의 은공을 입은 후로는 君臣의 義에다 父子의 은혜를 겸하게 되었으니, 명나라에게 의뢰함은 內藩과 다름이 없었으니, 다른 外夷와는 비교할 수 없었던 것이라 적고 있다.: 洪大容, 『湛軒書』Ⅰ 내집 3권 서「答韓仲由書」.

280) 김문용, 『洪大容의 實學思想에 관한 研究』, 1995, p. 105.

281) 홍대용, 앞의 책, 외집 2권 「乾淨衕筆談」, 上 p. 478.

만 한편에서는 조선의 중화문명에 대한 긍지에 가득 차 있었다.

화이관의 변화는 연행이후에 나타나기 시작하였다. 홍대용은 북경으로부터 돌아온 이후 북경에서 교유한 세 항주인과의 필담·서신을「건정동회우록(乾淨衕會友錄)」이라는 제목으로 정리하였는데, 이것이 김종후와 논쟁의 발단이 되었다.

당시 다수의 유학자들 사이에 소중화의식의 차원을 넘어서 명이 멸망한 이후 조선이 유일한 중화의 계승자라는 조선중화사상이 일반화된 상태였다. 이것은 의리명분론이 강화되었음을 반영한다. 김종후의 비난에 대해 홍대용은 자신의 입장을 해명하는 서한을 보냈는데 김종후가 보내 온 반론에 대한 재반론의 내용에서 화이관의 변화를 볼 수 있다.

> 가) 우리가 夷狄임은 地界가 그렇다는 것이므로 꺼릴 것이 없다. 우리는 이미 중국을 본받아 夷狄으로부터 벗어나 있는 상태이다. 그러나 중국과 비교할 때 우리에게는 한계가 있는 바, 이 점을 인정하지 않는 것은 좁은 소견일 뿐이다. 內外之分과 世界之別은 선천적인 것이며 중국은 천하의 宗國이고 중국인은 천하의 宗人이다. 저들이 지금은 재앙을 만나 저러한 것일 뿐인데, 이를 기화로 우리가 中華로 자처해서야 되겠는가?

> 나) 내가 강희를 거론한 것은 紀年을 위한 것이지 그를 황제로 높이고자 한 것은 아니다. 그리고 "백성과 더불어 쉴 줄 안다(與民休息)" 운운한 것도 그 실상을 말하여 저들이 時勢에 따르고 있음을 밝히려 한 것이다.

가), 나)에서 확인되는 그의 화이관은 지역적·문화적 구분으로서의 화이이다. 그는 두 가지 범주로 구별하여 조선이 지역적으로 화이에 속하지만 문화적으로는 이적(夷狄)을 벗어났다고 생각하였다.

그러나 그는 결국 이 양자의 완전한 분리에까지 이르지는 못했다. 중화와 이적의 지역적 구분은 안과 밖, 즉 중심과 주변의 구분(內外之分)을 의미하고, 중심과 주변은 각각 세대 간의 전승(世界之別)을 통하여 서로 다른 문화를 구축한다. 결국 중화와 이적의 지역적 차이는 문화적 차이를 낳게 마련이고, 이적으로서는 그 차이를 근본적으로 극복할 수 없는 것이다. 따라서 중화의 전통은 비록 이적의 지배하에 있다고 하더라도 중국의 한인들에게 계승되는 것이지, 조선은 중화일 수 없다는 것이다.[282] 그러나 그의 생각 속에는 종래의 소중화의식이 배어있어, 아직 화이론이 동요되지 않고 있는 듯하다.

홍대용의 화이관은「의산문답」에 이르러 결정적인 인식전환을 이룬다.

> 가) 網巾은 비록 전조의 제도이나 실은 좋지 않다. 말의 꼬리를 머리 위에 이니 어찌 관과 신발이 거꾸로 된 것이 아닌가? 차마 明制를 잊지 못하여 버리지는 못하지만 網巾과 纏足은 중국 厄運의 징조이다.

> 나) 虛者가 말했다. "공자는 『春秋』를 짓되 중국은 안으로, 四夷는 밖으로 하였습니다. 중국과 오랑캐의 구별이 이와 같이 엄격하거늘 지금 부자는 '인사의 감응이요 천시의 필연이다'고 하니 옳지 못한 것이 아닙니까?" 실옹이 말했다. "하늘이 내고 땅이 길러낸 것 중에 혈기를 가지고 있는 것은 무릇 사람이다. 여럿에 뛰어나 한 나라를 맡아 다스리는 자는 모두 임금이며 문을 두터히 하고 垓字를 깊이 파서 강토를 조심하여 지키는 것은 다 같은 국가요, 章甫이건 委貌이건 文身이건 雕題이건 간에 다 같은 자기들의 습속인 것이다. 하늘에서 본다면 어찌 안과 밖의 구별이 있겠는가? 그러므로 각각 제 나라 사람을 친하고 제 임금을 높이며 제 나라를 지키고 제 풍속을 좋게 여기는 것은 중국이나 오랑캐나 한 가지이다.……
> 공자는 周나라 사람이다. 왕실이 날로 낮아지고 제후들은 쇠약해지

---

282) 김문용, 앞의 책, p. 110.

자 뭇나라와 楚나라가 중국을 어지럽혀 해치기를 싫어하지 않았다.
春秋란 周나라의 사기인 바, 안과 밖에 대해서는 엄격히 한 것이
또한 마땅치 아니한가? 그렇지만 가령 공자가 바다에 떠서 九夷로
들어와 살았다면 중국법을 써서 구이의 풍속을 변화시키고 주나라
도를 域外에 일으켰을 것이다. 그러한 즉 안과 밖의 구별과 높이고
물리치는 의리가 스스로 딴 域外 春秋가 있었을 것이다. 이것이 공
자가 성인된 까닭이다."283)

다) 老聃은 오랑캐에 들어가고,   老聃遂入胡
　　仲尼는 九夷에 살고자 했고   仲尼欲居夷
　　조화가 品物을 마련하니,   洪勻陶萬品
　　窮髮284)의 땅에도 천성은 같다네.   窮髮同秉彛
　　강역의 안팎은 있다 해도,   疆界有內外
　　사랑하는 마음은 한계가 없노라.   汎愛無偏私
　　순수하고 정직함으로 마음을 기르면,   質直存性靈
　　덕으로 가르침을 고루 행할 수 있으리.   德敎可平施285)

　가)에서 그는 중국역사의 변천을 검토하면서, 명의 멸망은 중국
사회의 혼돈으로 야기된 것이고 이는 망건(網巾)과 전족(纏足)의
제도를 통해 암시해 주었다. 그런 만큼 명의 멸망은 필연적이라는
것이다. 이러한 견해는 역사의 전개를 명분에 의해 평가하기보다는
실정에 입각해 사실적으로 이해하는데 중점을 두는 그의 새로운
역사관에 근거한 것이다.

　또한, 나)에서 공자가 『춘추(春秋)』에 화이를 내외로 엄격히 구
별하고, 주나라 왕실인 중화를 받들고 이적을 물리쳐야 한다고 했
다. 이처럼 공자가 존왕양이(尊王攘夷)의 역사관을 주창한 것은 그
시대적 환경에 의해 규정된 것인데, 국제 질서가 변한 지금 조선

---

283) 홍대용, 내집 4권 보유 「毉山問答」, pp. 362-3: 『국역 담헌서』 I, pp. 490-1.
284) 초목이 나지 않는 북극지방.
285) 홍대용, 앞의 책, 내집 3권 시, 「乾坤一草亭主人」: I, p. 386.

주자학자들이 그대로 따르는 것은 잘못된 것이라고 비판한다. 그의 생각은 당시 조선의 역사관을 비판한 것이다. 다)에서 는 중화·이 적을 우월의 관점이 아니라 대등한 관계로 보았다.

이제 홍대용의 주장에서 화이론－중화주의는 여지없이 부정되고 더 이상 문화론으로서의 기능을 유지할 수 없게 되었다. 땅 덩어 리가 둥근 것임을 논증하여 중국이 세계의 지리적 중심이라는 생 각을 부인하고 인물성동이론에서 인간 종족 사이의 원칙적인 동질 성을 주장하기도 하였다. 이러한 논리들은 조선이 이적(夷狄)이고 지계(地界)의 중심과 주변이라는 관념도 부정된 것이다. 따라서 그 는 문화의 상대성을 내세운다. 문명의 상징으로 여겨졌던 장보(章 甫)와 위모(委貌), 야만의 상징으로 여겨지던 문신(文身)과 조제(雕 題)는 각각 나름의 가치를 지닌 풍속이고 문화이다. 어느 곳이든 임금이 있고 부모를 모시는 등 예교(禮敎)가 있는 것으로 중국의 예가 유일한 것은 아니다. 따라서 화이론은 실질적으로 청산(淸算) 된 것이다. 즉 춘추식 중화중심주의를 부정한 것이다. 변화하는 국 제질서에서 중화를 우월하게 보는 차별의 이분법은 해체의 대상이 될 수밖에 없었다.

3) 화이론 해체와 복식관

그렇다면, 실학자들이 그 당시 문화인식의 틀인 화이론을 부정 하고 실질적으로 청산하였다면 자기와 다른 옷을 입는 민족에 대 한 인식을 어떻게 하였으며, 문화적 차이에 대한 평가는 무엇인지 살펴본다.

박지원과 함께 홍대용, 박제가는 문화를 객관적으로 대등한 관계에서 인식하여 당시 조선보다 물질적인 면에서 우월한 청의 문물을 소개하였다. 그들은 서로의 장·단점을 대비시켜 민(民)의 물질문화 생활을 풍부히 시킬 수 있는 방법을 모색하는데 중점을 두었다. 물론, 그들이 당시 유학계의 일반적인 흐름이었던 중국 옛 제도에 대한 회상에 젖어 있었던 점도 있었다. 그러나 주요 논점은 북학(北學)의 정신에 입각하여 서양의 선진과학 기술을 비롯한 당시 중국에서 높이 살만한 것은 배워 나라의 생산과 과학기술을 급속히 발전시키는 것이었다.

박제가는「서전(書傳)」에 쓰기를 "정덕(正德)은 오직 생활 도구를 제대로 해야 한다"(正德利用厚生惟修)고 하였으며, 「대학전(大學傳)」에는 "재화를 생산하는데 대도(大道)가 있으나 일을 하는 자는 빨리 하여야 한다"(生財有大道爲之者疾)라고 하였는데, 빨리 한다는 것은 재화의 효용을 유리하게 한다는 것을 의미하는 것이며, 생을 후(厚)히 한다는 것은 의식(衣食)을 넉넉히 한다는 것을 의미하였다.286) 즉, 문물제도를 개혁하고 발전시켜 민(民)의 물질·문화 생활을 윤택하게 하는 것(利用厚生)이 실학을 하는 목적이다. 그는 다음 글을 통해 전통적인 주자학자들의 복식인식의 방법론을 부정하고, 새로운 인식의 전환을 이룬다.

중국 여자의 의복은 衣裳이 모두 섬세하고 산뜻하여 그림과 같다. 웃옷은 그 길이가 키에 알맞게 만들어졌으며, 혹은 무릎을 지날락 말락하게도 만들어 입었다. 웃옷의 깃(領)은 좁게 하여 목을 싸는데, 단추를 달아 턱 밑에 끼운다. 치마폭은 앞쪽이 세 개요, 뒤쪽이 네 개며, 치마 주름은 섬세하고 길게 전폭을 잡아 입었다.
弘治년간에 여자들의 상의는 치마허리를 겨우 가리웠다. 부자들은 나단 사견으로써 금채 홍수를 짜서 입고, 치마는 금채로써 만들고, 무릎에 수를

---

286) 『북학의』「농잠총론」, pp. 133-5.

놓았다. 머리꼭지는 한 치 남짓하게 높게 하였다. 正德년간에 상의가 점점 커져서 무릎을 덮으며, 치마는 길고 주름을 잘게 잡았다. 머리꼭지는 관모만큼 되는데, 철사로 동였으며 머리 얹은 높이가 여닐곱치나 되고, 머리 얹힘의 둘레가 한 자 두세치나 된다.

세상에는 모순이 많다. 중국이 남자들은 머리를 깎고, 胡服을 입었으나 여복은 옛 제도가 아직 보존되어 있으며, 반대로 우리 나라에서는 남자들은 옛날 의관이 얼마쯤 보존되어 있으나 여자 의복은 모두 몽고 양식을 계승하였다. 지금 조선의 사대부들이 중국에서 胡服을 입었다 하여 수치스럽다는 것을 알면서도 자기 집 안방에 몽고 의복제도가 지배하고 있는 것을 禁하지 못하고 있다. 대체 여러 남자들의 머리채를 모아 月子를 만들어 여자 머리에 다리게 하여 놓고 서로 태연히 괴상하게 생각지 않으며, 저고리는 날마다 짧아지고 치마는 날마다 길어지면서 그 모양을 하여 가지고 제사때 손님 사이로 빙빙 돌아다니니 한심하기 짝이 없다.

古禮에 유의한다면, 급히 변경시키고 중국제도(華制)를 따르는 것이 옳다고 본다. ……어린애들이 머리채를 땋거나 쌍머리 꼭지를 짜서 매는 것을 또한 금해야 할 것이다. 대개 남녀간에 머리채를 땋는 것은 모두 오랑캐의 풍속이다. 때문에 만주 여자들은 보통 머리꼭지를 땋아서 돌렸다.287)

여기에서 주목할 점은 그가 주자학자들이 주장해 온 화제(華制)를 자신이 전개할 실학적 복식관의 화두로 선정한 데 있다. 화제란, 주자학자들의 대명의리론에 입각한 것인데, 복식제도에서 보면, 조선의 복식제도는 명제(明制)를 그대로 따라야 한다는 중화 중심주의에서 나온 것이다. 화제가 아니면 예가 아니라는 보편주의적, 절대적인 관념에서 비롯된 것이다. 그런데, 박제가는 그들의 주장이 화제에 대한 절대적 의미만을 부여하고 시대적으로 낡은 복식제도에 대한 문구 논쟁에 매몰되어 그들이 갖고 있는 논리의 모순을 바라보지 못함을 비판하였다. 그는 사례로 중국이 오랑캐 나라가 되었어도 여복은 명제를 그대로 따르고 있으나 그에 반해 명제

---

287) 朴齊家, 홍희유·강준석 역, 『北學議』「女服」, 여강출판사, 1991, pp.102-4.

의 계승자로 자처한 조선은 여자 복식이 모두 몽고양식을 따르고 있으니 그들의 주장과는 매우 다르며, 헛된 것에 불과하다고 생각했다.

그는 당시 주자학자들의 현실과 동떨어지고, 시대적으로 낡은 복식관에 대한 비판적 예시로 명과 조선의 여복 양식의 변천을 비교하였다. 홍치(弘治)·정덕(政德)은 명의 연호로서 각각 효종(孝宗, 1488~1505), 무종(武宗, 1506~1521)때를 말한다. 홍치(그림-49)에서 정덕(그림-50)으로 넘어가면서 여자 상의의 길이가 치마허리에서 점점 길어져서 무릎을 덮으며 치마는 끌리지 않고 주름을 잘게 잡은 것(그림-51)을 그 특징으로 지적하였다. 이에 반해 우리나라 여인의 저고리는 조선 전기(그림-52)에는 치마허리를 가리어 덮었던 것이 점점 짧아져서 지금은 너무 짧아지고 치마는 날마다 길어지면서 그 모양이 한심하다(그림-53)고 하였다. 즉, 명제는 저고리의 길이가 길어지고, 치마의 길이는 알맞게 변화하였으나 조선은 길던 것이 오히려 보기 흉할 정도로 짧아졌으니 어찌 화제(華制)를 따른다고 할 수 있는가 라고 반문한다. 또, 머리 모양에 대해서도 명제(明制)를 따르려면 오랑캐 풍속인 머리를 땋는 제도는 버려야 하고, 특히 여인의 가체(그림-53)는 고쳐야 하지 않느냐고 논박한다. 박제가는 주자학자들을 정면으로 비판하면서 나름의 대안을 전통적 방식에 의해 재구성하고 복식제도의 구상과 실천으로 나타내었다. (그림-48)은 박제가를 비롯한 실학자들이 제시한 여인의 복식제도를 형상화 한 것이다.

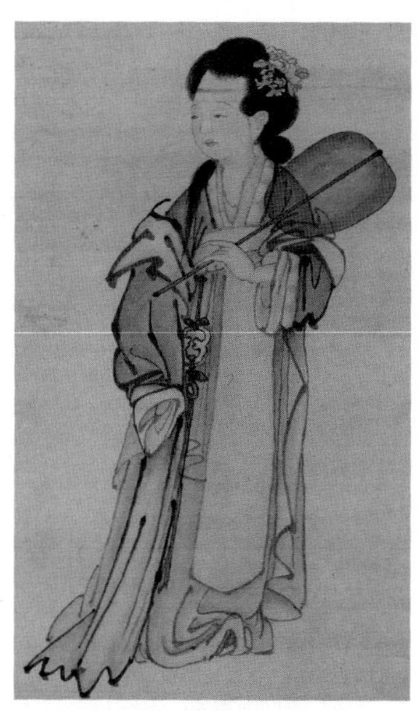

(그림 – 48) 단원 김홍도, 作,
≪仕女圖≫, 국립중앙박물관, 1992.

(그림 – 49) 憲宗년간, ≪明憲宗元宵行圖≫ 부분288)

(그림-50) 正德년간 여인
『中國古代人物服式考畫法』289)

(그림-51) 淸여인
『中國古代人物服式畫法』290)

---

288) 沈從文, 앞의 책 참조.

289) 黃輝, 『中國古代人物服式考畫法』, 上海人民美術出版社(『事物紺珠』).

290) 윗글.

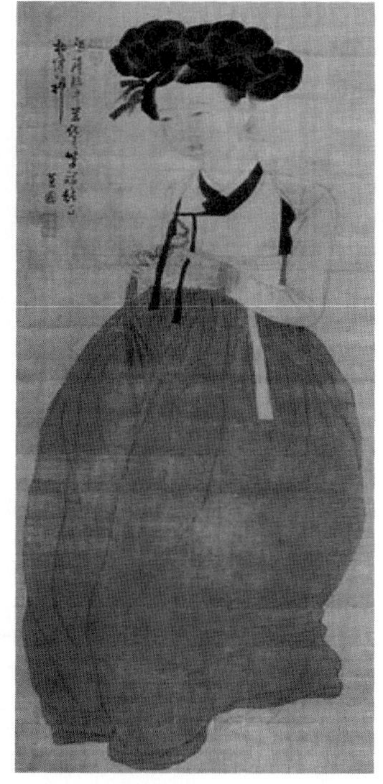

(그림-52) 윤덕희(1685~1766) 作, ≪讀書≫　　　(그림-53) 신윤복 作, ≪미인도≫

　박제가는 여복 양식이 명과 다른데도 주자학자들이 화제(華制)에 절대적 의미만을 부여하고, 낡은 예의 제도에 대한 분석에만 머물러 실천하려는 노력이 없는 허구적 실상을 비판하였다. 전통적인 주자학자들의 낡은 세계관을 버리고 새로운 세계관을 구축하기 위해 그는 그들의 주장인 화제에 대한 허구적 실상을 해체시켰다. 그는 여기에서 한 걸음 더 나아가 조선의 복식제도 개혁을 위한 대안을 제시하였다. 명의 멸망으로 옛것이 된 화제로 돌아가서 옳은 것은 취하고 낡은 것은 버리자는 견해를 제시한다.

　이러한 주장은 홍대용의 다음 글에도 동일한 관점으로 전개된다.

東方의 부인들의 다리 쪽지(髢髻)와 의복제도는 아직도 오랑캐의 풍속을 따르고 있으니, 지극히 괴이한 일입니다. 예법을 좋아하는 가문에서 더러 모방하여 행하기도 하나 단지 文字에 의거하다 보면 미상한 말이 많고, 사신이나 통역의 말을 참작하다 보면 전하는 말이 일정하지 아니하여 종종 中華 풍속도 아니고 오랑캐 풍속도 아니게 되어 한갖 해괴한 풍속이라는 비방만 가져오게 되니, 이는 실로 동방의 큰 결함된 일입니다. 혹 제공들이 그 미개한 것을 불쌍히 여기고 스스로 세워지려는 뜻을 아름답게 여기어 중화의 옛 제도와 근년의 沿革까지 아울러 상세히 적어 보내 주신다면 마땅히 길이길이 그 혜택을 받게 될 것입니다.

貢使의 내왕 길에 보았다는 것은 모두 민간 부녀자들의 일이요, 우선 남녀의 분별에 관계되는 것만 하더라도 보통 하는 總角과 비녀 꽂는 법마저도 또한 그 상세한 것을 알 길이 없습니다. 하물며, 예문가의 冠服 제도에 있어서 이겠습니까?

古今의 변천, 만족·한족의 구별, 길흉의 분간, 老小의 차등과 평상시와 제사 때의 차이, 한미한 사람과 귀족층의 차이, 俗人과 예문가의 차이, 미혼자·기혼자·과부·계집종·사역자 등의 옷에 이르기까지 반드시 각각 그 제도가 있을 것이니 위로는 머리 묶고, 상투 짜는 것으로부터 아래로 신발과 버선에 이르기까지 될 수 있는 데까지 상세하게 설명해 주시되 文字로 될 수 없는 것은 그림으로 밝히고 그림으로 밝힐 수 없는 것은 한 치 지름의 얇은 종이로 조그맣게 모형을 만들어 접어서 그 아래 붙여 주면 더욱 좋겠습니다.[291]

홍대용은 주자학자들이 문자에만 의거하다(章句之學) 보니, 중화 풍속도 아니고 오랑캐 풍속도 아닌 해괴한 풍속이라는 비방만 가져 온 것을 미개한 짓이라 평가하면서 이를 고치기 위해서 중화인에게 직접 물어보며 당시 제도를 고증하여 버릴 것과 계승할 것을 가려야 한다고 주장하였다.

난공이 "또 동방의 의복이 백색을 숭상함은 무슨 까닭인가?"
내가 "우리 나라는 동방이므로 본래 푸른 것을 숭상했는데, 백여 년 전

---

291) 洪大容, 앞의 책.

에 국상이 연이어 생겨서 10여 년 동안 흰 옷을 입었는데 습관으로 인하
여 상례가 되어 버렸다. 최근에는 자못 금하나 종내 변하지 않는다.”
　　난공이 “조선은 箕子의 후손이라 殷人이 백색을 숭상하였으니 이 때
문에 그런 것이 아닌가?”
　　내가 웃으며, “이것도 일설은 될 수 있다.”하니, 난공이 웃었다.

　　「餘冬緖錄」(何孟春이 지었다)에 이렇게 되어 있다.
　　“元나라 世祖가 중국의 제도를 모두 胡服으로 바꾸어 버렸으니 선비
나 백성이 모두 辮髮에 퇴계를 하고 챙이 넓은 胡帽를 썼으며, 의복은
袴褶(기마복)에 소매통이 솔고 주름잡힌 허리에 실로 땋은 허리띠를 둘렀
다. 부녀의 옷은 통소매에 짧은 웃도리와 주름치마였다.”
　　상고하건대 퇴계란, 오랑캐 풍속이 예부터 그러했는데 퇴자의 모양을
본떠 했다면 머리를 정수리에 묶는 것으로 중국 사람과 다를 것이 없다.

　　여기서 홍대용은 주자학자들의 주장인 조선은 기자(箕子)의 후손
이라는 기자설(箕子說)에 근거하지 않았다. 조선이 백색을 숭상하는
이유에 대해 기자설에 연유한 것은 주자학자들의 일설에 불과한 것
이지, 실제 원인은 국상에 있다고 생각한다. 결국, 실정을 바탕으로
역사적·사회적 조건의 변화에 따라 복식의 변화를 초래한다는 합
법칙성을 이해하고 있다. 사회 또는 문화의 변화가 정치제도와 상
응하여 의복을 결정하는 요소임을 입증하고 있다.
　　주자학자들의 의리명분 지향적 복식관은 실천·실상과는 모순된
보편주의적 예 관념을 절대화시켜 나타났고, 이것에 대한 반론으로
실학자들은 그들의 복식관을 부정하고 새로운 구상을 시도하였다.
결국, 당시의 화제관(華制觀)을 해체시키고 조선을 주체로 인식하
고 주체자의 입장에서 고례(古禮)의 것을 재해석하여 새롭게 구성
하자는 것이다. 이러한 생각에서 당시 실학자들은 실용적 복식관에
대해 언급하였다.

　물질적인 면에서 생산력이 낙후되어 있는 조선과 우월한 청의 문물과의 비교를 통해 장점을 취하고자 하는 수용적 자세를 보였다. 박제가는 중국 사람들은 모두 비단옷을 입고 담요를 깔고 자며, 침대도 있고, 평상도 있다. 농민들도 옷을 벗지 않고, 신을 신고 대님을 매며 밭에서 소를 몬다. 그런데 조선 농촌 백성들은 해가 지나고도 무명 옷 한 벌을 얻어 입지 못하고 이부자리 대신에 멍석을 쓰며, 그 안에서 자손을 기른다. 열 살 전후 때까지 겨울, 여름 할 것 없이 벌거벗고 다니면서 세상에 신발이나 버선을 신는 제도가 있는 지도 모른다고 개탄했다.

　　　역암과 난공이 물었다.
　　　"귀국에서는 비단옷을 입지 않습니까?"
　　　담헌이 자기가 입고 있는 명주옷을 가리키면서 대답했다.
　　　"겨울에 먼 여행을 나섰기 때문에 이런 명주옷을 입은 것입니다. 집에
　　　　있을 때는 우리나라 토산인 무명옷을 입습니다."
　　　형암은 논한다.
　　　우리나라에서는 검소함을 숭상하려는 의도에서가 아니라 오로지 가난하
　　　기 때문에 그런 것이다.292)

　홍대용도 생산력이 낙후된 조선의 실정을 정확히 표현하고 있다. 의복의 기능면에서 실용성은 실학자들에게 매우 중요한 것이다. 당시 조선의 복식은 허위의식에 가득 차 있었기 때문에 실용성이 무시되었는데, 이러한 실정을 개혁하고자 하였다.

　이덕무는 홍대용이 이미 말한 명(明) 액운의 징조를 상징하는 망건에 대해 다음과 같이 지적하였다.

---

292) 『청장관전서』. 「天涯知己書」 제63권.: 『국역청장관권서』XI, p. 29.

망건은 말의 꼬리라서 좋지 않을 뿐만이 아니라, 이마에 흔적을 남기게 되니 매우 좋지 못하다. 전족에 대해서는 여 담심 회(담심은자)가 그 시원에 대해 저술한 바 있고, 李漁의 「一家言」에 자세히 실려 있다. 또, 강희(淸聖祖의 연호) 때에 금지했으나 그대로 지켜지지 못했다고 한다. 머리에 망건을 쓰게 하고, 전족하게 하는 것이 뭐 좋은 법이라고 만들어냈단 말인가? 머리를 내놓지 못하고 발을 펴지 못하게 하는 것이 액운이 아니고 무엇이겠는가?[293]

망건과 전족의 역사가 오래 되었고, 명의 제도라 해도 기능면에서 실용성이 없다면 폐지되어야 한다는 주장이다. 사람이 습속에 매어 사물 본래의 의미를 상실해서는 안 된다는 것이다. 당시로서는 종래의 고정된 틀에서 벗어나 인식전환을 나타낸다. 각각의 민족 문화가 자신의 독자성과 정체성을 가지면서 발전한다는 생각이 피력되어 있다.

> 가) 아침에 山莊 문 밖에서 백관들이 朝曾에서 물러나오는 섯을 보니, 붉은 벙거지에 소매가 말굽 모양의 옷을 입고 있어 보는 사람으로 하여금 부끄러워하게 하는데, 우리 사신들의 의관이야말로 아름답기가 신선 같았다. 그런데, 거리의 아이들은 놀라고 괴이하게 여겨 도리어 우리를 배우 같다고 한다. 슬픈 노릇이다.[294]

> 나) 노인은 자기 신을 벗고 내 신을 신어 보며, "이 신은 무슨 가죽으로 만든 것입니까?"하고 묻는다. "당나귀 가죽으로 만들었습니다." "밑창은 무슨 가죽입니까?" "쇠가죽입니다. 기름을 먹여서 진흙을 밟아도 물이 스며들지 않지요." 노인과 도사가 다 같이 참 좋다고 칭찬하고, 다시 "이 신이 진창에는 편리하지마는 마른땅에는 발이 부르트지 않습니까"하고 묻기에 나는 "참으로 그렇습니다" 하고 대답했다.[295]

> 다) 중국 승려들의 갓에 등나무 올로 결어 만든 것은 그 빛이 우리 나

---

293) 윗글, p. 35.
294) 『열하일기』 제 17권, 「피서록」.
295) 윗글, 제 2권, 「盛京雜志」, 7월 10일 丙戌.

라의 草笠과 같고, 종려나무 껍질 올로 결어 만든 것은 그 빛이 우
리 나라 朱笠과 같다. 동나무 갓에다가는 종려 껍질을 올로 무늬를
놓았고, 종려 껍질 갓에다가는 등나무 올로 무늬를 놓았다. 몽고 사
람 역시 여름에는 갓을 쓰는데, 대개 가죽으로 만들어 금칠을 한
위에다가 구름을 그렸다. 우리 나라 습속에는 겨울에도 갓을 쓰고
눈 속에서도 부채를 들어 다른 나라의 웃음거리가 되고 있다.296)

라) 몽고 사람들이 머리에 쓴 것은 우리나라 쟁반처럼 생겼고 테가 없
다. 그 위에는 양털을 붙여 누른 빛 물감을 들였다. 또 어떤 사람은
갓을 썼으나 그 모양이 우리나라 氈笠과 같은데 어떤 것은 등나무
로, 어떤 것은 가죽으로 만들어서 안팎에 금빛을 칠하거나 혹은 오
색 빛깔을 뒤섞어 구름 모양 같이 그렸다. ……내가 쓰고 있는 갓
은 氈笠(이른바 갓벙거지) 같이 생긴 것으로 은으로 장식을 박았고,
꼭대기에 공작 깃을 달았고 수정 끈으로 턱에 붙들어 매었다. 전에
몽고 사람과 회교도 두 오랑캐의 눈에는 어떻게 보였을까?297)

박지원은 청, 몽고, 티벳 등의 의복 형태를 객관적으로 비교하면
서 조선과 다른 문화를 가지고 있으며, 그들만의 독자성과 정체성을
지니고 있음을 인식한다. 그러나 왜 그런 옷을 입고 있으며, 그 구
성요소와 세계관은 무엇인지에 대한 이해까지는 아직 미치지 못하
고 있다. 다만 지역적 차이가 곧 문화적 차이를 낳는다는 문화의 상
대성을 인정하고 우리가 다른 문화를 보고 이상하게 여기듯이 그들
도 우리 문화에 대해 마찬가지라는 것이다. 즉 복식은 민족적 특성
을 나타낸다는 인식 전환을 보이고 있다.

이상과 같이 북학파들의 복식관에 나타난 방법론적 특징을 보면 첫
째, 그들은 사물 현상에 대한 관찰력이 예리하고 자기체험을 일반화하
는 능력이 있다. 박지원은 조선 쪽 일행의 복장을 상세히 관찰하여 적

---

296) 윗글, 제 26권, 「銅蘭涉筆」.
297) 윗글, 제 6권, 「太學留館錄」, 8월 11일 丁巳.

고 한인, 만주여인의 복식을 관찰하는데 있어 그 능력이 탁월하였다.

둘째, 문화현상을 연구함에 있어 예리하고 면밀한 고증과 상호간의 비교방법을 광범위하게 적용하였다. 우리나라의 복식 풍습에 대하여 항상 그 유래와 변천을 밝힘과 동시에 다른 나라와 비교 연구하는 방법을 적용한다. 박지원은 명과 조선 여자 복식제도, 조선과 청의 혼례 제도 등을 비교하여 복식의 다양성과 계승성을 논의하였다.

셋째, 조선의 높은 문화 수준과 민족적 특색에 대해 당당한 자부심을 가지고 있었다. 연암은 조선 복식에 대한 긍지와 자부심을 중국 연행시 여러 군데에서 표현하였다. 노상에서 길 가던 노인이 그가 신은 갓신을 부러워하자, 그것을 벗어 보이고 노인이 그 신의 소재를 묻자, 연암은 자랑스럽게 "당나귀 가죽으로 만들었고, 밑창은 기름을 바른 쇠가죽이요"라고 대답하였다.[298] 또한, 조선 여인의 복장을 물어 보는 청의 학자들에게 위는 저고리, 아래는 치마, 머리는 쪽 트는 법을 대강 말하고 원삼, 당의 등을 책상 위에 그림을 대강 그려 보였다.[299] 그는 만주여인이 전족을 신지 않고 궁혜를 신지 않는다는 이야기,[300] 중국 여인이 만주여인이 되지 않으려고 구속적인 전족을 버리지 않는 사정,[301] 몽고인의 복장,[302] 북경 회회관에서 본 회회인의 복장을 상세히 관찰하였다.[303] 이와 같이 연암은 해당 종족복식의 다양성에 대해 적고 복식이 민족적 특성을 나타내며 민족의 상징으로 설명하였다.

넷째, 이용후생을 강조하였다. 복식은 기능 면에서 빈부의 차이

---

298) 『열하일기』, 권 2, 「성경잡지」 7월 10일 병술.
299) 윗글, 「태하유관록」, 8월 10일 병진.
300) 윗글 권 7. 「화연도중록」,
301) 윗글 권 6, 「태학유관록」, 8월 10일 병진.
302) 윗글, 월 11일 정사.
303) 윗글 권 23, 「황도기략」.

가 없어야 하며 실용을 그 으뜸으로 하여야 한다고 강조했다. 북학파는 청(淸)의 복식제도에 대해 형태는 위, 아래 남녀노소의 차이가 없이 모두 같으며 다만, 직물, 보석이 종류에 따라 등급의 차이를 나타내는 청 복식의 장점으로 보았다. 청의 의생활 문화 수준이 일반 백성에게도 풍족한 혜택을 준다는 점을 매우 높이 평가하였다. 반면에 조선의 복식은 의복의 형태, 소재에 이르기까지 그 차별을 나타내며, 직물생산기술도 낙후되어 있어 가난한 백성에게 이롭지 않다고 비판하였다. 연암은 특히, 사람이 남의 것을 배우는 입장은 주체가 있어야 하며, 창조적이어야 한다는 것을 강조했다. 남의 것을 기계적으로 모방하는 것을 비난하여 "수박을 겉만 핥고 후추를 통으로 삼키는 사람과는 이야기 할 수 없으며, 이웃 친구의 털옷이 부러워서 한겨울에 빌려 입고 나서는 사람과는 철을 이야기할 수 없다"고 하였다.[304]

북학파는 다른 나라와 복식비교를 통해 복제개혁을 시도하고자 했다. 첫째, 그들은 의복의 형태를 신분등급에 의한 차별 없이 일정한 모양으로 통일하기를 제안하였다. 특히, 대수(大袖)는 명나라에도 일찌기 없었던 제도인데, 조선에서만 소매의 넓이가 매우 커진 이유를 알지 못하겠다고 했고, 또 도포의 유래가 중의 도복에서 기인한 것인데 이를 17세기 이후 사대부들이 지금까지 아름다운 옷으로 여기고 있는 점에 대해 의문을 남기고 있다. 따라서 소매의 넓이를 줄이고 실용성과 근면성을 제약하는 의복의 형태는 고쳐 입기를 제안하였다(그림 - 56).

둘째, 그들은 정숙하지 못한 옷차림에 대해 부정적이다. 박제가의 중국 여인과 조선 여인의 복장을 비교하면서 상의가 짧고, 치

---

304) 윗글, 「영처고서」.

마 길이가 점점 길어지는 시속의 경향을 비판(그림-53)하고 중국 여인의 옷차림의 정숙함을 옹호하였다.(그림-51) 당시 여인의 복식현상에 대한 비판은 실학자들에게 동일한 비판의 대상이었다.

셋째, 그들은 옛 제도와 근래의 제도를 잘 병행하여 이로운 점을 취하고자 했다. 중화문명이 상징인 '망건'의 제도는 명이 정치적 통일을 목적으로 시행한 것이나 이미 중화문명은 오랑캐에 넘어 가고 명이 없는 지금, 그 기원에 불합리하며 이마를 조이고 자국을 남기는 불편한 점이 많아 좋지 않은 제도임을 밝히고 있다. 즉, 그 제도의 필요성을 느끼지 못하고 사람에게 불편한 점이 큼으로 폐지하기를 주장하였다. 또한, 여러 곳에서 옛 제도를 버리고 당시 실정에 맞는 의복제도 개혁을 제안하였다.

넷째, 그들은 다른 나라의 복식을 수용할 때는 조선의 문화구성원리가 전제되어야 한다고 했다. 실학자들은 동도북기(東道北器)론을 주장한다. 청의 이로운 문물을 받아들이면서 우리의 민족정신을 기본 바탕 위에 실행해 나갈 것을 피력하였다. 만주여인은 몽고여인과 구별되기 위해 머리를 땋아서 돌린다고 하면서 우리에게도 남아있는 오랑캐의 제도를 시급하게 고칠 필요가 있음을 주장하였다.

3. 사회 변동과 복식관

(1) 사민론(四民論)의 변화

신분제는 전근대적 사회체제를 대표하는 요소로서 전 근대사회

와 근대사회를 구별하는 유력한 지표이다. 전통사회에서 사농공상
(士農工商)의 사민(四民)은 사회적 분업의 기본적인 형태로서 사람
들 사이의 사회적 관계를 표현하는 기초적인 단위이다. 즉 분업의
기본적인 형태로서 사람들 사이의 사회적 관계를 표현하는 기초적
인 단위였다. 그것은 줄곧 신분제와 결합되어 있으면서 전통사회의
특정한 사회구조를 결정해 왔다. 실학자들은 그들이 구상한 새로운
사회에 있어서도 사민이 분업의 기본 형태이자 사회적 관계의 기
초라는 점은 마찬가지였다.[305] 그러나 그들은 전통적인 신분제에
비판적이었고, 그들에게 있어서의 사민은 신분제와의 관계에서 전
통적인 것과는 차이가 있을 수밖에 없었다.

조선후기는 신분 사이의 이동이 활발해지고 신분제 자체의 동요
가 일던 시기이다. 이러한 사회변동에 따라 실학자들은 신분제의
폐해에 눈을 뜨고, 개혁을 제기하기에 이르렀다. 홍대용은 그들 중
의 한 사람으로 다음과 같이 신분제의 폐해를 지적하였다.

> 우리나라는 본래 名分을 중히 여긴다. 양반의 무리들은 비록 궁핍과
> 굶주림을 당하더라도 팔짱끼고 편히 앉아 봉사 일을 하지 않는다. 간혹
> 實業에 힘써 몸소 천한 일을 달갑게 여기는 자가 있으면 모두 나무라고
> 비웃어 마치 노예를 보듯이 하니 노는 백성이 많아지고 생산하는 자는 줄
> 어든다. 재물이 어찌 궁하지 않을 수 있으며, 백성이 어찌 가난하지 않을
> 수 있겠는가![306]

---

305) 윗글, 「朴下經綸」.
306) 윗글, 「林下經綸」.

(그림 – 54) 단원 김홍도 作, 《버타작》, 삼성문화재단, 1995.

그가 보기에 신분제의 폐해는 무엇보다도 양반계층이 명분에 집착하여 노동하지 않는데 있었다. (그림 – 54)에서 보이는 양반의 태도는 그들 자신도 궁핍으로부터 벗어나지 못할 뿐만 아니라 노동에 대한 기피현상까지 파생시킨다는 것이다. 결국 나라 전체가 고갈되고 자연히 모든 사람이 궁핍해 진다는 것이다. 홍대용이 보기에 신분제의 문제는 노동력 감소에 따른 생산력의 발전을 저해하는 요소이다. 이에 대해 그는 다음과 같은 방안을 제기하였다.

마땅히 법을 엄격히 세워서 四民에 관계없이 놀면서 입고 먹는 자는 官에서 벌칙을 마련하여 세상에 용납할 수 없도록 해야 한다. 재능과 학식이 있다면 비록 농부나 장사치의 자식이 관청에 들어가 앉더라도 참람

스러울 것이 없고, 재능과 학식이 없다면 공경의 자식이 하인이 되더라도
한스러울 것이 없다. 위와 아래가 힘을 다하여 그 직분을 행하는데 근면하
고 태만함을 살펴서 상과 벌을 주어야 한다.307)

노동력과 생산량의 감소 현상에 대한 그의 치유책은 신분에 상
관없이 모든 유의유식자(遊衣遊食者)를 법으로 제재하는 것이다.
이 원칙을 실현하는 방안으로 직분이나 혈통에 따라 세습되는 것
이 아니라 재능과 학식, 또는 인품과 재주에 따라 후천적으로 결
정되어야 함을 주장하였다. 직분과 혈통을 분리함으로써 직분에 씌
워져 있던 차별을 제거하고 그리하여 신분적 차별로부터 해방된
직분이 스스로 적합한 재능과 학식, 인품과 재주에 자유롭게 결합
할 것이라고 생각한 것이다.

이덕무(李德懋)도 구체적으로 양반의 무위도식을 비판하면서「사
소절(士小節)」에서 노동의 가치를 선비의 본분으로 지적하고 그가
알고 있는 인물을 통해 전형을 제시하였다.

유정모308)는 글을 읽고 가정을 다스릴 적에 화려함을 버리고 진실함을
취하는 것으로 근본을 삼았다. 인품이 마치 어리석은 사람처럼 생겼지만
이웃사람들은 모두 그에게 감복하였다. 발을 짜고 새끼를 꼬며, 가지를 심
고 포도를 심어서 그것을 팔아 생활하였다. 식구 열 사람이 어른이나 어린
이를 막론하고 모두 맡은 일이 있어서 각기 생활을 도왔고, 가정이 법도가
정연하였다. 비록 가난했지만 죽을 때까지 굶주리지 않았다.309)

---

307) 홍대용,『담헌서』내집 4권 보유「林下經綸」, p. 307.
308) 柳鼎模: 자는 子和, 본관은 文化, 벼슬은 찰방이었다.
309) 이덕무,『청장관전서』제27─29권「士小節」제 1;『국역청장관전서』Ⅵ, pp. 9─10.

(그림 - 55) 단원 김홍도 作, ≪자리짜기≫

　그는 선비는 먼저 조용히 사는 재미를 찾으나 또한 근로의 일을
아는 것이 곧 본분이라고 하였다.[310] 이것은 사민론에서 그가 농업
을 가장 중한 직분으로 여기는 것과 일치하는 것으로 선비의 유의
유식을 사회적 폐해로 보는 그의 새로운 사회관을 나타낸 대목이
다. 유교사회의 신분제는 명분과 혈통이 결합함으로써 직분과 명분
이 일치하던 제도이다. 이러한 신분제 하에서 사농공상의 직분은
혈통과 결합되어 세습성을 갖고 명분과 일치되어 위계성을 갖는다.
세습성과 위계성은 전통사회의 사민의 핵심적인 성격이라고 할 수
있다. 반면에 홍대용, 이덕무를 비롯한 실학자들은 직분과 혈통,
직분과 명분의 분리를 추구한다. 따라서 그들의 사민은 세습성과
위계성이 제거된 순수한 직분상이 구별이 된다. 이 점이 실학자들
이 갖는 새로운 면모라 할 수 있다. 따라서 신분변동이 복식에 어

─────────────

310) 「사소절」제 5권, 사전 5 사물; 윗글 Ⅵ. p.102.

떻게 반영되었는지 사민론의 변화에 따른 북학파의 복식관을 검토
하고 그 현실성의 정도를 가늠해 볼 것이다.

(2) 사민론과 복식관

이덕무는 「사소절」에서 의복과 음식은 자신의 재학(才學)에 알
맞게 입고 먹어야 재앙이 없다고 하였다. 만일, 무지하고 어리석어
하는 일도 없으면서 좋은 의복과 음식을 늘 생각하는 것은 실로
난(亂)의 근본이라 했다.311) 의식(衣食)의 생산 분배에 있어서도 위
계적 신분 세습에 의해 축적되는 것이 아니라 개인의 능력에 따라
소득의 분배가 이루어지는 것이라는 근대적인 경제 원리를 담고
있다.

또, 무릇 입에 들어가는 것이면 다 음식이라 할 수 있고 몸에
입는 것은 다 의복이라 하였는데,312) 대소귀천, 여항·위항에 관계
없이 사치가 없고 검소한 생활 문화가 가장 중요하다는 것이다.
개인의 능력을 생산 분배의 기준으로 삼고 검소한 생활문화가 특
히 강조된 그의 복식관에는 사람의 차림새에 의해 가치가 결정되
는 것이 아니며, 오히려 허름한 차림이라도 소박함이 바른 생활문
화를 결정하는 중요한 요소임을 강조한다. 따라서 (그림-56, 57)에
서 보듯이 그는 신분에 따라 복식제도를 형성하는 것이 아니라 인
체의 치수에 따라 기능성을 위주로 복식을 개량할 것을 주장한다.

---

311) 「사소절」제 5, 사전 5, 사문; 윗글Ⅵ, p. 102.
312) 「사소절」제 1, 사전 1, 복식.; 윗글, p. 24.

말을 공교로이 하고 얼굴을 곱게 꾸미는 자는 순수한 선비의 베옷과
가죽띠와 허술한 갓에 허름한 신발차림으로 말을 더듬거리고 행색이 겁먹
은 듯한 것을 보면 반드시 힐끗거리고 웃어대면서 마치 뒷간 속에서 나온
사람 같이만 여길 뿐이 아닐 것이다. 그러나 그렇게 보이는 순수한 선비가
도리어 그런 자들을 마치 썩어 죽은 개처럼 취급하는 줄을 어찌 알겠는
가? 가엾다. 목궤와독(木机瓦獨은 모두 선비의 소박한 것을 비유한다) 속
에 성(城)과도 바꾸지 않을 구슬(璧)313)과 수레(乘)를 비출 만한 명주(明
珠)314)가 감추어져 있음을 어찌 알겠는가?315)

(그림－56) 김홍도 作, 《馬上聽鶯圖》

(그림－57) 김홍도 作,
《기와 이기》 부분

이것은 사(士)의 존재를 나타낸 대목으로 그의 생활 처지와 이상
적인 산림관을 반영하고 있다. 이덕무는 서자(庶子)로 학문을 좋아

---

313) 귀중한 보배라는 뜻.
314) 값진 보배라는 뜻.
315) 「영처잡고」 I, 제 15권: 『국역청장관전서』 II, pp. 12－3.

하여 뒤늦게 규장각 검서관으로 등용되었으나 집안 살림은 어려운 처지에 있었다. 가난한 생활 때문에 친구를 도울 수 없는 자신의 처지를 비관하기도 하였다. 그는 서족(庶族)을 업신여기는 것은 오랑캐 풍습이라고까지 논박하였다. 이것은 당시 서얼통청운동이 일어난 시대적 상황을 반영한 것이기도 하다. 그는 조선후기 사회의 신분 변동에서 사(士)의 범위와 지위, 역할에 대해 주목하였다. 이러한 점은 북학파에게 공통되게 나타나는 현상으로 박지원의 사(士) 중심 실학론에도 잘 나타나 있다.

연암은 사(士)가 농·공·상의 신분·직역을 포괄하는 존재로 파악하고 사회의 운영에서 중심적이며 세 신분을 지도할 때 비로소 사(士)의 학문이 실학이 된다고 파악하였다. 곧 선비의 학문은 명농(明農)·혜공(惠工)·통상(通商)을 일관하는데서 실학으로 성립한다는 것이다.316)

18세기 이후, 조선사회의 신분구조에 뚜렷한 변화추세가 나타났다. 노비제와 노비신분에 있어 큰 변화가 나타났는데, 면천종량(免賤從良) 기회의 확대, 노비세전법의 변화, 노비 신공(身貢)의 감면 등은 노비호구의 감소를 수반하게 되었고, 19세기에 들어서 내사노비(內寺奴婢)의 혁파(1801), 노비 신분세습법의 폐지(1886), 노비제도 자체의 폐지(1894)로 이어지게 된다.317) 조선왕조 말까지도 노비는 의연 존속했지만 조선 사회의 신분구조에서 노비가 차지하는 위치는 현저히 약화되었다.

양반사회에도 뚜렷한 변화가 초래되었다. 변화는 크게 두 가지 서로 다른 방향으로 나타났는데, 중앙에서 고위관직을 점차 독점해

---

316) 『燕巖集』卷17, 課農小抄, 諸家總論.

317) 지승종, 「조선후기 사회와 신분제의 동요」-조선 사회의 신분과 조직, 문학과 지성사, 1999, 참조.

간 노론계열 즉, 경화거족(京華巨族)의 대두가 하나라면 향촌사회
에서 기존의 재지사족집단의 지배력이 약화되면서 몰락한 양반이
속출하고 반면 경제적으로 성장한 상민층이 하층양반으로 상향 이
동함으로써 결과적으로 양반신분자체의 의미가 상대적으로 퇴색되
어간 것이 또 다른 하나였다. 이는 결국 양반신분의 내적분화가 격
심해 졌음을 의미하는 것이다.[318] 이런 변화과정에서 기술직 중인
과 서얼, 그리고 향리집단도 신분적위상의 변화를 걷고 있었다. 기
술직 중인들은 양반신분으로부터 배제된 자신들의 신분적 처지를
극복하기 위해 노력하는 한편, 자신들이 향유하게 된 제한된 특권
의 유지에도 부심하면서 독특한 중인문화를 발전시키고 조선시대
말기의 근대화의 과정 속에서 적극적인 사회적·정치적 진출의 길
을 모색해 나갔다.[319]

이제 조선시대 신분제는 근본적인 변화의 조짐을 노정하면서 계
급적 불평등 체계에 대한 재구조화의 길을 걷고 있었다. 실학자들
의 사민론(四民論)은 이러한 시대적 상황을 반영한 사회개혁으로
서 그들의 처지도 같은 길을 걷고 있었던 것이다. 따라서 그들이
사(士)의 구획과 새 시대에 맞는 지위, 역할에 대하여 그들의 저서
를 통해 집중적으로 의견을 제시했던 것이다.

이덕무, 박제가의 신분이 서얼인데서, 또 박제가가 소북(小北)계
열 가문의 후예인데서 알 수 있듯이 북학파의 영향은 신분, 당색
을 넘어서고 있었다. 이덕무는 기술직 중인으로 법적으로는 양반
신분에서 배제되었으나 사회적인 신분으로는 양반으로서의 지위를
갖고 있는 인물이다. 이러한 신분적 처지의 영향으로 그는 누구보

---

318) 김필동, 『차별과 연대』-조선 사회의 신분과 조직, 문학과 지성사, 1999, 참조.
319) 한영우, 『조선전기 사회 사상 연구』, 지식 산업사, 1983; 정옥자, 「조선후기의 기술직 중
　　　인」, 『진단학보』 제 61집, 진단학회, 1987, 참조할 것.

다도 중인문화를 형성하는데 부단한 노력을 했을 것이다. 이러한 점은 신분제와 긴밀하게 관련되어 있는 적서차별의 문제, 과부재가의 문제, 붕당의식의 문제 등을 통해서도 드러난다. 그는 이 문제들과 관련하여 개혁론의 입장에 서 있었다. 그러므로 시대적 현실에 대한 그의 고민을 복식개량안을 통해 검토하였다.

적삼 끝의 汗巾[320]이 길고 넓으면 나태함을 기르고 일하기에 불편하니 없애는 것이 좋다. 대저 소매와 옷자락이 쓸데없이 길면 일하는 데에 크게 방해된다.

(그림-58) 김홍도 作, ≪자리짜기≫ 부분

위에서 지적한 대로 선비는 근로를 그 근본으로 여겨야 하고 유정모의 생활처럼 선비는 노동의 즐거움을 알아야 한다고 말했다. 따라서 노동하기에 불편한 점인 소매가 길거나 옷자락이 길어서는 안 된다고 지적했다. 복식형태로는 (그림-56, 57)과 같이 제시할 수 있다.

---

320) 汗衫과 동일.

한가히 있을 때는 아무리 덥더라도 半臂만 입지 말고, 科場에서는 아
무리 피로하더라도 도포를 벗지 말라. 아무리 날씨가 춥더라도 짧은 저고
리(短襦)를 위에 끼어 입지 말고, 몹시 더운 날씨라도 옷깃을 열지 말고
짧은 적삼(短衫)만을 입지도 말며, 버선을 벗고 바지 끝을 걷어올리지도
(券袴口) 말라.

(그림-59) 김홍도 作, ≪우물가≫ 부분

버선 등을 꿰매는 것은 틀어지게 해서는 안되고, 바지 끝을 묶는 대님
(袴係)은 느슨하게 해서는 안되고, 적삼에는 수건을 달되 길게 해서는 안
되고, 쑾子에는 끈을 매되 넓게 해서는 안된다. 대저 허리띠를 맬 때는
높아도 가슴 위로 올려 매서는 안되고, 낮아도 배꼽까지 내려 매서는 안되

며, 졸라매지도 말고 늦춰 매지도 말며, 맺는 부분은 반드시 고를 내고(同心) 두 가닥 길이가 같게 하라.

福巾의 띠는 반드시 두 가닥으로 하되 두 가닥이 들쭉날쭉하게 말라.321)

網巾이란, 머리털을 싸매기만 하면 되는 것이니 바싹 죄어매서 이마에 누린 흔적이 있게 해서는 안되고 느러지게 매서 귀밑에 흩어진 털이 있게 해서도 안된다. 그리고 눈썹을 눌리게 매지도 말고 눈꼬리가 위로 치켜들게 매지도 말라. 갓이 비록 해졌더라도 정제해야 하고, 옷이 비록 남루하더라도 단정하게 입어야 한다.

士人의 두상에는 아무리 바쁘고 권태롭다 해도 한시라도 갓을 쓰지 않아서는 안된다. 쏥子를 앞으로 푹 숙여 쓰고 챙 밑으로 남의 기색을 흘겨 살피는 것은 떳떳하고 길한 기상이 아니다. 입자를 뒤쳐 쓰지도 말고, 끈을 움켜잡아 매지도 말고, 흩어 매지도 말고, 귀에 내려오게 매지도 말라.

(그림-60) 김홍도 作, ≪行旅風俗圖≫

입자에 竹纓을 드리우는 것은 간결하다. 그러나 시골에 있을 때나 그렇게 하는 것이 마땅하지, 도시에 다닐 때는 불가하다.

---

321) 「사소절」제 1, 사전 1, 복식; 앞의 책 Ⅵ, pp. 20-4.

(그림-61) 김홍도 作, ≪茅亭風流≫ 부분

복건에 입자를 겹쳐 쓰는 것도 또한 편의하다. 그러나 밖에 나갈 때는
세속을 따를 것이지만 집에 있을때는 겹쳐 쓰지 않는 것이 좋다.

그는 『예기』에 "군자는 옷만 갖추고 용의(容義)가 없는 것을 부
끄러워한다"고 하였고, 『시경』에 "저 사람은 옷이 몸에 어울리지
않는다"고 인용하였는데, 실학적 복식관의 구조에서 심(心)과 복식
의 관계를 설명한 글이다. 그는 선비는 마음 밝히기를 거울같이
해야 하고, 몸 규제하기를 먹줄같이 해야 한다. 거울은 닦지 않으
면 먼지가 끼기 쉽고, 먹줄이 바르지 않으면 나무가 굽기 쉽듯이
마음을 밝히지 않으면 사욕이 절로 가리우고 몸을 규제하지 않으

면 게으름이 절로 생기므로 마음과 몸을 다스리는 데도 마땅히 거울처럼 닦아야 하고 먹줄처럼 곧게 해야 한다[322]고 지적하였다. 즉 심(心)은 기호에 따라 행동양식이 형성되고 이것은 현실 생활에서 복식에 표현된다. 사(士)의 지위와 역할이 모호하고 불투명한 조선 후기사회에서 선비의 위의(威儀)를 위한 복식의 예설(禮設)을 이덕무가 설정한 것이다. 이것을 통해 우리는 실학적 복식관의 구조적 원리를 이해할 수 있고, 당시 중인층이 사회적 신분으로는 양반을 의미하고 있음을 알 수 있다.

이덕무는 당시 복식 관습에서 선비의 용의를 떨어뜨리는 것 중 으뜸을 갓으로 생각했고, 이것에 대해 「양엽기(陽葉記)」에서 실질적인 개량안까지 제시한다. 그의 갓에 대한 연구는 세 영역으로 나뉘어 진행되는데, 우리는 그의 학문적 경향과 실증적 분석방법, 문화비교 방법 등을 고찰할 수 있다.

먼저, 그는 갓의 유래가 농부의 우구(雨具)에서 비롯된 것이라 하였는데, 이것은 사민론(四民論)에서 농민을 중심으로 바라보는 그의 농업관이 반영된 것이다. 「영처잡고」에서 그는 갓의 폐단이 너무 심해 개조하는 것이 좋다는 견해를 제시하였다.

> 요즈음 갓의 제도는 점점 높고 넓어져 쓰기에도 아치가 없고 균형이 안 맞아 볼품이 없다. 속담에 '갓이 너무 크면 項羽라도 짜부러 들고 갓이 파손되면 학자라도 낭패스럽다'고 한다. 조정에서 令을 내려 일체 금하고 별도로 冠巾을 만들어 반포하되 등위를 정해야 한다. 다만 小笠을 제작하여 말 타는 자와 보행자가 野行할 때에 머리에 쓰고 비를 피하거나 햇볕을 가리는 도구로 하는 것은 괜찮다. 그 제도는 모자는 이마를 덮을 수 있으면 되고, 꼭대기는 지금의 갓같이 평평하지 않아도 좋으며, 만약 꺾을 수 있으면 꺾어서 氈笠처럼 뾰족하지 않은 것이 좋다. 다만 갓모자

---

322) 「영처잡고 1」제 5권; 앞의 책 Ⅱ, p.12.

높이는 조금 낮추고 갓양태는 날카롭지 않게 해야 한다. 베 2자 5푼이면
되고, 갓끈은 넓되 길게 할 것은 없다. 평양 무열사의 李如栢의 화상을
보면 알 것이니(그림 – 64, 65), 이는 그 본보기이다.323)

(그림 – 62) 野笠, ≪淸代學者像≫
黃輝 著『中國古代人物服式考畫法』

(그림 – 63) 氈笠,
≪동지사복≫324)

---

323) 윗글.

324) ≪동지사복≫, 洪大容과 李基誠이 동지사로 갔을 때, 嚴誠이 그들의 모습을 그린 그림.

(그림-64) 이여백 화상의 추측형태 1
≪明憲宗宵行樂圖≫ 부분(沈從文著,
『中國古代服飾研究』)

(그림-65) 이여백 화상의 추측형태 2
≪玉杵記≫ 揷圖(沈從文著, 왼쪽 글)

　　그는 갓의 폐단은 이루 다 말할 수 없다고 지적하였다. 양태가
너무 크고 날카로 와서 좁은 상에서 함께 밥을 먹을 때도 그 끝이
남의 눈을 다치게 하며, 과장적인 형태는 난쟁이가 갓 쓴 것처럼
보기 흉하다고 하였다. 양태에 비해 갓 모자는 좁아서 바람이 불
기라도 하면 위로 갓이 말려 멋대로 펄럭이고 벗겨지지 않기 위해
갓 끈으로 단단히 동여매면 갓 끈이 끊어질 듯 팽팽해져서 턱과
귀가 모두 올라가 모습이 민망스럽다고 지적했다.

　　그의 이러한 생각은 갓 제도의 개량안으로 연결된다. 그는 개조
할 부분에 대해 갓모자의 통은 이마를 덮을 정도로 커야 하고, 높
이는 낮으며, 모양은 평평하지 않아도 된다고 지적하였다. 또, 양
태는 날카롭지 않고 부드러우며 짧은 것이 좋다고 제시한다. 실험

적 모델로 평양 무열사의 이여백의 화상을 제시하였다. 무열사(武
烈祠)란 1593년(선조 26년)에 명나라 병부상서(兵部尚書) 석성(石
星)의 은덕에 대한 보답과 그 공을 가리기 위하여 평양에 세운 사
우(祠宇)인데, 건립과 동시에 사액을 내렸고 후일 원병을 이끌었던
명나라 장수 이여송(李如松),[325] 양원(楊元), 이여백(李如栢), 장세
장 등이 죽자 이들을 추앙하기 위해 건립한 것이다. 명나라 장수
가 쓴 갓의 형태를 통해 (그림-64, 65)와 같이 추측해 본다. 그는
야립(野笠, 그림-62) 또한 갓모자의 통이 크며 갓 양태가 짧아 쓰
는 것이 편리하며 죽(竹)으로 만들어, 여름에 시골에서 이것을 쓰
면 여유자작한 아치가 있다고 하였다.

(그림-66) 笠帽制의 착용상태

　　결과적으로 그는 조선 후기에 양반들이 쓰고 있던 갓의 형태(그
림-66)는 머리 형태에 맞지 않고 과장이 너무 심해 사람의 활동
을 제약하는 요소로 작용한다는 것이다. 이러한 시각은 그의 사회
개혁관을 반영한 실용적 복식관으로 귀결된다. 양반의 허위의식을
드러내어 실용성을 강조하였던 것이다. 또한, 그는 대안적 구성에
있어서도 낡은 것과 새로운 것의 중도(中道)를 견지하면서 개량형

―――――――――――

325) 『선조실록』참조.

태를 연구하였는데, 한쪽으로 치우친 주자학자들의 옛것에 대한 고립적 자세에 대해서도 다음과 같은 예시를 제시하면서 비판하였다.

> 山人 趙衍龜는 학문이 넓고 옛것을 좋아한 분이다. 그가 일찌기 말하기를, "鶴氅衣를 입고 首陽山城을 유람하였더니, 城將이 괴상한 옷이라 생각하고 부하들에게 눈짓하여 결박하려고 하기에, 공손한 말로 애원하여 겨우 모면하였는데, 邵康節이 深衣를 입지 않으면서 말하기를 '나는 지금 사람이니 지금 사람의 옷을 입을 뿐이다'라고 한 말이 의미가 있음을 더욱 깨달았다. 이때부터는 감히 옛것에 집착하여 세속을 놀라게 하는 일을 하지 않았다"하였다.326)

　당시 주자학자들이 옛것(華制)에만 치우쳐 시대변화를 무시하는 경향에 대해 학창의(鶴氅衣)·심의(深衣)의 예를 들어 설명한 글이다. 이것은 시대적 상대성으로 파악하고 매시기 변화하는 복식제도에 대한 북학파의 현실적인 태도를 나타낸다.

　당시 사회적·예술적 배경도 이덕무의 복식관에 반영되었다. 그는 조선시대의 특수한 신분범주인 중인으로써, 조선후기 신분제 변동의 중요한 양상을 나타낸 신분층이고 당시 중인을 위항(委巷)이라 불렀다. 조선후기의 중인327)은 그들이 가졌던 지식이나 능력으로 비춰 볼 때, 양반에 비해 심각한 차별 대우를 받고 있었으며, 그 결과 많은 불만을 갖고 있어 심지어 자신들의 신세를 한탄하고 있었다. 그러나 그들은 근대화과정을 통해 선구자로 등장하기까지 사회적 영향력을 키워나간 신분층으로 대두되었다.

---

326) 윗글. 「양엽기」.

327) 중인 신분의 범위를 보면, 다음과 같다. 우선, 일차적으로 중앙 및 지방 관청에서 기술학에 종사하는 기술단원을 가리킨다. 여기에는 여러 기술학의 생도를 비롯하여 현직 및 전직의 역관, 의관, 천문관, 지관, 율관, 화원, 도류, 금주, 악생, 악공, 상도, 지도, 선화, 선회, 화사, 회사 등이 포함된다.(김필동, 윗글 참조)

이러한 정치적·경제적 위상은 그들의 지적 호기심과 재능의 발로로 문학, 예술, 복식 등 전반적인 영역에서 뚜렷한 경향을 나타내었다. 문학의 영역에서는 시사운동에 참여하거나 개인적인 시작(詩作)활동으로 성가를 높인 뛰어난 시인들이 많이 배출되었다. 이들은 '위항시인'으로 불렸다.

또한, 회화 영역에서는 진경산수화와 속화를 개척하는 진취적인 일면을 보이기도 했다. 조선후기 화원들은 새로운 화풍을 개척하는 데 앞장섰으며, 겸재(謙齋) 정선(鄭敾, 1676~1759)을 필두로 한 진경산수화나 김홍도·신윤복에게 정점을 보이는 속화(俗畵)가 그것이다. 겸재 정선이 종래의 산수화가들이 중국의 화본을 모작하던 경향에서 벗어나 조선의 실제 산수를 화제로 삼아 이를 독특한 화법으로 살려내는 진경산수화를 개척하였고, 그 이후 화가들에 의해 진경산수화가 일세를 풍미했다.[328] 또한, 조선후기 회화의 진취적인 모습은 속화의 유행에서도 찾아진다. 속화란, "시정의 속된 잡사, 서중(庶衆)의 속된 일상풍물"을 그림으로 담은 것을 말한다.[329] 속화도 진경산수화와 비슷한 시기인 18세기 후반에서 19세기 초에 걸쳐 유행했는데, 이는 속화의 발달이 당시 서민 경제의 발달과 깊은 관련이 있음을 말해 주는 것이다. 그들은 대부분이 화원가문출신에 의해 산출되기보다는 신흥, 또는 몰락한 화원가문출신에 의한 것이 대부분이다. 이는 새로운 화풍은 전통에 얽매이지 않아야 자랄 수 있음을 의미하기도 한다. 속화에 담겨져 있는 화가들의 복식형상은 그 당시 변화의 흐름과 그 시대의 특징들을 인물의 복식형상을 통해 표출하였다.

---

328) 이동주, 앞의 책, pp. 197-9 참조.
329) 이동주, 윗글, p. 208.

이로써 중인들은 조선후기의 문화발전에 크게 공헌하였으며, 어느 면에서는 주도 세력으로 성장했다고 해석할 수 있다. 그러나 그들의 성장이면에는 중인 대부분이 양반 문화를 추수하는데 그쳤을 뿐 스스로 독자적인 문화를 창조하는 데까지 나아가지 못했다는 한계도 발견된다. 이러한 신분변동의 양상에서 이덕무의 학술적 성취는 북학을 일으켜 체제 개혁의 대안을 모색해 나갔다는 것이 획기적인 것이라 할 수 있다. 그의 행동양식은 대세의 변화에 민감하면서 새로운 것의 수용에 적극적이고 옛것에 대해서도 필요한 것은 취하여 자기 것으로 재창조하는데 익숙하고 무엇보다도 대동 사회를 구현하고자 하는 사회의식이 강한 것으로 파악된다. 이러한 행동양식은 실학자의 행동양식으로 규정할 수 있다. 실학자들의 행동양식은 바로 조선시대 신분제와 관료제 하에서의 그들의 모순된 위치에서 형성된 것이다. 따라서 사(士) 신분의 사회적 변동은 실학적 복식관 형성에 반영된다. 그들의 지적 호기심과 재능을 바탕으로 하여 새로운 것을 적극적으로 수용하는 행동양식에 따라 실용성을 중시하는 경향과 새로운 것에 대한 수용적 자세, 그리고 진취적인 개혁정신이 결합된 실학적 복식관을 그들은 형성하였다.

V 실학사상이 일반 복식에 미친 영향

　　18세기 후반 조선사회의 전환기적 상황에 있었던 북학파를 비롯한 실학자들은 조선 유학사에서 사상적·문화적 자세에 있어 새로운 인식전환을 불러일으켰다. 이러한 사상적 움직임은 19세기 전반기에 오면 서울의 대도시에 사는 지식인들 사이에 크게 확대되기에 이른다. 실학자들의 복식관은 시대적 전환기에 들어 선 조선사회에 궁극적·총체적인 해답을 줄 수 있도록 대안적 세계관을 구성하는 사상적·학문적 태도이며, 선비의 새로운 위상 정립을 위해 지식인들이 사회적 참여의 진실을 획득하는 것을 중요한 골간으로 한다. 4장에서 살펴본 바와 같이 북학파의 복식관은 나라의 생산력을 발전시킬 수 있는 개혁적 방안을 모색하기 위해 복식에 표현된 윤리적 기능을 제거하고 외래문물의 비판적 수용이라는 측면에서 구성되어 있다.

　　이러한 실학적 복식관의 구성요소는 선비의 사회적 참여의 진실을 획득할 수 있도록 복식의 실용적 기능 추구라는 현실로 나타났다. 실학자들이 복식의 실용적 기능을 강조한 것은 조선후기 근대화의 과정 속에서 국제질서와 신분구조 변화의 추세에 따른 선비의 사회적 참여정신과 실천을 궁극적인 목표로 설정하였기 때문이다. 이것은 연암이 전통적인 주자학자들에 대한 비판과정을 통해 선비의 지위와 역할에 대해 반성하고 구획을 새롭게 설정한 것에서 확연히 드러난다. 그에 의하면 '士'는 독서인으로 파악되었고 선비의 사상적·학문적 입장에 의해 사회의 구체상(具體象)을 실현해 나갈 수 있다고 하였다. 이러한 연암의 선비개념은 조선 사회에서 법적인 신분제약을 받고 있었던 중서인(中庶人)도 포함시켜, 그들을 사회적인 신분으로 양반의 구획에 넣었던 것이다.

또한 연암의 선비의식은 소설「허생전」에서 다룬 선비의 현실참여에 대한 그의 표현에서도 엿볼 수 있다. 그는 시장경제의 활성화를 위해서 엘리트층이 담당해야할 지위와 역할에 대해 전형적인 모델을 우리에게 제시해 주고 있다. 이러한 견해는 담헌을 비롯한 실학자들에게도 동일하게 전개되었다.

그들은 선비의 사회 참여의 진실을 찾기 위해서는 신분에 따라 복식의 형태가 달랐던 당시의 복식제도로는 불가능하다고 생각했다. 홍대용은 당시 복식의 윤리적 기능에 대해 설명하면서 무늬나 빛깔을 떠나 형태·재질이 귀천을 표시하는 당시의 복식현실을 비판하였다. 이덕무도 재질에 따라 귀천의 등급을 표시하였던 당시 갓의 폐단을 지적하였다. 이들은 중화문물을 흡수하여 발전시킨 청의 복식과 비교하면서 복식의 형태·재질면에서 신분의 차이가 없었던 청의 제도에 대해 찬사를 보냈다. 그러나 이와는 다르게 조선은 복식 형태·재질면에서 신분적 구별을 두어 각양각색의 형제(刑制)를 보였던 당시의 복식현상을 비판했다. 이러한 복식의 차별화는 당시 역사적·사회적 조건 속에서는 합법칙적 발전을 저해하는 요소로 작용하기 때문에 인간의 생산 활동에 맞게 활동적으로 간소화·표준화 되어야한다고 생각한 것이다. 18세기 후반 실학자들의 복식관은 19세기에 접어들면서 크게 확대되어 1876년 개항 이후 결과적으로 고종의 의제개혁을 통해 표출되었다.

가) 우리나라는 복장 종류가 너무나 많은데, 군대 복장에 있어서도 戎服
    과 軍服 두 가지가 있습니다. 戎은 軍과 그 의미가 동일한 데도 굳
    이 구별을 두어 그 제도를 다르게 하고 이름을 융복이라고 하는 것은
    전혀 의의가 없습니다.……넓은 소매와 넓은 채양이 이미 선명하고
    아름다운데 또 치자물을 들여 장식을 하고 밀랍을 발라 꾸미니 모두
    겉꾸밈만 하는 것입니다. 이 때문에 이 갓을 쓰고는 세찬 비바람에
    견디지 못하고 이 옷을 입고는 말타기에 편리하지 못하여, 실제 사용
    하는데는 온갖 방해로움만 있고 조금도 편리한 점이 없습니다.
    ……옛날 孝宗께서는 武備에 관심을 두어 좁은 소매의 짧은 옷을
    생각하셨다가 諫臣들이 상소하는 일까지 있었는데 새로 큰 난리를
    겪은 나머지 전쟁에 임하는 차림새를 갖춘 것은 깊은 생각과 원대한
    계획으로 반드시 편리한 것을 헤아리고 알맞은 점을 고려하여서였던
    것입니다. 아깝게도 그 법이 문무백관들에게 끝내 시행되지 못하고
    말았지만, 실로 태평시절에도 전쟁에 대한 준비를 잊지 않고 아무 일
    이 없을 적에도 언제나 일이 있는 듯이 대비해야 되는 것입니다.330)

나) 그 衣袖의 옛 것은 겨우 팔을 돌릴 만하던 것이 지금은 거의 넓고
    드리워져 끌고 다니게 되었으며, 엣날의 笠簷은 겨우 어깨를 덮을
    만하던 것이 지금은 또 넓어서 盤坐를 지나쳤으니 족히 미관이라고
    할 것이 없고 사용하기에도 적당하지 않음으로 개탄스럽고 의아스럽
    다. 그 넓은 것은 모두 사치와 허비에 속하는 것이니 지금 정말 舊
    制를 준행하고 이미 익숙해진 풍속을 따르지 말아야 폐단을 제거할
    수 있겠습니다. 이미 융복이 있는데다가 군복이 있으니 軍과 戎이
    무엇이 다르기에 복장이 이렇게 다릅니까 이것이 사치와 허비가 되
    는 것이므로 그 하나를 버려야 한다고 할 경우 차라리 군복을 버려
    야 할 것입니다. ……將臣과 직책을 가진 武弁의 公服아래에 지금
    도 모두 군복을 입는데, 文官과 蔭官은 철릭이 지금은 氅衣로 변하
    였습니다. 구법이 존속하고 있는데 어찌 폐해야 한단 말입니까?331)

    윗글은 군복의 복색제도 개혁에 관한 상이한 입장을 보여주는 대
목이다. 가)의 글은 정조 17년(1793) 병조참판을 지냈던 임제원이

<hr>

330) 『국역 조선왕조실록』제 38권, 정조 17년 10월 8일.
331) 윗글, 순조 34년 4월 29일.

상소한 내용으로, 구제인 철릭을 폐지하고 군복을 착용하는 것이 실용적이고 재물을 절약하는 방법이라고 주장한다. 그는 군(軍)과 융(戎)은 같은 말인데 군복과 융복이 제도상으로 다른 형태를 나타내는 것과 문무(文武)가 분화되어 차별적으로 착용하는 당시의 현실을 비판적으로 보았다. 다시 말해 이미 시속(時俗)의 폐단에 의해 넓은 소매의 긴 옷으로 된 철릭(帖裏)을 폐지하고 협수(狹袖)의 짧은 옷인 동달이(同多理)를 입자는 제의이다. 이러한 입장은 경험적 현실을 중시 여겼던 북학파들이 주장한 내용과 동일선상에 있다.

나)의 글은 순조 34년(1834) 영의정을 지냈던 심상규(沈象奎)가 상소한 내용으로 문관과 음관(蔭官)의 복(服)으로 구제인 철릭을 그대로 유지할 것을 주장한다. 그러나 여기서 그는 철릭의 넓은 소매를 시속의 폐단으로 지적하고 임란 전의 좁은 소매로 개량할 것을 제의한다. 사실 이러한 주장은 세도정국 하에 있었던 그였지만 기호남인계열로 보수파보다는 온건파에 속했기 때문일 것이다.

위의 두 가지 입장은 확실한 차이로 나타나지만 복식의 실용적인 면에서 볼 때, 북학파가 주장한 복식 제도의 문제점을 다 같이 지적하고 있다. 즉, 복식에 표현된 윤리적 기능을 제거하기 위해서 활동하기 간편한 좁은 소매로 개량할 것과 갓의 형태나 재질에 있어 귀천의 등급이 없이 고르게 입자는 그들의 주장은 19세기 지식인들의 문화적 담론에 실학자들의 복식관이 그대로 관철된 것이다. 연암이 주장한 도포제의 개량·폐지론은 임제원의 철릭 폐지론과 심상규의 개량과 논의의 전개가 같으며, 홍대용·이덕무가 주장한 신분과 관계없이 천자에서 서민에 이르기까지 갓의 모양과 품종을 간소화·표준화하자는 주장은 두 가지 입장 모두 시속의 좁은 모자와 넓은 채양을 비판하고 있다. 특히 임제원은 군교의 복제를 통일시키고 신분의 구별을 옛 제도와 같이 무늬나 빛깔로 규정하기를 제안하였다. 이러한 생각은 실학자들과 동일하다.

　실제로 조선 전·후기 군·융복의 제도 변천사를 살펴보면 19세기 지식인들 사이에 복제개혁에 대해 얼마나 많은 논의의 과정을 걸쳤는지 우리는 짐작할 수 있다. 여기서 주목할 것은 남자의 일반 포제(袍制)가 군·융복의 제도론에 따라 복잡하고 불투명한 양상을 보이며 다층적인 변화를 가져왔다는 것이다. 또한 조선 지식인들의 논쟁에서 공리공담이 될 수 없었던 것이 국방과 관련된 현실적인 문제였기 때문에 조선사회의 양반들이 사회적 참여를 시도할 수 있었던 중요한 복식제도 중의 하나였던 것이다. 양란을 경험하고 명·청 교체에 따른 대외의식의 변화를 감지한 그들에게는 복식현상이 18세기 후반 실학자들이 말한 경험적 현실의 중요성을 인식해 나가는 과정이었던 것이다.

가) 큰 옷과 中衣는 모두 선비들의 웃옷인데 만약에 이런 의복이 없을 것 같으면 어떻게 위엄있는 차림새를 형상하며 귀하고 천한 구별을 표시할 수 있겠습니까 번잡한 것을 줄이고 간편한 것을 취하는 것으로 말하면 文官은 선비가 입는 옷을 입고 武官은 군복을 입는 것이 만전을 기하는 방책에 해로울 것이 없을 것입니다. 그리고 만약에 혹 불행한 일이 있을 것 같으면 조정의 명령을 기다리지 않고 제 스스로 간편한 옷차림을 하게 될 것이니 하필 이러한 조치를 미리 강구할 것이 있겠습니까.332)

나) 대체로 의복제도를……대개 넓게 하고 좁게 하는 것은 신체에 맞게 해야 하며 의장은 눈에 익숙해야 하는 것입니다. ……우리 전하가 기어코 개혁하고자 하는 데는 두 가지 논리가 있다고 봅니다. 첫째는 의장이 번잡하고 낭비가 많아서 재물이 고갈된다는 것이며,

---

332) 고종 21년 6월3일.

둘째는 장식이 둔하고 많으면 몸이 무거워서 놀리기가 더디어진다
는 것인데 신은 하나하나 진술하고자 합니다. ……신이 요즘 다른
나라의 옷 제도를 보니 우리나라의 겹겹으로 되어 있는 소매 넓은
옷은 현실과 맞지 않는 것 같습니다. 그러나 그들은 우리와 영토가
다르고 풍습도 오히려 각각 다릅니다. ……신이 慶尙右道를 놓고
말하더라도 壬辰年의 전란 때에 縫掖옷을 입고 의병을 제창하며
손가락을 깨물고 눈물을 뿌리며 몸을 바치면서도 후회하지 않는 사
람이 얼마나 되는지 모릅니다. ……선비와 무관은 본래 가는 길이
다르지 않으며 서로 수양하고 밀어주는 것을 바탕으로 삼고 있습니
다. 그러나 화락하고 조용한 선비의 행동이 전쟁마당에서 말 타고
내닫고 찌르는 것과 무슨 상관이 있겠습니까. 이제 戰服이 말 타고
내닫는 데에 유리하다고 해서 선비들 까지도 함께 입혀서 그 화락
하고 조용한 행동을 막자고 하니 이것을 신은 이해할 수 없습니다.

가), 나)의 글은 고종21년(1884) 의제개혁의 공복(公服)과 사복
(私服)의 제도 변경에 관한 19세기 말 유학자의 논의과정을 담고
있다. 가)의 글은 이유원(李裕元, 1814~1888)이 상소한 내용이다.
그는 흥선대원군과는 반목과 대립을 하고 있던 인물로 당시 갑신
의제개혁을 강력히 반대하고 있었다. 나)의 글은 이유원의 상소 3
일 후에 안효제(安孝濟, 1850~1912)가 상소한 내용이다. 그는 경
상남도 의령 출신으로 그 곳은 임진왜란때 곽재우(郭再祐)가 의병
을 일으켰던 것으로 의병의 효시이며 발상지이다. 곽재우는 정인홍
(鄭仁弘)과 함께 의병활동을 했으며 이들은 16세기 사림파 중에서
당색이 진보적인 색채를 가졌던 남명(南冥) 조식(曺植)의 제자들이
었다. 안효제는 이들이 운거한 지역의 출신으로 그들의 사상적·정
치적 입장을 계승하여 진보적인 성향을 보였다. 그는 의병장의 후
예답게 1895년 복제개정에서 검은 옷을 입으라는 영을 내리자 사
임하고 고향으로 돌아갔다. 또, 1910년에는 나라가 일제에 강제로

병탄 당하자 산중에 들어갔고 그해 11월 일제의 회유를 거부하자 옥에 갇히기도 하였다. 이러한 그의 삶을 볼 때 1884년 의복개혁에 관한 입장은 실리(實利)를 중시하는 태도를 보인다고 볼 수 있다.

여기서 주목할 것은 가)에서 나타난 이유원의 주장은 18세기 주자학자들의 복식인식 방법론을 그대로 계승하고 있다는 것이다. 즉 복식의 형제에 있어 윤리적인 기능을 강조하여 형상화할 것을 주장하고 있다. 이에 반해 나)의 안효제의 주장은 복제(服制)에 관해 실리를 중시여기는 태도를 보이고 있으며 방법론에 있어서도 경험을 바탕으로 논의를 전개하고 있다. 그의 지역적·학문적 성향이기도 한 실리관(實利觀)은 실학자들의 사상적·학문적 태도를 그대로 담아내고 있었던 것이다.

안효제는 고종의 개혁의도인 근래 양반들의 사치, 낭비적인 요소를 줄이고 보다 활동적으로 간소화·표준화하자는 복제관(服制觀)에 동의하였으나 문무(文武)의 구분 없이 동일한 복제를 단행한 것은 고종의 그릇된 판단으로 지적한다. 그 이유에 대해 임진왜란 당시에도 의병을 일으켰던 선비들이 봉액(縫掖)의 옷을 입고도 싸워 이겼는데 전복의 복제를 입는 것은 명목만 있고 실지가 없는 것이라고 반박하고 있다. 이러한 주장은 선비와 무사는 각기 사회적 직책과 역할이 다르다는 것으로 근대화의 과정에서 사(士)의 사회적 위상을 정립해 가고자 하는 의지를 표출한 것이다. 이는 18세기 후반 실학자들이 변동하는 질서 속에서 사(士)의 사회적 참여와 실천을 중시했던 점과 연장선상에 있다.

안효제가 중요하게 여겼던 복식 형제(刑制)는 넓고 좁은 것은 신체에 맞게 제작되어야 한다는 것이다. 구체적으로는 포제(袍制)를 좁은 소매로 개량하고 모든 포의 형제를 표준화하는 것이다.

또한 복식의 장식·표현수단의 상징을 간소화하여 옷차림을 활동
적으로 할 것을 주장하였다. 이것은 18세기 후반 실학자들의 복식
관과 동일한 구조를 나타낸다. 즉 정약용이 인체에 맞게 옷을 제작
해야 한다는 주장과 박지원의 도포 개량·폐지론, 홍대용·이덕무
의 갓의 모양과 품종을 간소화·표준화하자는 개혁론, 박제가의
복식효용설 등은 안효제의 복제론에 그대로 계승되고 있다.

이어서 실학적 복식관이 일반 복식에는 어떻게 반영되었는지 고
종 25년(1888) 김영선의 상소내용을 통해 고찰해 보았다.

다) 우리나라의 쐎은 아주 괴이하여 문밖을 출입할 때 걸핏하면 걸려서
장애를 받는다. 소매에 대하여 말하면 너무 길고 넓어서 다니는데
불편하다. 그전에 『大明會典』을 보니, 무사들의 옷소매는 겨우 주
먹이 드나들 정도여서 실로 군복으로서는 행동에 편리하였다. 라고
했습니다. ……신이 몇 해 전에 전하의 지시라 내려온 것을 보니
거기서 말하기를 '朝服, 祭服, 喪服 외에 깃이 곧은 도포를 비롯하
여 소매가 넓은 모든 것을 없애버리고 단지 소매가 좁은 긴 도포를
입으며 관리로 있는 사람은 戰服을 더 입을 것이다.'라고 했습니다.
계속하여 또 전복을 더그레(褡護)라고 부르라고 지시하셨습니다.
……道袍는 도사로부터 시작되어 중들에게 전파된 것이 우리나라
에 이르러 正服으로 되었습니다. 氅衣란 것은 仁祖 병자년 후에
배격하여 폐기해 버린 것입니다. 그런데 최근에는 상등옷이 되어
온 나라 사람들이 입게 되었습니다. 소매가 넓은 周衣는 純祖 경
진년에 입는 것을 금지했으나 그대로 회복되어 오늘날에 이르러서
는 온 나라에 퍼졌습니다. 깃이 곧은 옷은 官服인데 그 깃을 한쪽
으로 기울어지게 했습니다. 中衣는 도포의 모양대로 만들고 그 옷
섶을 없애 버린 것입니다.
이른바 鶴氅衣는 역시 경서와 역사책에서 볼 수 없으며 行衣라
는 이름은 더욱 근거가 없는 것입니다……
띠의 제도는 관리들과 선비들이 각각 달랐는데 지금은 뒤에 늘인
끈에 연결되어 구별을 찾아볼 수 없습니다. ……자는 바로 줄인 자
(省尺)로서 오늘날의 천을 재는 자(布帛尺)가 아니니 언제 우리나라

의 의복과 같이 너른 것이 있었겠습니까? 盤領과 좁은 소매는 洪武 년간의 옛 제도라는 것을 역력히 볼 수 있습니다. 그렇지만 이것이 어찌 明에서 창시한 것이겠습니까? 李太白, 杜甫, 韓愈, 白樂天 등 여러사람의 화상이 지금까지 전하는데 다 盤領 차림입니다.……

그리고 尹和精은 말하기를, '伊川은 늘 옷에 대하여 애착을 가졌는데, 일찍이 굵은 布나 명주도포를 입었으며 그 소매도 일반사람들과 같았고 머리에 쓴 사모도 보면 마치 종모양과 같았다. 지금 伊川을 따라 배우는 사람들은 소매를 크게 하고 깃을 모나게 하니 어떻게 된 일인지 알 수 없다. 陸宣公 楊龜山의 진짜 화상이 본 집의 첫 권에 새겨져 전해 오는 것도 역시 盤領 차림이다.' 라고 했습니다. 이것을 미루어 唐·宋나라의 옛 제도를 대개 알 수 있습니다.

신의 어리석은 소견에는 더그레(褡護)와 戰服이 비록 3대의 예복을 아니라 하더라도 당·송이 남긴 제도인 만큼 현대의 옷차림이 근거 없는 것에 대비하면 그 차이가 천리 정도만이 아니라고 봅니다. 그러나 더그레와 전복을 대비할 때, 제도에서 차이 날 뿐 아니라 始原도 조금 오래된 점이 없지 않습니다. 그러니 전복을 더그레로 개칭한 것은 그 실지는 없고 그 이름만 빌린 것으로서 곧장 더그레를 쓰는 것보다 무엇이 낫다고 기어이 옛날의 제도를 실행하려는 것입니까?

三代 때의 예복이 마치 한오리 실처럼 끊어지지 않고 전승되고 있는 것이 한 가지가 있는데 深衣가 그것입니다. 대체로 심의라는 것은 귀천과 남녀, 문무와 길흉에는 관계없이 통용된 정식 복장인데 유생들로서 도안을 넣고 설명한 사람이 수 백 명입니다. 그러나 옛날의 제도에 근거하여 오늘날을 생각하고 절충하여 취사선택한다면 어찌 편리하게 적용하는 방도가 없겠습니까?……심의에 대하여 經書에서 이르기를……팔짱을 낀다는 것은 손을 든다는 말이고 북을 안은 듯 하다는 것은 둥글다는 말입니다. ……그렇다면 深衣도 소매는 좁은 것인데 하필 더그레(褡護)겠습니까? 예로부터 거룩한 임금의 제도에서는 무늬를 가지고 귀천을 표시한 것은 있었으나 그 제도를 각각 다르게 하였다는 것은 듣지 못했습니다. ……신의 어리석은 생각에는……深衣를 착용함으로써 바르고 간편하게 하는 것이 상책이라고 봅니다. 색깔을 가지고 품계의 등급을 식별하고 띠의 제도를 가지고 문관과 무관을 구별하는 것은 옛날 성인의 무늬를 가지고 귀천을 표시한 뜻에 부합되니 어찌 훌륭하지 않으며 어찌 좋은 일 이 아니겠습니까?[333)

김영선은 의수(衣袖)개량, 복제의 표준화, 표현·장식수단의 간소화 등 안효제의 복제관을 그대로 계승하고 있다. 그러나 그는 고종의 전복(戰服)제도에 대해서는 반대하고 그것의 대안으로 좁은 소매의 심의(深衣)를 사(士)의 사복으로 제시한다는 점이다. 결과적으로 그는 심의개량론을 전복제의 대안으로 제시하였지만 그의 본래 의도는 사(士)의 사회적 지위와 역할이 복제에 표출되기를 희망했던 것이다.

그는 역대의 문헌을 상고하여 논의를 전개하였는데 이를 살펴보면 19세기 일반복식의 변화과정을 확인할 수 있다. 먼저 그의 논의를 살펴보면 당·송에서 유래된 전복을 입는 것이 연원을 알 수 없는 시복(時服)을 입는 것보다는 낫다고 하고, 그보다는 수백 명의 유학자들이 오래도록 논의해왔으며 귀천남녀의 구분이 없고 삼대(三代)의 복장인 심의가 전복보다 정당한 복제라고 하였다. 이 논의의 정당성을 밝히기 위해 그는 먼저 시복이 연원을 알 수 없는 복제라는 점을 지적하고 전복을 더그레(號衣, 褡護)로 개칭한 것은 복식개혁과는 무관하다고 주장한다.

그가 설명한 시복을 통해 당시의 일반 복식의 변화과정을 고찰하였다. 첫째, 하층민의 신분 상승과 훈척파의 토지 독점화로 인해 발생된 갓의 폐단으로 인해 실학자들이 작은 모자로 개량할 것을 주장하였듯이 김영선도 신분에 관계없이 갓의 모양과 품종을 간소화·표준화하자고 주장한다.

둘째, 실학자들은 화이론에서 망건과 전족은 중국 액운의 징조로 보고 망건폐지를 주장하였는데, 김영선도 실학자들이 말한 것과 같이 망건이 도사의 차림새라 지적하고 같은 의미에서 폐지론에 동의하였다. 이후 망건·상투의 폐지는 고종 33년(1896) 단발령 공

포로 현실화되었다.

셋째, 도포(道袍)는 박지원이 주장한 것과 마찬가지로 도사로부터 시작되어 중들에게 전파된 옷이라 하고 우리에게 와서 임진년이후 정복으로 된 것이라 하였다. 김영선의 뒷글을 통해 우리는 그가 도포 개량 또는 폐지론을 말하고자 함을 짐작할 수 있다. 1884년 의제개혁으로 도포는 좁은 소매의 옷으로 개량되거나 폐지되기에 이른다.

넷째, 창의(氅衣)란 것은 인조 병자년(1636)이후에 배격하여 폐기되었으나 최근에는 상등(上等)의 옷으로 재등장하여 유행한다고 하였다. 창의는 양옆이나 뒷 중심 부위에 트임이 있는 것을 지칭하며 트임상태, 소매나비에 따라 대창의(大氅衣), 소창의(小氅衣), 창옷, 중치막(中致幕) 등으로 구분한다. 실제 16～17세기의 구례 손씨·전박장군·김위 등의 유물에서 같은 유물의 창의가 출토되는 것으로 보아 창의는 임란 전부터 착용되었던 것이다. 임란이후 좁은 소매가 넓은 소매로 바뀌어가는 것은 이단하(李端夏, 1625～1689)의 중치막, 전주이씨 탐릉군(耽陵君, 1636～1731)의 중치막, 창의와 각종 풍속화에서 확인할 수 있다. 또한 앞의 인용에서 순조 34년 문관과 음관의 철릭이 창의로 변했다고 하는 것을 보면 창의는 임란 전부터 내려오던 것이 인조대에서 잠깐 폐기되었다가 18세기로 넘어오면서 점차 넓은 소매의 형태로 유행하기 시작하였다고 볼 수 있다.

다섯째, 소매가 넓은 주의(周衣)는 순조 경진년(1820)에 금지되었으나 다시 등장하여 좁은 소매형태의 옷으로 개량되어 유행하였다고 한다. 여기서 주의란 좁은 소매의 두루마기를 말한다. 당시 갑신의복개혁에서 사복은 소매가 넓은 도포, 창의, 중의 등의 제도가 없어지고 주의를 입고 관리는 그 위에 전복을 입게 함으로써 일반 사서인(士庶人)들이 착용하기 시작하였다. 유물로는 숙종대

김덕원(金德遠)의 두루마기 직령포가 현재 두루마기와 그 제도가
같다. 1895년 을미개혁때 관과 민이 동일한 흑색 주의를 착용하게
하여 주의일색이 되었다.[334]

여섯째, 갑신의복개혁때 관리는 소매가 좁은 포에 전복(戰服, 더
그레, 號衣)을 입도록 개정함으로써 군복의 일습에 포함되었던 전
복에 반수의(半袖衣)를 포함하여 더그레로 개칭하기에 이른다. 전
복의 착용은 사실 1876년 개항이후 외세에 의한 국내의 급변하는
정세가 반영된 것이나 당시 지식인들의 논의 과정을 볼 때 민첩한
활동성과 실용성을 선호하여 제기된 복제임을 알 수 있다. 김영선은
전복이 당·송에서 전래된 것이라 했는데 송대에 호수(好袖)가 학수
(貈袖)라 하여 사대부복으로 남녀 모두 저고리 위에 덧입어 방한복
으로 유행하였으며 이것은 원래 무사들의 기마복에서 유래되었다[335]
는 것으로 보는 것이 옳은 설명이다. 전복은 일반사람에게도 유행되
어 다양한 형태의 마고자, 배자류가 착용된 것으로 보인다.[336]

김영선이 전복을 더그레로 개칭한 것에 대해 논박한 의미를 살
펴보면 당시 유학자들의 복식인식을 어떻게 했는지 알 수 있다. 더
그레는 군복류의 웃옷으로 창옷이나 철릭 위에 덧입는다. 형제를
보면 군졸과 마상재군(馬上才軍)의 것은 소매가 없고 나장의 것은
반수의로 되어있다. 군졸의 것은 융복의 전복과 그 형제가 비슷하
나 나장의 것은 그 길이가 엉덩이에 닿을 만큼 짧으며 흰 선 장식
이 있고 등에는 흰색으로 ヨ자를 나타내고 있다.[337] 김영선은 전복

---

334) 김동욱, 『증보한국복식사연구』, 아세아문화사, 1979 참조.
　　　유희경, 『한국복식사연구』, 이화여자대학교출판부, 1980 참조.
335) 周錫保,『中國古代服飾史』, 中國戲刷出版社, 1984, p. 264.
336) 박성실,「조선후기의 복식구조」『제24회 동양학회학술회의강연초』, 단국대학교부설 동양학
　　　연구소, 1994, p. 71.
337) 이경자, 『한국복식사론』, 일지사, 1983, p. 223.

과 더그레는 그 형제가 이렇게 다른데 이름만 통일시키고 본래적
의미를 버리는 것은 잘못된 것이라고 비판한 것이다.

일곱째, 상징적인 장식·표현수단을 간소화하였다. 조복(朝服)의
띠의 구별을 없애고 관복의 중의(中衣)는 도포의 모양대로 만들어
깃을 제거하였다. 또한 1886년에는 신분에 관계없이 지위고하를
막론하고 비단·명주의 사용을 일체 금지 시켰다.

19세기 유학자들의 논의과정을 통해 실학자들이 경험적 현실을
토대로 모든 문물제도에 있어 실리를 중시했던 그들의 태도를 확인
할 수 있다. 또한 실학자들이 고민한 사(士)의 사회적 참여를 위해
노력해야 한다는 반성과 자각의식은 19세기 학자들에게도 여전히
견지되어 있음을 우리는 확인하였다. 1876년 개항이후 이루어진 갑
신의복개혁은 외세의 침략성이 표면화되고 나라의 정치·경제사정
은 매우 쇠약해진 상태에서 군사제도와 관련된 군제개혁은 시급한
사안이 아닐 수 없었다. 이러한 점이 남자의 일반복식에도 반영되
어 포제의 표준화, 형제의 동일화, 장식·표현 수단의 간소화로 진
행되면서 복식의 구체상이 근대화의 과정으로 진행되고 있었다.

이러한 복식의 근대화과정은 실학자들의 근대 지향적인 성격을
그대로 계승하고 있으며 복식개혁으로 인해 선비의 현실참여를 공
고히 하고 사회적 모순을 극복하고자 하였던 것이다. 따라서 실학
자들의 복식관은 19세기 말까지 조선 지식인의 인식 틀로 작용하면
서 그들이 살아가는 현실에 반영했던 것이다. 그러나 이러한 근대
화 과정이 일본의 침략에 의해 더 이상 실효를 거두지 못하고 민족
적·문화적 단절을 겪게 되면서 실학자들의 사회적 참여는 복식의
현실에서 더 이상 발전을 이루지 못했다.

VI 마무리

　실학자들의 중세 비판적이고 근대 지향적인 성격은 조선후기 복식관으로 표출되었다. 19세기 후반 조선 유학자들의 복식제도론과 고종의 의제개혁을 통해 실학자들의 복식관은 현실화되었다. 19세기 후반 조선사회는 국가재정의 빈곤, 농민경제의 피폐, 조세제도의 문란, 관리의 부패, 신분질서의 와해 등 내부적 요인으로 무너지고 있었으며 일본을 비롯한 서구열강에 의한 바깥으로부터의 압력은 복제개혁을 더욱 앞당기는 요인이 되었다. 18세기 후반 역사적인 한 시대를 살았던 진보적인 지식인들의 사상은 새로운 것을 수용하는 과정에서 '실리'를 복식관의 주요내용으로 삼았다. 그들이 실천하고자 했던 복식제도의 구체상은 19세기 후반 조선의 현실로 다가온 것이다.

　조선후기 사회는 중세에서 근대로 가는 시대적 전환기라는 성격으로 다층적이고 복잡한 문화현상을 나타내었다. 이러한 문화현상을 총체적으로 이해하기위해 유용하다고 생각되는 하나의 잠정적인 개념을 구성하여 문화인식의 틀로 설정하였다. 이 개념이 '문화체(文化體)'이다. 문화체는 세계관을 필수적인 요소로 하고 물적인 제도를 구성요소로 하여 그 요소들의 상응·정합성을 유지한다. 또한 외재적이고 구체적인 역사적·사회적 조건과의 관련성 속에서 상호 규정적·순환적인 관계를 유지한다. 이러한 총체적인 개념은 우리 문화의 산물이 형성되고 변형되어 온 세계관과 우주관의 맥락에서 우리문화를 올바로 읽어 내려가는 인식 전환이 필요하다는 생각에서 설정되었다. 문화체를 복식 인식의 틀로 규정하고 매시기 세계관과 복식제도와의 조응성을 검토하였다.

문화체 내에서는 세계관에 대한 이해 없이 문화적 산물을 해석할 수 없었다. 탐색을 위해 주희의 철학과 정약용의 실학을 조선의 문화구성원리와 구성요소로 설정하였다. 주자학이 조선사회의 사상적 기반으로 그 지위를 확보하게 되면서 주자학은 개화기까지 주요사상의 흐름이었다. 그러나 실학자들의 중세 비판적 시각은 새 시대를 향한 그들의 구상으로 옮겨져 조선 후기사회를 새롭게 진행시키려 했던 것이다.

16세기 후반 이래 진전되고 있었던 사회 내부의 변화와 동요, 양란에서 비롯된 기존 정치체제의 동요 등 역사적·사회적 조건에 의해 사회과학적인 관심이 증폭되고 당시의 위기상황을 극복하기 위해서 이황과 이이로 갈라진 두 철학적 체계는 경학에 몰두하였다. 이렇게 형성된 두 방향은 조선 사상계에서 당파적 견해에 얽매었다. 조선 사상계의 분화와 쟁점을 통해 기존의 질서감각을 비판하고 등장한 것이 실학이라는 사상적 경향이다. 실학의 집대성자로 익히 알려진 정약용은 조선 유학에서 파생된 논쟁의 분화가 어느 정도 정리된 상태에서 기존의 철학으로는 새로운 시대적 변화를 해결할 수 없다는 판단에 주자학을 비판하고 새로운 질서체계 확립에 몰입하였다. 정약용은 주희의 철학을 전면적으로 부정하고 다시 새롭게 재구성함으로써 구체적인 제도 개혁을 시도하였다.

정약용이 주희와 대비하여 설명한 문제는 형이상 이(理)를 체(體)로 보고 이것을 본연지성이라 하여 실체가 아닌 초월적·신비적인 이(理)로 본 주희의 체용론을 해체시킨 것이다. 그는 이(理)를 형이하의 차원으로 끌어내렸고 주희가 설정한 형이상 성(性)을 심

(心)이라고 규정함으로서 본연지성을 부정하였다. 주희가 개념화한 본연지성은 절대성을 강조한 반면에 정약용은 이 세상에 본연은 존재하지 않으며 심(心)만이 존재하기 때문에 심은 인간과 동물이 다르다고 하였다. 그들은 맹자의 선악 구분에서 논의를 출발하여 기질지성에서 대비를 이루었다. 주희는 형이하 기(氣)는 인간과 동물이 다르기 때문에 기질의 순도 차이를 나타내며 기질의 차별을 극복하기 위한 방법은 예악·성현의 전형에 도달하기 위한 수신(修身)밖에 없었다. 이것은 기질과 도덕을 연관시켜 윤리관을 중심으로 한 것이다. 반면에 정약용은 기(氣)는 생명이며 선악과는 아무런 관련이 없다. 생명은 인간과 동물이 모두 같고 기는 경험적 현실(實體)로 치인(治人)을 강조하고 기질과 도덕의 연관을 부정하였다. 정약용은 주희의 수기중심의 이기심성론이 더 이상 조선 후기의 사회·정치적 모순에 해답을 줄 수 없다고 판단하고 이를 해결하기 위해서는 재구성적 해체를 통한 인식 전환이 필요하다고 생각했다. 그는 이기도(理氣圖)를 해체한 상태에서 인간의 정신적 실체(體가 아니다)는 경험적 현실에서 비롯된 도심(道心)이라고 하였다. 이를 '기호(嗜好)'라고 표현하였다. 인간의 자아는 인(孝)·제(弟)에 의해서 구현된다고 주창하였다. 그러므로 주희는 예 관념의 보편성을 내세운 권위주의적 윤리이며 정약용은 예 관념의 분별을 강조한 인본주의적 윤리다.

윤리는 예이며 규범인 예의 제도를 제정한 구체적인 실존의 한 부류가 복식이다. 유교이전부터 전해오는 전통종교의 제례의식에 기원을 둔 예는 유가의 등장과 더불어 새롭게 중국문화의 전통으로 자리 잡게 되었다. 복식이라는 글자가 제례를 함축하고 있는 것은 형이상인 예를 의미한 것이다. 주희와 정약용의 윤리관은 유가사상에 대한 해석의 차이에서 비롯되었다. 한대를 중심으로 한 유가적 복식관은 유가사상이 복식을 해독하는 정당한 인식의 틀로 작용한 것이다.

중세 예의 정신은 상하귀천의 신분을 구별하는 데 있어 사람의 행위를 전제로 본다면 일종의 외재적 규정이며, 신분에 의해 의무를 규정하고 사람들의 활동범위를 제한한다. 복식은 예의 정신을 상징의 형상으로 나타낸 것이다. 복식에 표현된 예제의 등급은 신분적 차별과 정치적 통일을 구현하고자 하는데 있다는 구체적인 함의를 담고 있다.

유교사회에서의 복식은 윤(倫)과 이(理)의 예 개념을 부분적인 표현수단, 장식수단에 운용하여 사람들에게 일종의 의경(意境)을 갖도록 하여 연상을 주고 그에 따라 복식을 구성한다. 결국 예의 제도를 바탕으로 한 복식형상은 윤리철학의 정신을 해독한 것이다. 이렇게 형상화되는데 있어 세계관과 복식형상은 서로 조응하는 관계에 있으며 복식은 정치제도와 규정적·정합적인 관계에서 통일적·입체적인 구조를 나타내었다.

실학자들의 복식관의 구체상은 심의제도및 제도론에서 실현되었다. 심의론은 조선유학의 분화와 쟁점과 같은 맥락에 있으며 논쟁에 의해 형성된 사상계의 학맥과 학통에 의해 구분되었다. 노론계열에서도 보수적 자세인 전통 주자학자와 개혁적 입장인 북학파, 진보적인 남인계로 분화하였다. 이러한 분화는 심의제도에서 '의리(義理)'와 '실리(實利)'의 개념으로 규정되었고 '실리'를 바탕으로 실학자들의 심의관이 형성되었다.

조선 유학자들이 심의를 대유(大儒)로 여기면서 심의라는 기표는 단순한 도구로서의 사물이 아니라 기호로서의 사물, 상징으로서의

사물이 되었다. 이러한 의미작용의 질서에서 전통적인 주자학자들
은 심의를 상징의 형상으로 인식하였다. 의리 심의론은 의리역을
바탕으로 5행상극(五行相剋)의 원리에 따라 홍범9주도를 완성하였
다. 5행론에 따라 심의의 치수(尺數)를 계산하였고 홍범9주의 해석
에 따라 수(數)의 위치를 정하였다. 결국 심의는 수기중심의 이기
심성론을 구현하기 위한 구체상의 한 가지였던 것이다. 실천을 위
해 자연의 이치를 해명한 역(易)사상을 복식형상을 위한 구성적 패
턴으로 이용하였다.

의리 심의관은 5행론과 심의치수와의 의미 관계를 말한 것이다.
오행의 신비성·초월성을 부각시키기 위해 오행-오사-오기의 관련
성을 주장하였다. 5행원리를 담고 있는 의리심의론은 대유의 성현
으로 연상을 주고 홍범9주에 나타난 숫자와 심의치수의 의미관계
는 방(方)에서 원(圓)으로 형상화하였다. 실리 심의관은 의리 심의
론의 신비역에서 벗어나 실사구시적 상수학의 경향이 나타났고 종
래의 수기적인 경향에서 경세적인 측면을 강조하였다. 실학자들의
심의관은 실리를 중시하는 태도를 보였다. 5행과 심의치수의 의미
관계를 부정하여 오행-오사-오기로 이어지는 5행 원리를 해체시켜
심의제도에서 신비적인 숫자개념을 제거하였다. 홍범9주에 의해
치수를 정하는 것이 아니라 인체에 맞게 치수를 정하여 만들도록
주장하였다. 그리고 시속에 따라 심의의 형태와 재질을 개량할 것
을 요구했다. 결국 의리 심의론에서 심의를 원(圓)으로 형상화한
것을 제거하고 방(方)의 형상으로 표현했다.

중세사회에서 광범위한 복식현상을 해석하기 위해서 세계관은
필수적이며 정치관은 복식관과 상호 규정적이며 서로 영향을 주는
관계였다. 유가의 복식관과 조선 후기 심의관에서 세계관을 바탕으

로 정치제도와 복식제도간의 관계는 밀접하였다. 유가의 예 관념을
바탕으로 정치적인 통일을 꾀하였고 복식제도를 예 관념의 실천적
도구로 삼았다. 조선 후기 유학자들의 심의제도에 대한 분분한 주
장들은 정치사상인 홍범9주론과 결합된 심의제도에 대한 해석의
차이였다. 조선사회의 전통적인 주자학과 중세 비판적인 실학으로
유학자들의 서로 다른 태도는 복식인식에서 명확하게 구분되었다.

실학자들의 복식관은 당시 풍속에 대한 비판적 시각에서 시작되
었다. 그들의 학문과 사상을 바탕으로 실학적 복식관이 형성되었
다. 실학적 복식관은 이(理)를 보편적인 중심에서 형이하의 차원으
로 끌어내렸다. 체(體)를 심(心)으로 규정하였다. 심(心)은 복식관에
서 기호로 어떤 경향성을 나타내었다. 용(事)과 분리하여 사회적
실천적 영역을 강조하였다. 용(事)은 다시 윤리와 물사영역인 복식
제도로 구분하였다. 실사를 중시하는 태도로 물사영역을 중요하게
다루는 점은 종래의 주자학자와는 다른 실학자의 복식관으로 구분
지였다.

여기에서 주목할 것은 종래의 주자학자들의 사상관에 대한 실학
자들의 비판의식이다. 실학자들은 시종일관 주자학자들의 사상적·
문화적 모순을 지적하면서 그들의 허위의식을 실랄하게 비판하였
다. 의리명분을 주장하는 주자학자들의 윤리관을 해체시키고 그 과
정에서 실사구시와 이용후생을 중시하는 태도로 실학적 복식관을
정립하였다.

천문학, 자연과학의 발달로 지원설(地圓設)이 대두되면서 기존의
천원지방설이 부정되었고, 이러한 배경은 인신소천지론(人身小天
地論)에 의한 복식 형상의 인식이 전환하는 계기를 마련했다. 북학
파는 주자학자들의 윤리관을 부정하고 인물무변론(人物無分論)을

주장함으로써 신분의 차별에 의한 복식의 구분을 해체시켰다. 화이론에서도 북학파는 명·청 교체에 따른 국제 질서의 변화로 종래 주자학자들이 주장한 소중화의식을 해체시켰다. 조선이 사상적·문화적 위상을 확립하기 위해서는 중화의식을 버리고 중화문물을 흡수한 청(淸)의 경우를 보며 새로운 것을 수용하였다.

또한 그들은 신분제를 부정하였다. 신분제는 당시 사회에서 등급의 기준이 문란해지면서 생산력을 저해하는 요소로 작용하게 되었고 그것으로 인해 복식제도도 문란해졌다. 이러한 양상을 해결하기 위해 그들은 나름대로의 복식제도 개량안을 제시하였는데 그 내용은 실학적 복식관의 특징이다. 실학적 복식관의 특징을 통해 인간사회에 불필요한 낡은 제도는 버리고 새로운 점은 취해서 이용후생하려는 그들의 강한 의지를 볼 수 있었다.

실학자들이 당시 주자학적 질서관에서 벗어나 새로운 인식의 지평 위에 서려고 하였고 그들은 새로운 구체상에서 근대지향적인 성격을 가지고 있었다. 그들의 제도적 실현은 서서히 진행되어 개화기에 와서야 일정정도 영향을 미친다. 일제의 침략이 표면화되기 전까지 복식의 근대화를 향한 과정은 지속되고 있었다. 조선후기 사회에서 실학자들의 복식관을 통해 주자학자들의 복식 인식의 모순을 비판하고 이를 구체적 현실에서 찾고자 했던 그들의 복식 인식의 방법론은 획기적인 것이었다. 실학자들의 복식관은 정당한 인식의 틀로 작용하였던 것이다.

현재 우리는 실학자들이 살던 시대의 복식과는 매우 다른 모습으로 살아가고 있다. 과거와는 완전히 상이한 세계 속에서 살아가고 있다. 과거의 질서감각으로는 현대를 해석할 수 없다. 현대의 잣대로 과거를 해석할 수 없다. 그러므로 우리가 구체적인 한 시대의 문화를 읽어 내려가는데 있어 총체적으로 파악하는 구조가 필요하다. 이러한 구조는 복식에서 사상의 의미관계로 나타난다. 현금(現今)의 모습이 달라도 사상을 필수적으로 하여 복식을 해석하는 것은 복식의 역사를 검토하고, 새롭게 재구성 할 수 있게 정당한 역사 인식으로 부응해 줄 것이다. 역사는 현대를 더욱 알기 위해, 나아가 미래의 구상을 위해 필요하다.

참고문헌

1. 原　典

王　充, 『論衡』, 이주행 역, 소나무.

金富軾, 『三國史記』.

黎靖德 偏, 『朱子語類』, 北京 中華書局.

허탁·이요성 譯註, __________, 청계, 1998.

李　滉, 『退溪集』. 경인문화사, 1987.

『尙書補傳』(『韓國經學資料集成』65, 「書經」17, 성균관대 대동문화연
　　　　　　구원)

『朝鮮王朝實錄』.

李原坤, 『箕範衍義』.

洪奭周, 『淵泉全書』.

宋翼弼, 『龜峰集』.

『箕子外記』.

『惕齋集』.

李　珥, 『箕子實紀』.

韓百謙, 『久庵遺稿』.

丁若鏞, 『與猶堂全書』.

______. 『譯註 牧民心書』, 다산 연구회, 창작과 비평사, 1979.

洪大容, 『湛軒書』. 新朝鮮社, 1939.

______. 『국역 담헌서』, 민족문화 추진 위원회, 1974.

朴趾源, 『燕巖集』, 경인문화사, 1974.

______. 『국역 열하일기』, 민족문화추진회. 1997.

李德懋, 『국역 靑莊館全書』, 민족문화추진회 역, 솔출판사, 1997.

朴齊家, 『북학의』. 여강출판사, 1978.

朴珪壽, 『居家卒服考』.

『梅山先生文集』.

『江漢集』.

吳熙常, 『老洲集』.

李源坤, 『箕範衍義』.

2. 單行本

김영숙・손경자, 『한국복식도감』, 예경산업사, 1984.

김영숙, 『조선 복식 문화사전』, 미술문화, 1997.

석주선, 『衣』, 단국대학교 출판부, 1985.

유희경, 『한국복식문화사』, 교문사, 1989.

조효순, 『한국풍속사 연구』, 일지사, 1984.

이경자, 『한국복식사론』, 일지사, 1983.

정옥자, 『조선 전기 사회사상연구』, 지식 산업사, 1983.

임영자, 『한국종교복식 』, 아세아문화사, 1990.

정혜경, 『深衣』, 경남대학교출판부, 1998.

최완수, 『진경시대』1, 2, 돌베개, 1998.

鄭傳寅・張建主編, 『中國民俗辭典』, 湖北辭書出版社, 1987.

윌리암슨 J. 조병량 역, 『광고기호론』, 열린 책들.

우실하, 『오리엔탈리즘과 우리 문화 바로 읽기』, 소나무, 1947.

쟝보드리야르, 이상률 역, 『소비의 사회: 그 신화와 구조』, 문예, 1991.

John Srory, 박모 역, 『문화 연구와 문화 이론』, 현실문화 연구, 1994.

한상진, 『미셸푸코의 후기 구조주의와 담화적 분석』, 문학과지성사,
    1987.

柳　肅, 洪熹 역,『예의 정신』- 예악 문화와 정치, 동문선, 1990.

楊　力,『周易學中醫學』, 북경과학기술출판사, 1989.

今井宇三郞,『宋代易學の硏究』, 明治圖書出版社, 1960.

朱伯崑,『易學哲學史』(中), 북경대학출판사, 1988.

유홍준・박수인 역,『예술개론』, 청년사, 1989.

김영숙 역,『漢代朝服圖樣資科』, 동양복식연구원, 1984.

R 베네딕트,『문화의 패턴』. 까치, 1993.

수잔나퀸 이블린 S, 로스키, 정철웅 역,『18세기 중국사회』, 서신원, 1998.

한형조,『주희에서 정약용까지』, 세계사, 1996.

양종국,『송대 사대부사회 연구』, 삼지원, 1996.

윤사순,『기호학파의 철학사상』, 예문서원, 1995.

______,『한국의 성리학과 실학』, 열음사, 1994.

곽신환,『주역의 이해』, 서광사, 1990.

조동원,『역사와 인간의 대응』,「朱熹(1130~1200)의 사회개혁론」, 한울
        1984.

충남대학교 유학 연구소,『기호학파의 철학사상』, 예문서원, 1995.

이을호,『조선 후기 문화』, 단국대학교 부설 동양학 연구소, 1986.

이을호 외,「한국의 실학사상에 대하여」『한국의 실학사상』, 삼성출판
        사, 1993.

천관우,『한국 실학 사상사』, 고려대학교 민족문화연구소, 1970.

이우성,『실학 연구 입문』, 일조각, 1974.

김성윤,『조선후기 탕평정치 연구』, 지식산업사, 1997.

김문식,『조선후기 경학사상 연구』, 일조각, 1996.

박충역,『조선정치사상사』, 삼영사, 1982.

현상윤,『조선 유학사』, 현음사, 1986.

장지연 著・유정동 譯『조선유교연원』, 삼성문화문고, 1975.

지승종,『조선후기 사회와 신분제의 동요』, 문학과 지성사, 1999 참조.

김필동,『차별과 연대』, 문학과 지성사, 1999.

한영우,『조선전기 사회 사상 연구』, 지식 산업사, 1983.

유봉학,『조선후기 학계와 지식인』, 신구문학사, 1998.

______,『연암일파 북학사상연구』, 일지사, 1995.

박종채, 『나의 아버지 박지원』, 돌베개, 1999.

한국정신문화 연구원, 『한국 민족문화 대백과사전』, 웅진출판사, 1997.

국립중앙박물관, ≪단원 김홍도≫, 1992.

≪단원 김홍도≫, 삼성보호재단, 1998.

단국대학교 석주선 기념민속박물관, 『북한지방의 전통복식』, 현암사, 1998.

杉本正年, 문광희역, 『동양복장사논고』1, 2, 경춘사, 1995.

沈從文, 『中國古代服飾硏究』, 上海書店出版社, 1997.

黃輝, 『中國古代人物服式考畵法』, 上海人民美術出版社, 1987.

쟝보드리야르, 이상률 역, 『소비의 사회: 그 신화와 구조』, 문예, 1991.

A. Giadens, 『사회이론의 주요쟁점』.

K. Mamhein, Ideologieund Utopie, 임석진 역, 『이데올로기와 유토피아』,
　　　청아, 1991.

마릴리 J 혼·루이스 M 구렐, 제 2의 피부, 까치, 1988.

Susan B kaiser, The Social Psychology of Clothing, 1989.

3. 論　文

정일균, 「유교사회의 문화체 연구와 경학」, 『사회와 역사』통권 제 51집,
　　　문학과 지성사, 1997.

박광용, 「箕子朝鮮에 대한 인식의 변천」, 『韓國史論』 6, 1988.

최완수, 「謙齋眞景山水稿」 『澗松文華』 21, 1981.

한영우, 「조선후기 기호학파에 있어서 정통론의 전개」, 『역사학보』31.

　　　　, 「사회계급과 사회이동에 관한 식론」, 제7회 동양학술회 강연
　　　론, 1977.

정옥자, 「조선후기의 기술직 중인」, 『진단학보』 제 61집, 진단학회, 1987.

김문용, 「洪大容의 實學思想에 관한 硏究」, 고려대 박사 논문 1995.

유봉학, 「18~19세기 연암파 북학 사상의 연구」, 서울대 박사 논문,
　　　1997.

송재국, 「주역의 '하도·낙서'에 대한 철학적 이해」, 『哲學論叢』제 29

집, 새한철학회, 2002.

이재영, 「조광조의 至治主義에 관한 연구」, 성균관대 유학대학원 석사논문, 1991.

남창희, 「河圖 – 洛書에 나타난 古代 陰陽思想의 相生秩序:핵군비통제에 대한 比較宇宙論的 일고찰」, 『21세기 정치학회보』 제 13집 2호, 2003.

김일권, 「조선중기 우주관과 천문역법의 주역적 인식: 張顯光의 易學圖說에 나타난 상수역학을 중심으로」, 『泰東古典硏究』제 22집, 2006.

엄연석, 「退溪學派의 義理易學的 목표와 象數易學」, 『奎章閣』제 26집, 2003.

양재학, 「주자의 역학사상에 관한 연구」, 충남대학교 박사학위논문, 1991.

최영진, 「역학사상의 철학적 탐구」, 성균관대학교 박사학위논문, 1989.

전용원, 「주자역학연구」, 한양대 박사논문, 2006.

조성산, 「조선후기 낙론계 학풍의 형성과 경세론 연구」, 고려대학교 박사논문, 2003.

지승종, 「조선후기 사회와 신분제의 동요」 – 조선 사회의 신분과 조직, 문학과 지성사, 1999.

김준석, 「18세기 老論專制政治論의 구조: 韓元震의 朋黨意識과 君主聖學論」, 『湖西史學』제 18집, 1991.

______, 「조선후기 국가제조론의 대두와 전개」, 연세대 박사학위논문, 1990.

김성윤, 「18〜19세기 老論학자의 洪範이해와 그 정치적 의미」, 『釜山史學』 제 40, 41합집, 2001.

______, 「茶山 丁若鏞의 洪範說 硏究」 『歷史學報』170, 2001.

정호훈, 「조선후기 실학의 전개와 개혁론」, 『동방학지』제 124집, 연세대학교 국학연구소, 2004.

정경희, 「17세기 후반 '전향노론학자'의 사상」, 『역사와 현실』13, 1998.

조동원, 「朱憙(1130〜1200)의 사회개혁론」, 『역사와 인간의 대응』, 한울, 1984.

한영우, 「조선후기 기호학파에 있어서 정통론의 전개」, 『역사학보』31.

이성규, 「中華와 民族主義」, 『철학』, 37집, 한국철학회, 1992.

곽신환, 「宋尤庵의 철학사상연구 – 直을 중심으로」, 『국제대논문집』7, 1979.

이선행, 「조선시대 유교사상과 의례복 연구」, 세종대 박사 논문, 1990.

임재영, 「조선 후기 복식발달의 요인 연구」, 이대 박사 논문, 1990.

백금현, 「옷깃과 옷섶의 형태에 관한 연구」, 복식 6호, 1982.

조효순, 「거가잡복고를 통해 본 박규수의 복식관」 복식 7호, 1989.

박성실, 「조선 후기의 복식구조」, 제 24회 동양학학술회, 단국대 동양
       학 연구소, 1994.

김미자, 「무늬없고 옆트인 포에 관한 연구」, 서울대학 논문집 제8호,
       1979.

_____, 「두루마기 변천에 관한 연구」, 서울여대 농촌개발 연구총서 제
       5별책, 1980.

김영숙, 「한국복식사에 나타난 전통색 연구」, 숙명여대 박사 논문, 1988.

김문숙, 「祭禮의 사상과 祭服에 관한 연구」, 성신여대 석사논문, 1975.

김인숙, 「深衣考」, 이대 석사논문, 1974.

徐復觀, 「陰陽五行及氣有關文獻的研究」, 『중국인성론사』先秦篇, 북경:
       상무인서관.

　　인천 용현동 인하공대(지금의 인하대학교) 뒷산으로 이어진 들판은 어린 시절의 놀이
터였다. 중학교시절 서울로 상경하여 이화여자고등학교와 국민대 의상디자인학과를 졸업
했다. 성장하는 동안 어머니의 한복 바느질 솜씨와 대학에서의 생활문화 활동은 우리 옷
에 대한 관심으로 이끌었다. 세종대 석사과정에 입문하면서 우리 옷의 전통과 역사에 대
해 공부하기 시작했다. 박사과정은 한국복식사의 연구영역을 민속사에서 문명사로 발전시
킬 수 있었다. 그리하여 저자는 석사논문에서 시작된 복식연구 방법론을 문제제기로 하여
박사논문에서 조선후기 실학자들의 복식관을 연구하게 되었다.

　　연구 초엽, 중국 한나라의 음양술이 조선의 복식제도에 반영된 것을 알게 되면서 복식
인식의 틀(frame work)에 대해 관심을 갖게 되었다. 그래서 조선의 복식문화는 예술적 사
유(조형예술)가 아닌 논리적 사유의 산물임을 알게 되었다. 전통의 계승에서 멀어진 이 시
대에 이 사유방식은 통용되지 않는다. 조선사회의 질서 변화를 요구했던 실학자의 고민처
럼 전통문화인 한국복식은 이 시대의 문화성을 담보해 낼 수 있을까? 이 물음에 답을 찾
고자 지금도 공부 중이다.

　　현재 국민대학교 강사로 재직 중이고 전공은 동양복식사다. 논문으로는 「복식사학 방
법론을 통해서 본 17～19세기 복식변천 연구」, 「조선후기 실학자들의 복식관 연구」,
「조선시대 산대놀이 복식의 변모과정과 의복상징에 관한 연구」 등이 있다.

실학사상과
조·선·후·기
服飾觀

초판인쇄 | 2009년 10월 12일
초판발행 | 2009년 10월 12일

지은이 | 이일지
펴낸이 | 채종준
펴낸곳 | 한국학술정보㈜
주 소 | 경기도 파주시 교하읍 문발리 513-5 파주출판문화정보산업단지
전 화 | 031) 908-3181(대표)
팩 스 | 031) 908-3189
홈페이지 | http://www.kstudy.com
E-mail | 출판사업부 publish@kstudy.com
등 록 | 제일산-115호(2000. 6. 19)

ISBN   978-89-268-0463-6 93900 (Paper Book)
       978-89-268-0464-3 98900 (e-Book)